近代中国的条约港经济

制度变迁与经济表现的实证研究

启真馆 出品

社会经济史译丛

The Treaty Port Economy in Modern China

Empirical Studies of Institutional Change and
Economic Performance

近代中国的条约港经济

制度变迁与经济表现的实证研究

苏基朗 [美] 马若孟 编

成一农 田欢 译

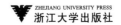

ZHEJIANG UNIVERSITY PRESS
浙江大学出版社

总　序

　　就中国社会经济史的研究而言，中文与外文（主要为英文）学术圈各自相对独立，尽管现在信息交流与人员往来已经较为频繁，两个学术圈有所交叉，但主体部分仍是明显分离的，对彼此的学术动态可能有所了解，但知之不详，如蜻蜓点水，缺乏实质性的深度交流，中外学者在这方面都颇有感触。而西方世界的社会经济史研究，相对于中国社会经济史研究，在中国学术界的影响更为有限。关于海外中国研究、外国人视野下的中国历史、制度经济学等，由于相关译丛的努力，越来越多地被引入中国学术界。由于欧美、日本及其他地区的经济史、社会史等研究日趋成熟，其前沿性成果更需要我们及时获知，以把握当前社会经济史的学术动态和未来可能的发展方向。与此同时，越来越多的西方学者对研究中国产生了兴趣，一则因为中国经济的崛起，一则因为如果不了解占人类五分之一人口的国度的历史，就不可能真正了解人类发展，他们希望与中国学术界有更多的交流。

　　就有关中国的史料与数据而言，中国学者对英文的原始史料涉猎有所局限，遑论荷兰文、西班牙文、葡萄牙文、法文等，这些语种中有关华人与中国的记载，是在中文正史与野史中几乎看不到的世界。而这些史料，在中西方的比较研究，中国与外部世界的关系等领域，都具有不可替代的作用。有待开发的史料还有域外汉文文献资料，包括朝鲜半岛、越南、日本等地的汉文古籍，以及东南亚、美国等地华人的文献与文物。仅从这个角度而言，引介和翻译海外学者的研究成果也日益显得重要。就学科而言，由于专门化人才培养与学术研究的日益深入，各学科形成自身的特定概念、范畴、话语体系、研究工具与方法、思维方式及研究领域，对此但凡缺乏深入而全面的把握，相关研究就很难进入该学科体系，而其成果也难以获得该学科研究人员的认可。而专业人才培养、评审与机构设置等制度更强化了这种趋势。专门研究是如此精深，以致许多学者无暇顾及其他学科与研究领域，见树木而不见森林，学术视野因此受到局限，甚至出现学科歧视与偏见，人类追求知识的整体感与宏观认识的需求亦得不到满足。

同时，不同学科的一些特定话语和方法，其实许多是可以相通的，学术壁垒并非如想象中的不可逾越的鸿沟。一旦打通障碍，架起沟通的桥梁，游走于不同学科之间，其收获有时是令人惊喜的，原创性的成果也常在跨学科的交义中产生。如从历史源头与资料中原创出经济学理论，或以经济学方法与工具研究历史问题获得新思维，诺贝尔经济学奖得主希克斯、弗里德曼、哈耶克、库兹涅茨及为人熟知的诺斯、福格尔等，都取得了令人瞩目的成果。

因此，"社会经济史译丛"的宗旨与取向为：第一，在学科上并不画地为牟局限于经济史和社会史，也将选择与之相关的思想史、文化史，或以历史为取向的经济学与社会学研究成果，更欢迎跨学科的探索性成果。第二，在研究地域和领域的选择上，将不局限于译者、读者、编者和市场自然倾斜的中国社会经济史，本丛书将力推西方社会经济史的前沿成果。第三，译丛除一般性论述的著作外，也接受史料编著，还精选纯理论与方法的成果。在成果形式方面，既选择英文著作，也接受作者编辑的论文集，甚至从作者自己的英文论著中翻译或加工创作的中文成果。在著作语种的选择上，除英文作品外，还特别扶持其他语言论著的中译工作。

我们希望本译丛成为跨越和沟通不同语种成果、不同文化、不同地域、不同学科与中外学术圈的桥梁。

龙登高

2009 年 5 月于清华园

中译版序

　　本书的中译本在原书出版两年后便能够面世，我们实在非常高兴，同时十分感谢浙江大学出版社以及赵琼编辑，让这事得以顺利落实。我们对本书译者成一农及田欢的鼎力相助，也深表谢意。香港中文大学历史系举办了相关的研讨会，蒋经国基金会对有关活动提供了慷慨的资助，使原书得以完成，对此必须再次致以万分的谢忱。原书所采用的一些民国时期相片，在得到授权后，仍得以在中译本与读者分享，我们需向巴黎外方传教会、英国太古集团、布里斯托尔大学的中国图像项目以及香港中文大学历史系的何佩然教授致谢。原书的产生过程历时七年，中译版大大减少了各位作者和读者等待的时间，我们对此也至感欣慰。

　　原书提供了八篇有关中国近代经济史的研究成果，以展示制度变迁与高效率经济表现之间错综复杂的关系。这些历史个案，也说明在评估长期经济发展时，不能不加入制度层面的考虑。这里说的制度，包括了正规的法律和非正规的行为规范。制度变迁时，法律移植固然绝不简单，世道人心的转移，尤不易梳理清楚。原书并不预备为读者带来确切的答案，毋宁是介绍了一个发问的框架方向以及一篮子的实证问题，期待未来的努力。例如第一章导言提到两个问题：其一是天演论、以竞争淘汰和个人私利极大化为本的资本主义市场经济、条约港的崇外文化三者之间的关系；其二是股份有限公司制度与中国社会是否有本质上的文化冲突。关于前者，进一步的实证研究已慢慢出现（苏基朗 2013）。就后者而言，这种制度在中国近十年来已经相当普及，然而大概没有人会认为，十年来中国的法律与文化跟以前曾经出现断层性的改变，所以问题的答案，可能仍是如第九章说的端视中国企业家的文化和理性取舍。不管如何，这本论文集的出发点，是对中国近代以来由接触外国而促成的经济发展的深切关怀，目的是希望引起更多元化的讨论，以期他日有人能够建构一套在环球时代通行全球的中国历史论述。

原书编者

2013 年 8 月 9 日

致　谢

　　本书是香港中文大学历史系分别于 2004 年春季和 2006 年夏季举办的两次学术研讨会的成果。在本书编纂过程中，很多组织和个人给了我们极大的帮助和支持。首先，我们要感谢蒋经国基金会对两次研讨会的举行和本书出版的慷慨资助。

　　此外，我们还要感谢那些参加了研讨会并且为本书各章提供了宝贵意见的学者们，他们是科大卫、梁元生、滨下武志、蔡志祥、梁治平、黎志刚、郭少棠和邓钢。我们对他们为本书作出的贡献致以真挚的谢意。我们还要感谢曾经阅读过书稿早期版本的高家龙，以及阅读过导言初稿的柯文。他们的批评性建议大大改善了我们的论点。叶文心对书稿的修订提出了非常重要的建议，而且她是这一项目得以面世的关键支持力量。此外，"中国研究专书"（China Research Monograph）系列的匿名审稿人提供了非常具有建设性和关键性的修订建议，本书的最终版本正是综合了他们各自非常有价值的贡献的结果。最后，我们还要感谢润饰了导言最终版本的克里斯托弗·马蒂森，以及对本书文本进行了非常专业处理和编辑的罗凯。

我们向读者提供了一些关于本书各章的图像，这些相片拍摄于20世纪初。对此，我们还需要向斯坦福大学胡佛研究所、巴黎外方传教会、英国太古集团、布里斯托尔大学的中国历史图像项目和香港中文大学的何佩然表示感谢。尽管得到了所有这些慷慨的支持，但本书也必然还有错误，编者应当对这些缺陷承担全部责任。

苏基朗　马若孟

2010 年 2 月 20 日

本 书 作 者

白南生（Nansheng BAI，1950—2013），2004 年之后任中国人民大学农业与农村发展研究院教授。在此之前，他是国务院农村发展研究中心和农业部农村经济研究中心的研究人员。他的研究兴趣包括中国的农村劳动力、社会不平等和扶贫等。发表的中文论著有：《回乡还是进城：中国农村外出劳动力回流研究》（*Return Home or Go to Town*：*Research on the Return of Rural-Urban Migrants*，2002）和《走出乡村：中国农村劳动力流动实证研究》（*Out of the Village*：*Research on Rural Labour Migration in China*，1997）。此外，他还为魏兰（Loraine A. West）和赵耀辉主编的《中国的农村劳动力流动》（*Rural Labor Flows in China*，Institute of East Asian Studies，University of California，Berkeley）一书撰写了研究论文。

陈计尧（Kai-yiu CHAN），毕业于牛津大学（哲学博士），是台湾成功大学历史学系副教授。他的研究兴趣包括中国的商业机构、组织结构、会计制度和跨文化的商业习惯。他是《第二次世界大战前中国商业的扩张和结构演变：刘鸿生和他的企业（1920—1937）》（*Business Expansion and Structural Change in Pre-War China*：*Liu Hong-sheng and His Enterprises*，1920 - 1937，Hong Kong）一书的作者，并且发表了多篇关于中国商业机构和金融，如买办、私营银行、同业公会和谷物贸易网络，以及关于移民、社会和经济史以及台湾先住民服装业的研究论文。他目前正在进行一个关于中国谷物贸易网络和商业组织转型的研究项目。

钟宝贤（Stephanie Po-yin CHUNG），香港浸会大学历史系教授。她于牛津大学获得了哲学博士学位，主要关注社会经济史、商业史、商业法律和习惯的研究，同时还从事中国南方和东南亚地区的移民和企业的研究。她撰写了《香港中国人的商业群体和南中国的政治变革》（*Chinese Business Groups in Hong Kong and Political Changes in South China*, Macmillan）一书，在《近代亚洲研究》（*Modern Asian Studies*）和《亚洲杂志》（*Asia Europe Journal*）等重要刊物上发表了多篇论文，并且为《企业的全球化：欧洲和亚洲的商业文化》（*Corporate Globalization: Business Cultures in Europe and in Asia*）和《中国企业的跨国经营：文化的亲和力和商业策略》（*Chinese Transnational Enterprises: Cultural Affinity and Business Strategies*）等著作撰写了部分章节。

龚启圣（James Kai-sing KUNG），香港科技大学社会科学部教授。他在剑桥大学获得了经济学博士学位，对中国政治经济、经济发展和经济史有着广泛的兴趣，并且在《经济史评论》（*Economic History Review*）、《中国季刊》（*The China Quarterly*）、《中国研究》（*China Journal*）、《近代中国》（*Modern China*）、《经济发展与文化变革》（*Economic Development and Cultural Change*）和《比较经济学杂志》（*Journal of Comparative Economics*）等刊物上发表了大量论文。他的作品还被一些专著所收录，包括《中国的物权和经济改革》（*Property Rights and Economic Reform in China*）。

李树元（Albert S. LEE），法学和社会学方面的独立研究者。他在加州理工学院获得了电机工程和经济学的理学学士学位，此后在哈佛大学法学院获得了法学专业学位，其后获马歇尔奖金留学英伦，并且在剑桥大学圣三一学院获得了法律学哲学博士学位。他的学术兴趣主要集中于交叉学科的研究，其中包括经济学和系统理论、社会经济学和政治制度、商业组织、法律改革、比较法学和法制史。他是美国加利福尼亚州律师协会委员和美国专利商标局的注册律师。

李耀辉（Daniel Yiu-fai LEE），在香港科技大学执教。他研究中国农村的家庭经济行为，主要关注收入分配、女性劳动力供给和计划生育政策。他曾在《经济发展和文化变迁》（*Economic Development and Cultural Change*）以及《中国经济评论》（*China Economic Review*）上发表多篇论文。

马德斌（Debin MA），2006年夏后任教于伦敦政治经济学院经济史系。他从北卡罗来纳大学查玻西尔分校获得了博士学位，并且发表了关于经济史、比较经济制度和国际经济方面内容涉及广泛的论文。他的论文发表在《经济史杂志》（*Journal of Economic History*）、《经济史评论》（*Economic History Review*）、《经济史研究》（*Explorations in Economic History*）、《经济发展和文化变迁》、《收入与财富评论》（*Review of Income and Wealth*）等刊物上，并且还参与了众多著作和百科全书条目的撰写。

松原健太郎，东京大学法制史专业副教授。他在东京大学获得法学学士学位，并在牛津大学获得哲学博士学位。他的研究集中于传统中国的产权和宗族社会结构，尤其是这两方面与香港殖民法制体系的交互作用。他发表的作品包括《传统中国的"族产"与社会结构：对香港地区案例的分析》（《"宗族"と"族産"をめぐる伝統中国社会：香港地域の諸事例に立脚した構造分析》），该文在《法学协会杂志》上连载。

马若孟（Ramon H. MYERS），胡佛研究所资深研究员，曾担任东亚档案馆馆长。他在华盛顿大学获得了经济学专业的哲学博士学位。他的专业研究领域包括国际关系、东亚经济史、东亚的政治与经济发展。在专业期刊上发表了超过100篇研究论文和书评，他还是《亚洲研究》（*Journal of Asian Studies*）的副主编，并主编了《清史问题》（*Ch'ing-shih Wen-t'i*）。马若孟关于中国经济史的重要著作有《中国农民经济》（*The Chinese Peasant Economy*）、《中国经济：过去与现在》（*The Chinese Economy：Past and Present*），以及《剑桥中国史》（*The Cambridge History of China*）中的两个部分（第九卷上和第十三卷下）。他还合作编纂了一些中国经济史的著作，如《乌云笼罩中国：陈立夫回忆录（1900—1993）》（*Storm Clouds over China：The Memoir of Ch'en Li-fu, 1900 - 1993*）、《满洲最后的机会：张嘉璈日记》（*Last Chance in Manchuria：The Diary of Chang Kiangau*）和《救国良药：孙中山选集》（*Prescription for Saving China：Selected Writing of Sun Yat-Sen*）。关于1949年之后的中国，他合作编辑了《新中国的领导：十六次党代表大会后的挑战与机遇》（*The New Chinese Leadership：Challenges and Opportunities after the Sixteenth Party Congress*）、《制定中国政策：从布什到克林顿政府得到的经验》（*Making China Policy：Lessons from the Bush and Clinton Administrations*）等。

城山智子（Tomoko SHIROYAMA），哈佛大学哲学博士，东京一桥大学经济学部教授。她的研究兴趣包括商业史、金融史和近代中国的银行业，以及19、20世纪的世界经济，尤其对中国和其他东亚国家感兴趣。她发表的主要论著有《负债下的公司：长江三角洲纺织工业中的财务安排（1895—1937）》（*Companies in Debt：Financial Arrangements in the Textile Industry in the Lower Yangzi Delta,*

1895－1937），刊登在由曾小萍（Madeleine Zelin）、欧中坦（Jona-than K. Ocko）和罗伯特·加德拉（Robert Gardella）主编的《早期近代中国的契约与产权》（*Contract and Property in Early Modern China*）一书中。她还撰写了《大萧条时期的中国：市场、国家与世界经济（1929—1937）》（*China during the Great Depression*：*Market，State，and the World Economy，1929－1937*，Harvard University Asia Center）。

　　苏基朗（Billy K. L. SO），香港科技大学人文学讲座教授。他于澳大利亚国立大学获得哲学博士学位，发表过不少关于中国社会经济史、历史地理和法制史方面的论文。这些论文发见于《通报》（*T'oung Pao*）、《宋元研究学刊》（*Journal of Song-Yuan Studies*）、《美国东方学会会刊》（*Journal of the American Oriental Society*）、《东南亚研究》（*Journal of Southeast Asian Studies*）、《东方经济与社会史研究》（*Journal of the Economic and Social History of the Orient*）、《历史研究》、《中国文化研究所学报》（*Journal of Chinese Studies*）、《年鉴：历史学与社会学》（*Annales*：*Histoire，Sciences Sociales*）和《香港法律学刊》（*Hong Kong Law Journal*）等学术期刊。他还撰写了《刺桐梦华录：近世前期闽南市场经济史（946—1368）》（*Prosperity，Region，and Institutions in Maritime China*：*The South Fukien Pattern，946－1368*，Harvard University Asia Center），合作主编了《中华世界秩序中的的权力与身份：王赓武教授古稀纪念论文集》（*Power and Identity in the Chinese World Order*：*Festschrift in Honour of Professor Wang Gungwu*，香港大学出版社），此外还为《牛津世界法制史百科全书》（*Oxford International Encyclopedia of Legal History*）撰写了词条。

　　叶汉明（Hon-ming YIP），加州大学（洛杉矶分校）哲学博士，香港中文大学历史系教授。她的研究兴趣集中于近现代中国社会经济史、华北及华南地方史、海外华侨华人史、香港与内地及海外关系以及性别史/妇女史。她是《全球化与性别：全球经济重组对中国和东南亚女性的意义》的编者，《点石斋画报通检》的主编，《中国妇女：现存英文资料目录》、《近代中国妇女史英文资料目录》（*Women in China：Bibliography of Available English Language Materials*）的编纂者之一，也是《新机场前后的东涌：一个香港社区的田野及历史研究》（*Tung Chung before and after the New Airport：An Ethnographic and Historical Study of a Community in Hong Kong*）、《性别学与妇女研究：华人社会的探索》以及《性别觉醒：两岸三地社会性别研究》的合编者。她出版的著作包括《社会史与中国妇女研究》、《主体的追寻：中国妇女史研究析论》和《东华义庄与寰球慈善网络：档案文献资料的印证与启示》（上述三部著作都是用中文发表的），并且在《皇家亚洲学会香港分会》（*Hong Kong Branch of the Royal Asiatic Society*）、《中国文化研究所学报》、《新史学》、《历史研究》、《近代史研究》等学术刊物上发表了大量论文。她还为台湾"中央研究院"历史语言研究所、近代史研究所（台北）和香港中文大学出版社、香港大学出版社等出版的著作撰写了章节。

广州珠江河岸。照片中最高的建筑是大新公司（Sun Company）。摄于 20 世纪 30 年代。（巴黎外方传教会藏）

目　录

第二编　制度变迁的动力

第一章 导言：从制度看近代中国条约港经济

苏基朗

　　本书的八篇实证研究论文，集中体现了在近代中国的历史语境中，制度变迁与更高效的经济表现之间的错综复杂关系。这些文章反映出制度研究方法在评估中国长期经济发展中的重要作用。[1] 同时，这些研究也展现出对于中国特定个案的研究能够丰富有关制度和经济表现的讨论。

　　在这篇介绍性的导言中，我将提供用以组织这些实证研究的理论框架，以便回应前述的问题。我首先介绍费正清关于条约港体系的经典论述和从他描绘的历史现象所延伸出来的概念，引出我们称之为"条约港经济"的近代中国区域经济模式的观点。接下来，在前辈学者有关19世纪中期至20世纪前几十年中国经济发展的丰富研

─────────────

　　〔1〕　当然，这并不是说这本书的所有作者都有着相同的制度关怀。应该说这些方法各不相同的关于近代中国经济的研究，汇聚成一种能够相互补充的制度概念，而这也是这篇介绍性文章的主要任务所在。

究基础上，我将勾勒条约港经济兴起的过程。第三部分将结合中国条约港经济的情况简介道格拉斯·诺斯（Douglass C. North）的制度理论框架。最后两部分将简介每个实证个案并将其分别归纳到"制度变迁下的经济表现"和"制度变迁的动力"这两个主题之下。最后，本章将检视本书各实证研究和主题所蕴含的意义，作为导论的总结。

2　条约港系统的出现

条约港系统的起源和演变

中国的条约港系统始于鸦片战争和 1842 年《南京条约》的签署。中国与各国列强在 19 世纪至 20 世纪初签订的一系列条约在中国历史上是前所未有的。在过去的 40 年中，费正清与其他学者已经详尽地描述了这一政治结构的演化过程。这一体系到 20 世纪 30 年代开始衰落，但直至 1943 年，主要得益于英美两国在二战中实行的"新中国政策"才被正式废止（Kirby 2000）。这个体系的核心元素是一系列条约港，数量从 1842 年的 5 个增加到 1917 年的 92 个（Feuerwerker 1983：129）。费正清在对条约港体系进行总结时，将其一般性制度特点简明概括如下：

典型的条约港是一种城市空间，有些以"租界"（concession）或"租借地"（leased territory）为核心的居留地（settlement），主要由外国人居住，后来迁居的华人也越来越多。这些居留地通常毗邻或者就在大城市之中，一般都与水路相近，便于交通。条约港核心居留区常由列强领事或相似外交地位的人管理。俱乐部、教堂、跑马场等外国建筑往往是显著的标志。一些特定的重要条约港，如广州、厦门、福州等，由驻扎的外国军队保卫，其他情况下一般有外国炮舰在附近水域进行巡逻。条约带来的治外法权使外国人无须遵守中国刑法或民法，而是遵从他们各自国家的法律。在某些大的条约港，如上海，条约港法律体系常普遍适用于当地居民，以至于可以被用来审判中国人。(Mühlhahn 2007：191–193) 在这些"飞地"（Enclave，但主权仍属中国）上，外国人的商业利益非常集中，最初主要从事贸易，19世纪90年代之后扩展到工业和金融业等领域的直接投资。条约港的商业首先由外国大班和他们的中国买办所掌握，同样从19世纪90年代开始，出现了越来越多的华资利益，他们或是独自经营，或与外国商业合作进行管理。一方面，这些租界中富商显贵云集，另一方面，大量贫苦劳工（苦力）也汇聚于此。条约所规定的低额关税由中国海关总税务司征收，这个机构由外国侨民[3]主管，其分支机构散布于很多条约港，税务司以这种方式保持着对海外贸易的控制。值得重视的是前面提到的这种条约港制度并非出于一次性的理性设计，而是在为争取本国利益最大化的几代外国外交官们在对中国一次又一次的协商或强迫中，逐渐产生的。这些条约中的最惠国待遇条款，允许每个列强势力共享任何其他国家能够得到的特权，这使得条约港体系在后面的发展中，形成了高度的一致性（Fairbank 1968：257–275，1978：chap. 5，1983：20–27；Feuerwerker 1983：128–207）。简单说来，条约港系统在一种稳定的政治和法律环境中，为中国都市居民带来了国际化、城市化和工业化，这又带动了以大量投资为特征的大规模工业化市场经济的发展。

由于军事失败或为势所迫，中国签署了这些破坏性的国际条约。尽管签署的是国际条约，但对中国人来说这些合约条款绝非平等。由于中国民族主义在世纪之交出现并迅速膨胀成中国社会中一股巨大的政治和社会力量，条约港日益成为国家耻辱和西方帝国主义侵略的象征。[1] 尽管是帝国主义的幽灵，但正如费正清所展示的，条约港体系也是自 19 世纪起中国与外部世界产生联系的最重要途径。它同时影响了近代中国很多新发展。[2] 无论有意还是无意，这些结果都值得更深入的研究，而本书的八项研究，着眼的正是这些结果中的经济方面。

条约港体系和条约港经济

尽管关于条约港体系的描述性认知很大程度上得益于费正清和其他学者的精深研究，但有关条约港经济的探讨并不多见。"条约港"这一术语曾经从历史的角度被作为近代经济部门、条约港城市经济部门或工业部门的同义词来使用（Bergère 1989b）。所有这些用法暗示着，只有在中国条约港系统的条约港区域，人们才能观察到明显的以国际化、城市化和工业化成长为标志的经济近代化——这也是近代西方经济表现的三个关键性指标。尽管如此，"条约港经济"这个名称还有很多理论内涵有待发掘，正是基于这种考虑，本书将实证案例研究组织起来，用以探索超越地方细节的更宏观的主题。

首先，"条约港经济"究竟指什么？表面看来，似乎指的是以条约港为中心的一种经济形式。但是，这种常见的定义对于我们的目标来说过于简单，因为所有条约港都必然有其经济特征，但不同条约港的经济财富与他们的经济种类之间通常又存在极大差异。从西方经济

---

[1]　当时对治外法权的讨论，见 Woodhead（1929）。较新的关于不平等条约的研究，尤其是在民族主义背景下的分析，见王建朗（2000）、李育民（2005）和 Wang（2005）。最新的力作来自 Cassel（2011），从比较中日的治外法权以及两国法律传统与治外法权的不同接触轨迹切入，得到开创性成果。类似的讨论见 Kayaoglu（2010）及 Ruskola（2013）。

[2]　本首要关注的是影响经济的新制度，而不是现代性对抗传统的旧话题。Cohen（1997，2003）对美国近代中国研究中近代化理论和传统/近代路径上所体现的欧洲中心主义，作出了开创性的批评。

表现的标准来看，某些经济表现得很好，而另一些却仍然保持着停滞和前工业化的状态。对于我们这项研究而言，我们最感兴趣的是那些和近代资本主义商业、工业化和城市化密切相关的条约港经济。也就是说，我们的主要讨论对象只是那些高度国际化、工业化和城市化的条约港经济。在20世纪10年代，90个条约港中能达到这一标准的不会超过20个。此前40年，在自强运动中即使是上海也达不到这个程度，更不用说其他条约港，尽管这些条约港中有些已经存在了几十年。这说明，一个历史悠久的条约港未必就能发展出前面定义的"条约港经济"。

我们关注的另一个问题就是条约港经济的空间范围。当我们谈到一个特定经济的时候，通常都隐含着能够测量其范围的一些空间内涵。当我们谈到一个以城市（条约港）为中心的条约港经济时，其中也毫无例外包含着特定的空间维度。施坚雅（1977b）将中国的经济描述成很多相互联系的、多层次的区域和本地经济的结合体。条约港经济也可以被看成是以条约港（一个中心地）为中心的一个空间语境下的经济体，它通常在经济上都会向周边地区溢出。一旦外部区域与其中心的经济聚合达到相当高的程度时，他们就能一起 5 形成一个能够被辨识出的经济，尽管在这个空间单位中存在着从中心向边缘辐射的不同程度的整合。

再者，这些条约港经济的边缘从来都不是固定的。他们并不经常与行政区划重合，起决定作用的还是经济条件。繁荣的条约港经济具有扩张性和渗透性。因此，条约港经济的地理扩张特性将我们带到了这个概念第三个带些吊诡的定义。尽管经济一体化发生在条约港经济一个逐渐扩大的腹地中，但这并不意味着条约港体系的制度结构也随之同质地扩张。在更加强大的条约港经济中，中心地区的制度强制力应该也相应比其边缘更加强大。与之相关的是，在条约规定的治外法权之外的城市和村庄也应当形成一个执行力逐渐递减的制度体系。

最后，从经济的角度来看，我们可以从前文的描述中，粗略概括一下条约港经济的几个关键元素，即条约港本身和它内在的帝国主义因素。这些因素就是在稳定的政治和法律环境下的国际化、城市化和工业化的样相。这就意味着有可能存在一个没有条约港的"条约港经济"（除了主权之外）。近代中国的这种例子很少，尽管20世纪头20年北京经济很接近这个概念。

在北京存在有相当程度的政治稳定，并且建立了初步的法治。尽管北洋军阀连年内战，但真正在北京城区范围内发生的战事很有限（虽然偶有抢掠）。义和拳运动后，外国军队驻扎在北京核心区以保护外交区，宪兵与新警察有效地管理着这座城市（Dray Novey 2007）。与上海一样，一个近代工商部门也逐渐产生。尽管在规模和产量上不能与后起的上海相比，20世纪20年代晚期以前的北京确实有着数量最多的近代银行。北京的近代商业也发展到一个相当的程度 —— 一个越来越强有力的华人商会（Chinese Chamber of Commerce）正在逐渐形成，并且行使着与上海和其他条约港的商会一样的功能（Strand 1989）。高效的中国海关总税务司实际上也把总部设在了北京。[1] 在北京的民国政府的中央裁判机关正在进行法制改革，并与司法部一起致力于提高民事诉讼的整体质量和商业纠纷判决的执行力度（Xu 2008）。这些因素使得我们可以将北京的经济看作一个抽象概念的条约港经济。

另一个符合这一概念的条约港是香港，唯一需要推敲的是主权问题。如果在抽象层面上忽略这个条约港的各个组成部分以及主权问题，20世纪前几十年的香港岛、九龙、新界以及毗邻的一些广东村镇

---

〔1〕 滨下武志（1989）对条约港内中国海关税务司的工作情况进行了简要介绍。

可以被看作是一个越来越一体化的区域经济体。本书系列实证研究中的第七章和第八章就是专门研究这个条约港类型的区域经济的。

最后还有一点需要阐释的就是本书中"条约港经济"一词的准确用法。当它被用来指涉一个特定的条约港经济时，如上海条约港经济，它是指一个具体的经济实体。但某些时候，这一术语也可以代表条约港经济概念。这两种用法的不同含义，会在本书的上文下理中自然显示出来。

条约港经济的出现

紧追西方工业化经济体的表现

尽管条约港经济从未在整个国家的 GNP 中超过 10%，但资料明确显示其发展速度要稍微快于中国其他地区，并且从 19 世纪 90 年代初获得了实际动力，在 20 世纪二三十年代达到了最快速的增长。罗斯基（Rawski 1989：70）发现，1912—1936 年条约港经济制造业部门的年均增长提高了大约 8.1%，完全可以媲美其他先进的和工业化的国家，如日本是 8.8%，美国是 2.8%。纺织、面粉、香烟、火柴等轻工业部门的发展格外强劲，尽管其中包含着可观的外国权益，但民族资本和企业所占比例不断增加，开始在这个部门扮演着举足轻重的角色。这种"飞地工业化"的产出建立了海外市场和覆盖中国的国内市场。（Naughton 2007：43 – 45）墨菲（Murphey 1974）的开创性研究描述了这些条约港以及通过这些城市向国际贸易开放对中国近代化造成的影响。他认为，通过发展"集中型的商业结构"，这些条约港"刺激了出口型商业的生产"并且见证了近代工业（如棉纺织）的高速增长。（1974：51 – 57）但是，墨菲认为条约港系统对中国农业经济的整体影响仍不可高估（1974：39）。本书第二章对这种作为工业化结果的增长趋势再次进行了研究。

20 世纪 20 年代的大萧条对中国整体产生了巨大影响。由于国际化程度较其他地区高，条约港经济受到更大的冲击。首当其冲的就是进出口部门。白吉尔（Bergère 1989b）指出在 1921—1923 年的战后萧条中，中国对外贸易确实出现萎缩，但以条约港经济为中心的近代工业在资本投入和制造业产出方面却保持了扩张态势。马若孟（1989）告诉我们，1931—1936 年外贸的减少由国内贸易的扩张得到了补充。尽管农业的年均增长率缩减了 0.02%，但主要以条约港经济为中心的制造业和服务业分别增长了 2.11% 和 1.55%，使得年均 GDP 在大萧条、白银外流和批发与要素价格下降的负面影响下还有 1.55% 的增长。这些都反映了条约港经济在承受变幻莫测的国际市场波动时表现出的持久性和适应性。

由轻工业带动的条约港经济，也扩张到周边更大范围的乡村地区。[1] 因为增长主要来自于纺织、面粉加工等轻工业，民族企业家在本土社会网络以及与农户建立商业联系方面有巨大潜力。这不仅有利于他们生产线的多元化，而且也为城市工厂中商业化流水线的生产提供了原材料或半成品材料。在这方面，民族企业家比外国竞争者更有优势。第二章描述了长江下游地区这种农村溢出效应。第四章和第五章提供了棉纺织以及米、面加工业的例子。第六章探索了江苏地区一系列要素市场中农户行为背后的理性和后果，这些正是使得条约港经济的溢出效应成为可能的原因。

---

〔1〕 关于民国农业发展的一个简明的研究评述，参见 Brandt（2000）。

中西糅合的模式与实践

条约港经济中的近代经济成就是怎样创造出来的？这些飞地上很多交织在一起的因素，可能不是特别为了我们提及的这种条约港经济而刻意设计出来的。这些因素中：第一是技术的转移，它是近代工业化以机器驱动工厂生产的前提条件。技术转移降低了转换成本、使产品标准化并且提高了生产设施的效率。这种技术转移来自在条约港外国工厂学习到的经验与从 19 世纪 90 年代末开始的在日本和其他西方国家的直接观察、参与和海外教育。技术转移从 19 世纪七八十年代的自强运动时就开始了，但在这场运动中，这种转移并没有催生出能够与 20 世纪早期条约港经济相媲美的那种经济成就。

第二，从 20 世纪开始，管理经验和公司治理成为这种知识迁移的关键因素。多种从工业革命和资本主义市场出现就开始在西方发展起来的新商业模式和实践，被注入有千年历史的传统中国商业模式中。最重要的是，这些模式受到商人、官员和有影响力的知识分子积极推广和论说。

这就导致了第三个因素：20 世纪早期公司模式被移植到中国商界（见第八章和第九章）。与采用公司模式（下一小节将简述其内容，第九章有进一步的讨论）有关的大课题之一，就是如何显著加强中国商业和大规模的工业组织，使其足以与外国企业竞争。当时很多中国人显然相信，公司模式对推广不靠人际关系的投资（impersonal investment）和拓阔中国的资本市场以便中国商业获得所需的大量金融支持来说是必要的。

最后，高家龙（Cochran 1980，2000）向我们展示在近代商业部门（或者我们这里所讨论的条约港经济）内中外商业利益之间，以及传统中国模式（人际网络）和西方模式（公司）之间的复杂互 *9*

动，其特色是一系列对抗、合作和知识转移的结合。中国和西方（以及日本）商业制度与实践的糅和汇聚产生了可观的成果。下一节的主题就是如何把这些制度加以概念化以形成更系统的解释。

条约港经济的制度体系

中国历史与诺斯理论框架

为了理解在历史与近代社会中制度与经济表现的交互作用，诺斯（1991，1995，2005）提出了一个后来成为"历史新制度经济学"基础的概念性结构（Harris 2003）。尽管诺斯的理论框架在其他很多历史语境中都被很成功地应用过（Alston，Eggertsson，and North 2003；Greif 2006），但其对中国历史，尤其是中国经济史的影响，却不太明显。[1] 本书试图将诺斯概念框架应用于条约港经济的个案研究。但首先，我们必须列出诺斯架构的基本要点，尤其是那些与我们研究关系最为密切的。

在诺斯（1991：3–4，73–74）的理念构架中，"制度"这一抽象概念大意是指"一个社会中的游戏规则"，它与"组织"这一更明确的、表示在特定制度体系或社会环境中形成的社团实体含意并不相同。[2] 简言之，诺斯框架假定任何市场经济都有一个制度体

---

〔1〕 使用这种分析的例子并不多，而且 2000 年之前都没有发表。我曾经明确地将诺斯理论引入施坚雅的空间方法，创立了一个分析框架来解释 10—14 世纪福建南部前近代中国的海上经济。（So 2000）还可以参看 Buoye（2000）。注意 Scogin（1994），Zelin（2004a）和 Ocko（2004）关于误用或滥用西方法律概念，如民法、产权、契约的提醒。

〔2〕 对于这些"新制度经济学"范畴和概念的进一步解释，见 Powell 和 DiMaggio（1991）；Ménard 和 Shirley（2008）。关于制度文化维度的讨论，见 Meyer 和 Scott（1992）；Scott，Meyer 和 Associates（1994）；Brinton 和 Nee（1998）；尤其是 Victor Nee（1998：1–16）对于社会学和经济学中制度主义新研究成果的介绍。Nee 和 Swedberg（2005）中收录的文章提供了对社会科学中"制度"的多种涵义的非常出色的综述，尤其是那些应用于资本主义经济社会学中的。

系，其由三个关键要素构成：一是正规制度，诸如法律制度和其他约束交易行为的规章制度；二是非正规制度，比如行为规范、社会 ¹⁰ 模式等（同样也可以约束交易行为）；三是这些制度的执行特征。正是这三个要素的交织互动影响了经济的交易成本。诺斯将"交易成本"定义为在市场交易中必要的开支，比如度量衡成本、合约执行成本、产权维护成本，等等。[1] 当一个经济体系的交易成本大幅度降低时，获得更高边际利润的新机会就出现了，同步提升的还有企业追求这种机会的动机。这一过程创造了增长的动力，进而改善了经济表现。要持久而有效地降低交易成本的最佳方法就是改变主要的市场制度——所谓制度变迁。制度变迁在三个要素方面都能发生——正规制度、非正规制度以及其执行特征。一个制度体系受变迁影响的层面越多，制度变迁对交易成本和经济表现的推动力就越大。为了说明工业革命以来西方近代经济的成功，诺斯进一步强调了西方增长背后有来自制度变迁的巨大动力，他尤其注意在正规制度维度中法治发展所提供的第三者中立裁判及其蕴含的公正性，由此使得大规模资本主义商业运作中普遍的不带人情关系色彩的公众投资成为可能。而这为制造业应用现代科技而进行大规模投资提供了必要条件。剩下的问题就是，最终引发高效率的制度变迁是如何发生的？又是如何办到的？针对这点，诺斯框架有一个假设：即企业家具有很强的经济理性，但仍受其文化规范所囿——他们会有意识地调整制度体系以争取最大的利益，因而成为一波又一波的制度变迁驱动者。当变迁驱动者因个人私利而推动制度革新时，其他变化随之而来，并且累积能量，最终导致经济表现整体上升。

---

[1] 对于交易成本的讨论，见 North（1992）。Oliver Williamson（1985：15－42，1993，1998，2000）也对交易成本的问题进行了详细的反思。

这一理论框架在中国条约港经济中如何体现出来？我们已经勾勒了20世纪最初几十年条约港经济所达到的显著经济增长。所以问题就变成了：这样的增长是怎样发生的？基于条约港经济的国际化背景，有数不清的供求因素在发生作用。例如，要素和需求市场的相对价格将条约港经济的近代生产部门与先进国家的海外市场（如西方列强和日本）连接起来。但是供求的相对价格，不足以解释这一延续数十年甚至在随欧战而来的纷乱和大萧条都没有停滞的经济增长。关注这个故事中的制度维度有助我们了解增长的结构背景。在下面的小节中，我们将把条约港经济的强劲增长与诺斯架构中的三个关键要素联系起来，从而说明制度变迁与经济扩张是同时发生的。

正规制度及其执行特征

在一个条约港经济中，主要的正规制度就是法制框架，包括解决纠纷的框架、界定产权的所有权、商业组织的规管架构以及用以规范交易双方的合同法。条约港经济体系的一个基本特征就是其西方法制框架，这也是西方列强用来为其强加给中国的不平等条约进行辩护的一个有力论点。条约港的由来，源于西方列强认为中国的法制已经过时，且不能有效保障外国人在中国土地上获得平等公正的审判和纠纷裁决，因而最终导致前面提到的治外法权。治外法权就是通过条约港体系得以体现和实施的。在上海租界有当地的会审公廨，在其他没有独立于中国地方司法体系的条约港，就由当地的外国领事参与审理。条约港经济一般都包含着一种正式的司法结构，在这里的商业纠纷一般按照西方商法进行裁决。这一法律体系在外国人和有影响的中国人眼中被普遍认为较中国当时的法律体系更公平有效。（Stephens 1992）在大的条约港，诸如上海，不单有很成熟的法院体系，还有一个由中外从业者构成的法律专业群体。在这些大城市中，法律实践的专业水平相当高。（Xu 2001）因为条约港的法律框架来自西方，它们与西方商业世界中覆盖面更广的法律制度相衔接。在这一范围更大的西方法律框架中，私有产权获得了比在中华帝国法律体系中更明确的界定和更有效的保护。这正好适用于诺斯的理论支柱——一个理论上更公正的第三者中立法律裁判制度会带来更低的交易成本、更明晰的产权和更高的合同执行度。因为在 19、20 世纪之 12 交唯一达到经济增长的办法就是遵照西方工业化和大规模生产投资的模式，如明治时代的日本，不难理解，条约港经济就拥有这种为了实现利益最大化而建立起来的制度体系。这一结构及其隐含的最大化行为准则在亚当·斯密之后的西方商业世界中变得更加普遍。

然而，在条约港经济的法律系统与西方社会的法治之间还有一个关键性的差距。按一般常识，没有行政、立法和司法的三权分立，自由主义法治理想便难以实现。[1] 但是在条约港系统中，司法组织通常是殖民地或半殖民地统治的一个组成部分，这与民主宪政秩序要求的三权分立相去甚远。（Weingast 1997）租界中的领事裁判权体现不出司法裁决的制度独立性。即便是更加专业的上海公共租界的会审公廨也不能说是独立于在中国的外国外交团体或他们本国外交事务机构的干预。从这个意义上来讲，条约港有效的法律体系尽管保护了特定的中外商业利益，有助于说明经济成就，却并不代表西方自由主义的法治理想。

在条约港经济的法律框架中，除了促进合同执行以及以明晰的产权界定保护私有财产之外，还有一个显著的新制度就是西方类型

---

[1] 这个题目的相关文献极为丰富。关于其对中国法律体系的意义，见 Peerenboom（2002）和 Xu（2008）。

的公司，或股份有限公司。第八章和第九章将进一步讨论这种制度的移植对香港（1865年之后）和中国内地（1904年之后）法律体系的影响。很多当代人都认为这项制度是提高中国经济竞争力的关键因素，并相信它将会决定中国与外国企业竞争的结果，即所谓实业救国的成败所系。它代表了近代商业以扩张主义和追求利润最大化的规模经济主导的资本主义模式。它也使得脱离人事关系的投资和专业管理（当时有些人也称作科学管理）成为可能。这两者在20世纪初为中国股票市场和新的金融资本市场的发展奠定了基础。

13　　公司模式以及股票和金融市场能否运行，很大程度上取决于高度专业和自律的法律、会计等服务行业的支持。在条约港经济中，这些专业服务的提供者最初是外国公司雇佣的外国律师和会计，但从20世纪初开始，中国从业者逐渐增加。不难想象，这些行业的供需，自然集中在大型条约港，比如上海（Xu 2001）。

简言之，相对于其他地区，这些条约港经济不仅建立了自己的法院系统和保障了法律的实施，而且享受着其所提供的更好的专业服务，这种服务支援了一种基础结构，让西方资本主义式的经济发展，尤其是大规模和科技化的企业，得以顺利成长。

非正规制度及其执行特征

在中国条约港经济中经营的西方商业社群，总会觉得需要从其母国引进非正规制度和心态，这不难理解。其帝国主义面纱下潜在的优越感和拯救蒙昧世界的传教士热情与条约港类型的类法治（quasi rule of law）结合得天衣无缝。但是，所有这些对中国来说都是全新的，中国人的反应自然也更为复杂。条约港内中国公众的新心态和非正规制度可能被识别出来吗，尤其是涉及近代工商业的那一部分？

20 世纪初以前，一向有中国人对自己的传统文化和制度做严厉的批评。在辛亥革命之后，这种趋势达到了高峰，进而升格成为 20 世纪 10 年代和五四运动时期的反传统主义和反儒家主义（Chow 1967；Lin 1979；Wang 2006）。这种感情在条约港的城市地区尤为强烈，并且传播得更快。帝国晚期市场经济中交织在一起达数个世纪的家庭和商业伦理突然遇到了来自内部的挑战。这些传统的行为模式在社会上饱受非议，且在反传统的浪潮中越来越无法制约市场行为。

新的价值观也在城市涌现，并迅速成为主流意识形态；其中包括在知识分子中流行的民族主义和社会达尔文主义（王汎森 2008）。通过大众媒体和教育系统的宣传，中国商人在其日常都市生活中受到这些新价值和理想的洗礼。中国将可能遭受到不仅是国家主权的 14 丧失，还包括民族或种族的灭亡，简称亡国灭种。这种观念传播得尤其广泛。这种对灭亡的恐惧迅速转化成一场通过振兴工业和经济以救亡图强的运动，其鼓吹者包括知名学者、政府官员以及商业部门。（见第九章）这场运动创造了一系列新的商业伦理，以及中国社会对商人越来越推崇的价值观。尽管商人形象的提升可以追溯到 12、13 世纪（So 2000），并在 16 世纪表现得更加明显（余英时 2004），将个人牟利行为打造成中国社会的新道德典范，则肯定是划时代的新创造。商业团体被赋予一个崭新的身份，他们现在可以宣称其行为是为了社会的最优利益服务，同时清除了传统伦理克制个人追求利益最大化的尴尬。现在，唯一节制无穷利欲的规范，就只有法律。

这种利益最大化的概念——对近代西方市场经济和企业家精神极为关键——在中国历史上并不陌生（Brook 1998），但现在它的传播得到了前所未有的社会认同。它在 20 世纪初由当时的西方（即近代）商业和经济知识学所倡导，并与当时中国非常流行的社会达尔文主义及其弱肉强食的自然法则一拍即合（Kwok 1965；Pusey 1983；王汎森 2008）。在商业圈子内，社会达尔文主义当然也可以应用到市场动作上。而且，19 世纪末 20 世纪初的西方城市主义及与其相关的丰富的文化背景，也影响了中国条约港城市，尤其是上海的文化变迁（Yeh 1997，2000，2007；Esherick 2000；Cochran，Strand，and Yeh 2007）。最近的研究增进了我们对这些城市消费主义的理解（Bergère 1989a；Cochran 2006；Gerth 2003；Dikötter 2007）。因此当我们看到利益最大化的心态，从传统伦理对市场行为的束缚中获得解放而得以纵横无碍。这些新的商业伦理表面看来，和达尔文的自然主义配合无间，因此是科学的，被声称是近代化的商业模式。因此也就不难理解为什么这种新心态在上海这座被李欧梵（Leo Ou-fan Lee 1999）认为是中国近代性发端的城市中，表现得最为突出。

随着条约港经济心态的出现，商业机制开始经历更广泛的质的变化。之前维系传统商业组织并促进其与其他商号或个人进行交易的网络和家族纽带，如今开始让位于更法制化的组织秩序和交易。尽管传统纽带仍然重要，但中国的企业家现在有了更多的选择。新的社会肌理演变成了新网络，如俱乐部、赛马会、基督教会、新型学校（尤其是传教士主办的那些）的同学会、专业公会，等等。在这些多种多样的群体中诞生的一种近代中国最为重要的非正规商业机构，可能就是商会了。商会很快遍布各个条约港，继而在大多数中国城市蔓延开来，并进行重要的商业活动。关于这个组织已经有很多前人研究，特别值得一提的是，商会在存在条约港经济的城市里享有前所未有的自治权。关于这个现象最明显的例子，是 20 世纪 20 年代的北京商会。第九章关注了这个机构在中国第二部公司法确立过程中扮演的角色。

这些非正规制度很快成为中国商业群体可行的选择。在提供新机会的同时，也带来了新的行为约束，这些约束不少属于移植过来的行为规范和德行。有关这一点我们必须提到个人主义这个概念及与之相伴的权利观念（Wang 1991：chap. 9），它与个人的法律权利和一系列用以保障这些权利的商业法律相辅相成。

当时，教会学校为越来越多的中国人提供了最好的近代教育形式，以及由此而来的最好的上升机会。这一点首先在条约港体现出来，这些学校最终又渗透进临近的城市和周边的乡村以及内陆省份。主要是这个系统为近代经济提供了拥有技术和科学知识的本土劳动力资源。对追求近代化的热望和高收入的吸引力可能很容易解释教育部门的繁荣，教会学校的模式也经常被国校所模仿。（李华兴 1997）

条约港经济中各种各样、互相交织的新型的非正规制度和心态，比中国其他地区活跃得多。这些充满活力的制度的执行特征，使得条约港经济成为经济近代性的重心。

条约港经济中的制度变迁

条约港经济的制度体系在正规制度层面及潜在的非正规社会结构和心态方面，都经历了巨大的变迁。正规和非正规制度都被条约港带来的独特城市空间所影响，并彼此强化。这个新产生的制度体系降低了交易成本，增加了条约港经济的整体效率。适者生存的概念和在这些飞地上生活和流动的非劳动人口，保证了持久的高效率。中国近代化经济及其金融和工业部门首先出现在条约港，岂非理所当然？中国条约港经济的出色表现与其制度体系之间看来的确存在逻辑上的联系。[1]

---

〔1〕 关于前现代中国海洋地区经济的制度变迁与经济表现间的逻辑联系，我曾有过很长的讨论。（So 2000）

现在我们要用中国情境来说明诺斯理论的最后一个要点：制度变迁的问题。条约港经济及其制度体系给这一理论提供了一个很好的范例研究。条约港系统得以建立，其最主要的促成者是外国外交官，虽然算不上齐心协力也没有规划蓝图，但通过三代人的努力他们还是建立了这样一个系统。整个过程更像是自我进化。尽管如此，外交官还是经常会受到来自他们各自母国企业家的压力和要求，并作出反应。在这种情况下，条约港的驱动者也应该包括后者。第八章强调了一个事实：几十年间，《香港公司条例》（*Hong Kong Companies Ordinance*）只吸引到外国公司的注册，而没有中国公司。这种由有经济利益的一方促成的制度变迁的情形，证明了诺斯框架的理论假设。

而中国企业家的情况则复杂得多。他们也是变迁的促成者吗？在19世纪90年代之前，参与条约港经济的大部分中国人都是外国雇主雇佣的买办。其中一些可能对他们的外国大班具有卑微的影响力，但无论是在正规还是在非正规的层面，他们还算不上制度体系中实质性变化的促成者。从19世纪90年代开始，各种中国企业家开始进入条约港经济，到20世纪二三十年代，他们开始扮演重要的角色。这些企业家部分有买办背景——他们要么是从买办变成的企业家，要么是买办的后代。他们非常熟悉这个系统并且有坚实的国际背景和人脉关系。他们在条约港的政治和社会影响力允许他们塑造正规和非正规制度。第二类中国企业家属归国移民，他们主要是在19世纪后期移民到外国（主要是美国和澳大利亚），他们在国外学到了新的商业方法，通过苦干积累了大笔财富，最后回流中国主要是因为那些国家在19世纪80年代出台了对他们不利的法律。第八章给出了香港这类归侨的一些例子。比起买办们，这些人拥有甚至更好的国际人脉，对外国列强及其社会也更加了解。他们本地关系也保持得很好，当他们需要调动家乡资源的时候，便派上用场。

凭着对西方政治的亲身经历，他们在为自己争取利益和权利时也表现得更为积极。很快他们就变成了一系列制度变革的主导者。企业家的第三类是那些既没有买办经历也没有国际背景的华商，但他们却拥有足以能发掘条约港经济无限商机的眼光。参与条约港经济对他们来说是一种投资策略。他们不能完全掌控条约港经济的制度变迁，但却足以左右其事。从 20 世纪 20 年代起，他们成立了很多新出台的非正规商业组织，比如商会。这时他们还成立了每个条约港经济中大部分的商业社团。他们作为变迁主导者的角色并不一致但却越来越关键。在诺斯架构中，这些种类繁多的中国企业家，理论上都多少促进了制度的变迁，他们为了自己的经济利益，可能试图改变制度体系。

变迁的最后一个来源，是那些并没有直接参与商业的个人。这当中包括那些接受了西方生活方式和价值系统的中国人——通过教育、旅行、移民或者宗教。有些受到了由知名学者倡导的新文化运动和不断扩张的大众媒体的影响。其中很多的推动者——中国人或者外国人——并没有怎么考虑个人的经济利益。他们对新制度的积极影响，主要来自利他主义而不是对利益最大化的追求。我们还必须添加的，就是那些拥抱民族主义且认为要在商业世界中击败外国企业家以救亡图存的人们，这种竞争包括了工业化、城市化和国际化等指标。他们也放弃了传统法律和商业文化，彻底地拥抱西方的法律和商业制度，并将其作为现代性的榜样和一个值得奋斗的民族目标。他们狂热的社会使命感带来一个出人意料的结果，即对利益最大化的拥护。但不管愿望如何，他们高贵的努力，的确帮助改进了条约港经济中有利于西方式近代经济增长的非正规制度。

当然，也有反对这种最大化精神的例外，比如马克思主义者以及其他不赞成条约港经济的左派人士，在他们看来，条约港经济只

18

是西方资本主义和帝国主义的一个剥削工具。[1] 一个有意思的例子是律师制度。康雅信（Conner 2007）详细分析了 20 世纪二三十年代左翼电影中律师的负面形象。并不是所有中国知识分子都接受利益最大化观念及其相关制度，甚至包括西方资本主义制度本身。但是直到 30 年代，中国社会对律师的反感并没有严重到阻滞其发展态势的程度，而且律师在条约港的势力显然是越来越大。认识上的不一致，以及农民在与条约港经济有关的借贷合约中所处的劣势会在第五章谈及。

下面我简要列出本书在这一理论框架下组织起来的八个实证研究。这些例子被分成两个类型：有五个是关于制度变迁背景中的经济表现的，另外三个讨论制度的变迁及其动力。

制度变迁下条约港经济的表现：五个案例

第二章首先用量化的方式陈述了 19 世纪 80 年代至 20 世纪 30 年代以上海工业化为背景的扬子江三角洲地区的经济增长；然后马德斌叙述了这一时期发生在城市中的以城市为基础的市政制度的变迁。马德斌在这章中认为基础结构和外国元素——从商业网络到城市生活各个方面的不同形式的专业技术——对条约港系统之下的城市经济成就带来了重大影响。在远东，上海转型成一个现代大都会。但是，让近代意义上的市场经济释放出巨大中国动力的是这些飞地的自治地位。中国其他任何地方都无法像条约港租界这样为近代性创造有益的环境。通过这种方式，上海不仅积累了前所未有的商业财富，还为文化移植与革新创造了便利环境，其中就包括了利益最

---

〔1〕 关于近代中国的马克思主义和工人运动，见 Dirlik（1999）和 Perry（1993）。

大化的新商业精神。马德斌还注意到一个吊诡的现象：尽管条约港系统为中国企业家开启了诸多新的经济契机，他们从这一新的制度体系中得益，进而也在商界发展顺利，但这个安全港却拒绝了他们对自治市政府更多的政治参与。他总结说，尽管西方制度的移植引起了以工业化和GDP指标为表征的快速经济增长，但我们必须从政治经济而不是纯市场力量的角度来观察近代中国的经济发展。

城山智子在第三章中详细介绍了20世纪早期在相关制度变迁背景下上海房地产业的繁荣。这章讨论了上海的财富为什么会在一个营建得很好的房地产市场中增长起来，以及是怎样增长的。城市市场使得私人和公家都能够扩张他们的财富。在一些外国租界，如上海，土地出租建立在中国地主与外国房客之间复杂的合同关系基础上。在条约港的城市管理结构中这一地产制度框架不断演进。作者详尽讨论了其要点以展示新制度是怎样协助保护产权的。这一发展驱动了上海的房地产市场，中国人和外国人以复杂的土地所有及租用的形式参与其中。上海这种用以更好保护个人财产权的制度框架还催生了一个新的地产代理行业。上海房地产的勃兴无疑支持了与抵押业、地产净值贷款、近代银行的地产抵押商业贷款等相关的金融和资本市场可观的增长，也促进了对近代商业而言至关重要的大规模投资。

第三个案例（第四章）是关于稻米和面粉加工业的不同发展道路及与其相关的制度变迁。1900—1936年，稻米和面粉市场都扩大了，但是前者市场代理商的扩散因为当地习惯，即非正规制度的制约而缺乏垂直整合。与之相反的是，面粉交易不受地方习惯的约束，扩大了产能，又因此促使上海的商号进行制度改革，进行生产、采购和分配的垂直整合。这种垂直组织模式对大规模投资、机械化、应用新技术以及分布广泛、迎合大众消费的市场和零售网络都很有利，也更多受益于新的制度框架，比如在像上海这样的条约港出现的公司法和资本市场。这两种贸易将农业生产和大众消费的城市市场联系起来，陈计尧的对比研究使得制度变迁与生产和成就间的联系显现出来。关于稻米和面粉的案例也表明条约港经济能够突破条约港的边界，与乡村地区达到经济一体化。

第五章中，山东省潍县展现了条约港经济与地方经济的经济融合，进而从制度层面改变了地方棉纺织生产方式的例子。在 19 世纪 20 年代和 30 年代早期到抗战爆发，潍县经历了巨大的经济转变。通过中国商人（后来也包括日本商人），天津和其他条约港的条约港经济力量渗透进高度停滞并极端排斥更有效的机械化织机的本土纺织结构中；这个因素有助于结构的转变，而一种家庭手工业的生产结构于是出现。叫汉明记录了这种生产结构及其伴随着诸如包买制（putting out system）等新制度而产生的系统及其变迁路径。这个系统使更多商人能够利用合同化连锁生产模式，从而提高生产率，降低单位价值市场产出的交易和转换成本。所有这些都发生在条约港经济在制度变迁层面上影响不断扩大、运输基础设施的建设以及金融业进入农村地区的背景之中。无论中国人还是日本人在潍县市场上占上风，结果都是本土棉纺织工业勃兴，并有能力与条约港的近代棉纺织工厂和海外进口的纺织品竞争。

到 20 世纪 20 年代，大的条约港已经与邻县的经济一体化了。第六章使用的分析资料是一套于 1929 年、1936 年和 1948 年分别进行的村级社会调查。基于调查数据，本章描述了江苏省无锡县与上海的经济融合，及其土地和劳动力市场的发展。20 世纪 30 年代无锡农村的家庭收入几乎增长了 50%，表明其在作物产量、丝绸生产和相关服务业等方面的长足发展。与上海的市场整合可以解释这种显著的金融增长，然而更重要的是新的市场机会现在向女性开放，而她们中的很多人也在上海找到了雇佣机会。扩张的条约港经济创造出一个基于服务业和制造业的城市劳动力市场，既包含技术工种，也包含非技术工种。受上海的繁荣所影响，乡镇里的非农工资性就业也吸引了充足的劳动力，尽管在无锡的农业经济中并未形成"变革式增长"的突破。作者们并不认为这些乡村经历了任何形式的内卷化或不发展。本章确认了无锡村户面对条约港经济所创造的机会时，作出的反应是符合经济理性的。

制度变迁的动力：三个案例

在第七章中，松原健太郎对清代中国复杂的传统地权和土地交易情况进行了简明的解释，主要聚焦于被清政府在 1898 年租给英国99 年的香港岛北部的新界地区。他细致研究了传统地权交易模式潜在的含混之处，尤其是那些涉及田面和田底权之间差异的部分，并以新界地区详细的法庭案件解释了这个问题。松原强调了产权交易的法律层面与交易各方社会、宗教和政治关系之间的密切联系。这种联系阻碍了绝对所有权在近代意义上的发展。尽管国家可能更倾向于绝对所有权的存在，由此可以减少诉讼量，但国家本身又无助于市场驱动的土地交易。他的结论是传统土地产权利弊皆有，无论是清政府还是私人都从未将市场作为首要考虑。这是 19 世纪末以前当地的情况。当新界成为香港条约港经济的一部分以后，当地的地产制度必然发生变迁。松原在这一章里提出，英殖民政府建立了土地法庭来处理新界的纠纷，并引入官地（crown land）这个制度，即土地所有权必须清楚地向港英政府登记进行批租。这有效改变了传统制度，消除了田面和田底权的区别。

对一个像广东省和香港那样扩张中的市场经济来说，商业组织非常关键。钟宝贤在第八章中研究了广东、香港的传统制度"堂"

与 19 世纪 60 年代起英国公司条例所规定的公司间的相互影响。从她展示的极为详细的公司案例和法律纠纷来看，这一过程绝不是直接的，或那种我们通常所理解的"西方法律移植、中国适应，继而促进经济繁荣"的线性趋势。中国商号对这种要向政府注册，而且要更透明的披露财产和所有权的新公司管理模式不感兴趣。他们更希望在经济活动边缘的灰色法律地带中游走。当 1923 年广东军政府试图引进土地注册，不再支持模糊地权时，这种情况发生了改变。接下来政府对罚没的公地进行拍卖，直接导致了地产市场的兴起。同时，香港法庭在世纪之交开始推行普通法，颠覆了传统中国商业模式下含混不清的公司制度的合法地位。广东和香港的这些政治经济变化引起了很多中国商号迁移到香港并且在那里注册。作者又举例说明参与到香港公司法的中国商人们的类型并不一致。有些人海外经历丰富，主要是归侨，他们都积极地利用公司制度为自己争取最大利益。也有些商人海外经历很少，以非常传统的眼光来理解新制度。对新制度的理解分歧不可避免，其结果通常并不是由法庭完全按照法律条文来决定，因为社会和政治关系网实在太过复杂。无论如何，关于商业组织的条约港法律框架为在香港经营的中国商人带来了新的商业机会和行为方式。

最后一个实证研究从法律史角度来讨论中国的公司法发展。如同之前已经提到的，从西方植入近代中国的最有影响力的经济制度之一就是公司，或者称为股份有限责任公司。这完全是一个外生的舶来品，没有任何中国根基，而且是近代大型公司的基础——所谓的近代金融和资本市场中资本的商业运作。它使得资本形成，这对于中国科技驱动的近代工业来说至关重要。股份有限公司的重要性在 20 世纪初已被中国知名学者和官员反复撰文论述，其中包括伍廷芳、梁启超、张謇等。在这章中，李树元和我追溯了 1904 — 1923

年先后三套中国公司法的立法过程，检视每个版本的规章制度，焦点是它们如何界定董事和股东的权利与义务。这一章试图阐明每一次当局都冀图改进法律以推广公司模式。这个任务非常复杂，因为需要在保护董事（或经营者）——这样他们才愿意采取这种模式，而不是传统的私营企业或合伙的生意——和保护股东（大大小小的投资者们，他们参与这种没有人事关系的投资，利益只受公司法保护）之间保持很好的平衡。在对变迁的促成者、他们采取的模式以及每次复杂的法律颁布和再颁布的立法过程做了详细讨论后，我们认为虽然中国商界并没有大规模采取公司模式，但历届政权对待这项立法的态度都很严肃，将其作为立法要务，希望能使这项法律更有效，就像柯伟林（Kirby）注意到的那样。而且的确有一批中国企业家对于采取新模式很有热情，更重要的是，他们中的一些的确做得很好。我们希望今后能有更进一步的对结构性问题的探讨，这些问题包括如政府执行力弱，以及20世纪早期的中国缺乏配套的非正规制度等。这两个因素都可以解释为什么中国没有大规模采用公司模式。从这个总结中我们可以推测20世纪二三十年代大多数采取股份有限制的公司都应该是成立在条约港经济内部或其附近，因为这里有最强的执行能力和适合这个模式的文化氛围。这个推论有待进一步证明，但据一份官方出版的商业杂志的报导，1904—1910年注册的197家股份有限公司中，六成以上企业地址在条约港及其附近，可见一斑。（李玉2002：附表4）这跟第八章以香港为背景分析公司制后的发现相当吻合。

结语

正如之前提及的，我的第一个反思是关于中国条约港经济的出色表现与其新制度体系之间存在的逻辑联系。究竟这种联系是否是一种直接因果关系？还是一种以直接证据为基础的统计学上的互动关系？

24 要确立这两者的因果关系，或其他函数式联系，必须至少选择一些企业查看其细节。这些细节必须包括每一个条约港经济经历了什么重大的制度变迁，引起结构性变化的重大决定是怎么来的，等等。这种层次的知识存在么？或者说，我们有没有足够的信息来创造这种知识？尽管我们对近代中国的了解取得了很多进展，学界目前对民国史也甚有兴趣，但现阶段要确证任何结论都还很困难。这本书的实证研究包括一些定量和定性的案例，这些案例为我们提供了继续思考的线索。这些线索意味着更多建设性和引人深思的讨论，而不是总结定案。在更多案例基础上做进一步研究，应该可以更有效地巩固一些结论和主张，但这已超出了本书的范围。

第二，当中国开始有了条约港系统，沿着一条多少是模仿西方的国际化、城市化和工业化的道路前行，民族经济不可避免地会对国际市场的起伏产生更加敏感的反应。中国的条约港经济与全球经济紧密联系，分担着国际市场的繁荣和困境。但是，正如之前提到的，无论是从空间还是产量上来说，条约港经济都只代表中国经济整体中很小一部分，所以中国能够非常有效地消解国际市场的冲击。开始于2008年年中的国际金融风暴，都没能够严重拖累中国的增长，这可能是从20世纪早期以来中国参与世界经济的模式再次历史重演。相反的，中国最近的全球化也显示出机会和财富在不同社会群体间、城市和乡村间以及沿海和内陆地区间分配的不对称和不平等问题。当前这些有关全球化和资本主义化的批评（参见 Dirlik 1994，1997）对当年条约港经济来说也是有效的。但是，在发展条约港系统时人们并没有怀揣平等、社会正义或人权这些理想，而只是为了建立外国人在中国国土上的特权。条约港经济从来都不需回应平等、对称或公义的诉求，它只为市场、为竞争、为增长而生。

第三点反思是关于条约港经济与 20 世纪八九十年代设立的经济 特区的比较。经济特区制度首创于 1979 年，在中国的指定地区实行一套特别的经济（和法律）制度；它们被允许进行创新、吸引外资、试验西方式的经济组织，而此时的中国正在改革开放政策下开始经济现代化进程。（Wall 1991；Pak 1997）深圳是第一个经济特区，是一个坐落在毗邻香港新界的落后边陲地带的城镇。从那时起，深圳渐渐变成了一个拥有几百万居民、充满活力的工业和商业城市，人均 GDP 很高。（Wu 1999）

这些经济特区是不是有条约港的影子呢？这里没有主权问题。经济特区永远在中国主权下运作。其制度框架，包括法律体系，与中国其他地方不同，更有利于外国投资和国际化（Naughton 2007：chap. 17）。从这个意义上讲，经济特区与条约港经济间是有相似之处的。关于西方类型的法律正规制度的行使，两者间的差异多有相似之处，但在缺乏作为法治基础的三权分立和民主宪政这点上，两者却没有太大区别。无论如何，条约港经济引领中国走在经济近代化的道路上，但也在制度层面和整体的商业文化上催生了巨大的改变，尤其是利益最大化概念（profit maximization）。直到 20 世纪 90 年代晚期经济特区对中国整体的影响和条约港仍不可同日而语，但利益最大化的信念则早已在全中国普及开来。经济特区的特权从那时起被推广到更多地区，使得特区的制度体系不再那么特别。随着上海、广州、北京这些国际化大都市的崛起，这些特区也失去了其历史性作用。很多舶来的制度，在这些特区通过试用、调整、考验，然后移植到中国其他地区，包括前面提到的三个大都会。[1] 从这个

---

〔1〕 作为经济特区背景的，从 1978 年开始的中国经济改革，见 Naughton（1995，2007）。

意义上讲，经济特区作为一个制度体系扮演了与20世纪初条约港经济相类似的角色。两者都为现代化市场的制度变迁作出重要的贡献，促成了中国非凡的经济成就。同时两者同样产生于特权和差别的基础之上。不管怎样，两者都扮演了中国与全球经济及其各种制度再次接轨的平台。

第四，我们也不能不思考国家在中国市场经济发展中扮演的角色，甚至是抽象一点，即更加理论化的政治经济问题。费维恺（Feuerwerker 1984）认为帝国晚期的国家在促成现代经济发展上难以有所作为，因为这需要成为一个现代化的国家，才能进行必要的基础设施建设。这种观点与"新制度经济学"（North 2005）研究的一系列文献一致。持类似看法的还有很多学者，例如钱德勒（Chandler 1977，1990），他假设由必要的法律和政治结构支撑的资本主义公司复杂的垂直组织结构，是现代经济发展的必要条件——19世纪末20世纪初的美国、欧洲的情况见证了这一点；还有费里格斯坦（Fligstein 2005），他强调了国家为现代经济发展提供的必要的规章和法律框架的关键性作用。相对的，曾小萍（Zelin 2004a，2004b，2005，2009），以及曾小萍、欧中坦和加德拉（Zelin，Ocko and Gardella 2004）论证明中华帝国晚期的国家更具建设性的一面，国家与私人部门可以一起建立市场制度的基础，它对近代中国经济发展的积极作用，可能被低估了。这也解释了中国经济实践中一些延续到了20世纪的特征，尽管当时在中国成套引进了西方式的商业制度。彭慕兰（Pomeranz 2000）的著作代表了另一种对19世纪鸦片战争中遭遇英帝国之前的中国传统经济表现的正面评价。[1] 这一点又被新世纪

---

〔1〕 关于彭慕兰和他同事们的缜密论述，见 Wong（1997），Lee 和 Wang（1999）；尤其是彭慕兰（2008）建立在国家角色和从帝国时期到民国的土地市场上的研究。

以来的一些关于中国公司的研究（Nee 2005；Milhaupt and Pistor 2008：125－148）所确认，这些研究发现西方式的法律就公司发展来说对中国经济的表现并没有什么决定性的作用。施瓦茨（Schwartz 2007）甚至认为细致研究后会发现现代合同法可能与中国经济现代化进程中的经济生活关系不大，而诺顿（Naughton 2007：34－42）也对中国传统经济做了更加正面的描述，作为他论述中国当前经济增长的背景。

如果这一新兴的关于中国传统经济的学说今后能回应来自主流 ²⁷观点的批评，则我们需要进一步反思条约港经济在 19 世纪下半叶中国经济转型中扮演的角色。这本书冀图展示这个问题的复杂性，并认为讨论建立在条约港体系上的条约港经济，对中国来说到底是恶魔入侵还是天使降临都过于简单。中国对相关制度变迁的反应，呈现在经济的各个方面，以前可能受到忽略而值得更加注意。如果是这样，关于国家和经济发展的宏大论述便需要更认真地考虑嵌在文化和语言环境中非理性的人为因素，以及这些因素发挥作用的特定制度环境。这些因素或有助解释个人和市场行为最终导致的结果。

最后，这篇文章中预设的"条约港经济"概念可能碰巧接触到一个对比中国与日本不同的经济近代化轨迹的方法。[1] 19 世纪后期日本也有条约港，但是这些条约港在日本从明治时代开始的近代经济发展中扮演的角色完全不能和中国这些产生了条约港经济的条约港相提并论。应该说，没有一个日本条约港能够够得上我们在这里给出的定义，即在大规模的国际化、工业化和城市化方面领导全国。换句话说，日本的经济近代化从来都不是被条约港经济驱动的，而

---

〔1〕　在此感谢杉原熏（Kaoru Sugihara）对条约港跨国现象的评论。

中国则正相反。从我们的制度角度来看，这种分歧可能可以帮助解释日本为什么能够更好地衔接新与旧，而中国从大条约港经济（如上海）中辐射出的新商业文化具有强烈的反传统倾向。这个问题不在本书讨论范围之内，但却值得学界注意。

广州，岭南买物场（1919—1920）。由英国太古集团有限公司授权。(Courtesy of the Historical Photographs of China project，University of Bristol：http：//chp. ish-ly-on. cnrs. fr/）

从大新公司俯瞰的广州（1919—1920）。由英国太古集团有限公司授权。
（Courtesy of the Historical Photographs of China project, University of Bristol: http: //
chp. ish-lyon. cnrs. fr/）

上海外滩以及蒸汽船"临安"和"北京"号（1911—1912）。由英国太古集
团有限公司授权。（Courtesy of the Historical Photographs of China project, University
of Bristol: http: //chp. ish-lyon. cnrs. fr/）

第一编

制度变迁和经济发展

第二章　近代上海的崛起（1900—1936）：
一个制度的视角

马德斌

马克斯·韦伯（Max Weber）认为中国或者所有亚洲城市总体来说与西方城市不同，没有特定的政治功能。中国城市没有城市法律、没有得到独立军事武装支持的以商人或手工行会而组成的政治联合体，没有特许状授予的特权或者自由（Weber 1983：59）。西方的城市成为现代国家和资本主义兴起必不可少的纽带；而照韦伯的说法，传统中国的城市则通常是中央集权帝国行政机构规划的产物（1983：61）。

有趣的是，在韦伯思考东西方城市异同所处的 20 世纪初叶，大一统的中华帝国正摇摇欲坠。自 19 世纪的后半叶，中华帝国面对西方帝国主义挑战时是怯懦和保守的。类似于同治中兴（Tongji Restoration）和自强运动（Self-Strengthening Movement）的改革，都致力于保持现状，只是进行一些细枝末节的调整。（Wright 1962；Fairbank 1978：chaps. 10 – 11）但是，帝国和官僚的麻木不觉，被 1894—1896 年中日战争中的军事失败击得粉碎——日本长期以来被认为是中国谦卑的学生。1896 年，中日甲午战争后，强加给中国的《马关条约》给予外国人在条约港建立工厂的权力，并取消了对外国直接投资的限制，这不经意间使得近代中国企业合法化。

晚清的宪政改革（1904 — 1911），其本身是模仿日本激进的明治维新，后者标志着思想方面的重大突破和制度方面根本性变革的开始。然而，中国的这一改革从来没有得到类似于明治政府那样强有力的政府支持。清政府在那时政治衰弱、财政濒于崩溃，并最终在 1911 年覆灭。中国的新军阀袁世凯的政治命运短暂：他在 1916 年的去世，标志着军阀混战时期的开端，这场战争虽然没有全面摧毁国民经济，但也导致了大规模的破坏。按照詹姆斯·薛利丹（James Sheridan）的观点，军阀通常采取恐怖统治并进行剥削："（他们）对于金钱是贪求无厌的，军阀向人民强加了一系列惊人的税收。他们发行大量不断迅速贬值的货币……在很多地区，有组织的犯罪带来的伤害实际上还不如那些不受控制的成群结队的士兵，后者在乡村中劫掠农民。"（1983：318）

威胁、软禁、绑架银行家成为军阀进行勒索的普遍方式（杜恂诚 2000：2275 - 2276）。军阀主义并不全都采用暴力、破坏的形式，这是正确的，下面的例子即可以说明这一点。1926 年，山东军阀将中国银行济南分行的经理软禁起来。当银行同意向山东政府借款 50 万元的时候，对济南分行经理的人身威胁就解决了。后来，天津分行的经理评价说："早知道，我们该坚持久一些，也许要求的借款总额就会稍微降低一些。"（Sheehan 2003：101）中国军阀的政治逻辑产生了门瑟·奥尔森（Mancur Olson）对于坐寇与流寇的经典区分（1993：568）。

令人惊奇的是，尽管这是一个政治不稳定和内部纷乱的时期，但是可以发现工业化出现了一种重要的并且有点不太均衡的蓬勃发展。以杜恂诚编纂的数据为基础进行的计算显示，1914—1925 年中国国家名义年度工业投资是 1840—1911 年的 11 倍。近代银行业的资本，在 19 世纪 90 年代之前基本上不存在，在 1897—1936 年则按照每年 10.2% 的速度增长。雷默（C. F. Remer）发现，与此同时，1902—1931 年在上海、东北和中国其他地区的国外投资分别按照每年 8.3%、5% 和 4.3% 的速度增长。建成铁路的总里程从 1894 年的 364 公里迅猛增长到 1937 年的 21 000 公里。章孝严（John Chang）编纂的民族工业的生产指数显示 1912—1936 年平均每年为 10% 的实际增长率，即使按照现代的标准，这也是一个令人称奇的增长速度。托马斯·罗斯基（Thomas Rawski）进行的一项更有争议性的研究甚至主张，1911—1936 年，中国每年人均 GDP 的增长速度与同时代日本的增长速度大致相当。[1]

在这一政治不稳定时期是如何实现经济增长的？本章认为这一拼图中缺少的板块是外来或者西方资本主义的因素。19 世纪和 20 世纪，西方资本主义并没有对中国全面殖民，而是通过贸易权益、租借地、条约港口以及附带的治外法权或势力范围体现出来。20 世纪早期，当中央集权衰落时，在中国丧失主权的情况下，西方的条约港迅速扩展。最为值得注意的是条约港城市上海、天津和武汉的发展，它们都位于中国主要经济区中具有重要战略价值的位置上。这些条约港成为 20 世纪前 30 年中经济发展的关键。大规模的投资、近代银行业和工业不成比例地集中在那些相对稳定的"小块地方"。

显而易见，这些特权和治外法权是政治不平等和社会歧视的显现，但是基于两点原因，在这一政治混乱和国家分裂的时代，

---

〔1〕 关于这些数字，参见马德斌（2008）。

他们的扩张却转变为一种变相的正面因素。首先，这些"特权"的一部分与经济发展必要条件相吻合，即维持了和平和公共秩序，确保了产权和合约的履行，免予官方的勒索或随意的税收，以及存在透明的法律和可预见的判例。其次，如同后文所揭示的，通常，正式或非正式的，中国人的商业活动和居住者可以利用条约港口的"特权"。

本章集中讨论由西方商业势力控制下的最重要的和中国最大的条约港上海公共租界（International Settlement）的制度演变。我展现了 20 世纪早期上海的发展直接得益于不仅为西方而且为包括逐渐增长的中国商业和工业提供了可预见性和稳定的自治和"特权"。当西方控制的上海从中国强取了所有的政治和法制自治之后，所谓的 20 世纪 10 年代至 20 年代发展的黄金时期开始来临。上海在 20 世纪 20 年代的发展，按照韦伯的观点，越来越类似于一座西方风格的自治城市。按照 North 与 Weingast（1989），Olson（1993），以及 DeLong 与 Shleifer（1993）的研究，我认为来源于这一政治过程的制度演变，是理解中国长时段经济演变的关键。

本章分为两个主要部分，并在最后进行了总结。第一部分，对上海经济发展的量化记录及其在该地区的外溢进行了分析，主要是基于我最近对 20 世纪 30 年代扬子江下游两省（江苏和浙江）区域 GDP 估算值的定量重建，当然这两省中也涵盖了上海市（Ma 2008）。第二部分，叙述了政治演变和制度变迁，尤其是上海作为一座"城邦"（city-state）在 20 世纪早期的兴起。

36　以上海为基础的工业化：区域背景下的一项量化分析

20 世纪 30 年代，上海的现代制造业生产总值占到全国的 41%

（如果不将东北计算在内的话则是48%）；从20世纪10年代至20年代，拥有全国棉锭的50%～60%；并且在20世纪20年代生产了全国50%的电力，基本是英国主要工业城市曼彻斯特（Manchester）和格拉斯哥（Glasgow）的两倍。20世纪30年代，上海吸收了占中国46.4%的国外直接投资（Foreign Direct Investment，FDI）和制造业中67%的国外直接投资，以及47.8%的中国的金融资本。50%以上的中国海外贸易和中国航运吨数的1/5由这一港口通过，上海是中国20世纪早期集商业、金融和工业为一体的城市典型。城市人口从19世纪90年代的仅仅50万，增长到20世纪10年代的超过100万，翻了一番，到20世纪30年代增长到了350万，使得上海成为世界第七大城市。（Ma 2008：358）这些令人吃惊的统计数据，使得一些学者指出所谓中国20世纪早期的发展是基于上海的工业化。

我首先通过对近代工业部门的比较分析来展示这一工业化的程度。被广泛使用的章长基（Chang）的中国工业生产指数的增长率，其中中国工业生产指数涵盖了那些雇佣有7名及7名以上工人的近代"工厂"的产量，由于其涵盖面不够充分，因此这一数据被认为是偏高的。[1] 最近，久保亨（Toru Kubo）通过更新棉产品产量的系列数据以及增加了重要的轻工业产品如丝绸和面粉的数据，修订了章长基的年度系列数据。久保亨的指数参见表2.1，将总覆盖率提高到72%，同时将1912—1936年的实际年度增长率减少到了8.4%。

---

[1] 数据占到近代工厂总数的40%～50%，参见 Chang（1969：36）。

表 2.1　中国和日本近代工业产量的年度实际增长率

（按照 20 世纪 30 年代的不变价格计算）

	中国		上海	日本
	章长基的数据（%）	久保亨的数据（%）	（%）	（%）
1880—1895				10
1895—1912			9.4	5.7
1912—1925	12.6	10	12	8.6
1925—1936	7.4	5.4	6.5	9.5
1912—1936	10.2	8.4	9.6	8.3

资料来源：参见马德斌（2008：table 1）。

　　我现在将这些全国指数与由徐新吾和黄汉民汇总的新的上海近代工业总产值进行比较，后者主要以 1933 年的价格为基础测算的 1895 年、1911 年、1925 年和 1936 年的数据。根据表 2.1，徐新吾和黄汉民计算出的上海的指数，显示出上海实际年增长率达到了 9.6%，超过了久保亨计算出的中国国家平均年增长率的 8.4%。由于国家平均增长率中包括了快速增长的上海和东北，因此上海与这些区域之外中国其他地区间增长率的差异应当要超过表 2.1 所显示的。

　　日本工业的指数，是按照那些雇佣有超过 5 名工人的近代工厂的数据来衡量的，可以与上海近代工业的增长进行比较。表 2.1 显示上海的增长率在 1895—1911 年和 1912—1936 年这两个时期领先于日本的增长率，可能只有 1912—1936 年日本殖民时期的朝鲜可以与之媲美。[1] 以上海为基础的工业化溢出到中国其他部分，但是其中最为直接的就是上海的腹地，即扬子江下游地区。对于扬子江

---

〔1〕　注意：日本近代工业的迅猛发展开始于 1895 年之前，20 世纪日本工业的扩张开始于一个比上海水平更高的基础。关于这一时期台湾地区和朝鲜的工业发展，参见沟口敏行和梅村又次（1988：273，276）。

下游而言，上海吸引了大量的劳动力并且是主要的资本来源地和创业之地。上海的资本支持着赫赫有名的学者官僚企业家张謇，将江苏省的南通建造成一座工业城市。截至 20 世纪 30 年代末，出生于无锡的上海工业大亨用资本将无锡这座市镇转化为中国第五大工业城市，并被称为"小上海"（本书的第六章对无锡的成长史进行了详细的讨论）。以上海为基础的工业化同样也对农业部门产生了冲击。工业需求通过传播新的种子科技和技术为工业经济作物，如棉种和蚕茧的发展提供了直接的推动力；工业需求同样加速了商品肥料和电力驱动的农业机械，如水泵和磨粉机的采用。（Ma 2008：361－362）

使用一项以区域为基础的生产数据，我重新检验了以上海为基础的工业化对其紧邻的腹地——扬子江下游地区所产生的定量影响。扬子江下游在这里的定义是江苏省和浙江省（因此也被称为江浙）。处理省和区域数据的方法是从由 13 个部门构成的总净值中剔除了两省共有的部分（其中包括上海），使用的是 Liu 和 Yeh (1965) 估计的 1933 年国家 GDP 的数值。[1] 估计的结果显示，1933 年，江浙地区，人口占全国的 12%，但贡献了农业产值的 15%，手工业产值的 20%，近代工业产品的 57%，金融业的 65%，近代公共服务业的 45%。总而言之，两省的国内净产值（NDP）占到了全国的 19%，人均国内净产值是全国平均数的 1.55 倍。近代 *38* 工厂的产品对于江浙有着更大的影响，占 NDP 的大约 6%，而其在全国的百分比是 2%。近代工厂的总值占全部制造业总值（其中包括工厂和传统手工业产品）的比例，江浙是 0.36，全国则是 0.24。这一比率使得扬子江下游与 19 世纪甚至 20 世纪 10 年代的日本处于

---

〔1〕 这些省份的一幅地图，参见马德斌（2008：357）。

相同的水平。(Ma 2008：364 - 365)

基于利用 13 个部门的部门实际增长率非常初步的逆推，我 2008 年的论文同样确定 1914 — 1918 年和 1931 — 1936 年江浙 NDP 的经济结构已经与中国整体的农业社会存在非常根本性的差异，使得这一区域与工业化的日本及其殖民地朝鲜、台湾地区更具有比较性。尤其是工业增长对扬子江下游的结构性演变比中国整体有着更大的影响。这一时期两省每年的人均 NDP 增长率（1%）基本是中国整体（0.53%）的两倍，基本与同时期的日本和日本的殖民地相近。基于 20 世纪 30 年代汇率的初步比较，同样显示江浙地区的人均收入要比朝鲜和中国东北高，而排在日本、台湾地区之后居第三位。但是，20 世纪 30 年代，扬子江下游人口基本与日本相同，是台湾地区的 10 倍多，因此可以认为其显然已经成为东亚（乃至亚洲）的第二大工业区域。

上海的发展：制度方面的研究

在传统的扬子江下游地区，上海是苏州城外围的一座市镇。在 19 世纪中期开埠成为一座指定的条约港之后，上海成长并发展成一座设有三个政府机构的城市——公共租界、法租界（French Concession）和中国区的政府机构。公共租界是由英租界和美租界合并而成的，开始只是作为西方移居国外者居住的相对隔绝的社区。但是随着此后太平天国时期中国难民的大量涌入，租界当局受到地产商的压力，开始在 1854 年接受中国居民。

公共租界的政治制度的变化过程，是从一个典型的殖民飞地朝向典型的西方式的自治城市发展的过程，当时租界建立了一个由 9 名成员组成的市政委员会（工部局），这些成员是由拥有超过价值

500 两土地的外国人构成的选民（主要是英国人）选出的。这一委员会有大约 2 000 名选民，只占到外国人口的 10%。公共租界市政 39机构的雇员担任各个主要机构的领导人——卫生、公共设施、金融和卫生，以及消防、上海市警察等。

市政委员会有着自己的小宪法——《土地章程》（*Land Legislation*）。作为自治法权的一部分，对于外国人的裁判权被授予外国人的领事法院，而没有代表的外国人或者中国人则是在会审公廨。公共租界中的中国居民只有在得到国外租界当局的同意后才能被抓捕。在上海的公共租界中，中国人之间的民事和刑事案件交由一个会审公廨审理，这一法庭通常按照习惯（不是按照条约权力）由外国的陪审人员主导（Fairbank 1983：132）。租界有着自己的志愿武装和警察以及监狱系统，但除非得到相应法院的授权，否则不能任意拘捕。工部局有权在这些法院提起诉讼或被起诉，这一法庭被称为领事法院（Court of Consuls）。这一制度性的结构使得租界基于一个有限权力和法治基础之上。[1]

这一治理结构使人想起中世纪欧洲的政治传统，这种政治传统结合了习惯于自治的、通常从较大的领主那里得到授权的商业精英或寡头控制的城市社团。在公共租界的早期阶段，其中的西方商业精英就一直争取和保持自治。这是与中国绝大多数其他条约港，甚至临近的法国租界相区别的一个制度特色。法租界由巴黎认命的法国领事官员进行行政统治。[2]

对于中国政治传统而言，虽然租界制度是外来物，但在上海的

---

〔1〕 参见 Pott（1928：114）。孙慧（2003：215 - 228）揭示的档案材料显示出市政委员会通常在诉讼中失败，其中包括有中国当事人参与的案件。

〔2〕 最近的一项对西欧城邦传统的研究，参见 Epstein（2000）。关于公共租界与法租界间政治系统的差异，参见 Bergère（2005：chap. 5）。

中国商人精英很快认识到它的重要性。得益于晚清宪政改革之下的自治运动，中国的士绅和商人在 1904 年成立了上海市议会（上海城厢内外总工程局），并且直接仿照公共租界的市政委员会在中国区采用了伊懋可（Mark Elvin）所称的"绅士民主"（gentry democracy）。上海市议会在立法与各个执行部门之间进行分权，执行公开辩论和多数票的原则，标准化的税收制度（取代了包税制），维护并改进公共设施，建立了商人的军队组织和一个法官均由选举而产生的法庭，并且公布了各种法律规定和道德准则，让人想起李光耀（Lee Kuan Yew）的现代新加坡。市议会非常清廉。（Elvin 1996：chaps. 5 – 6）

　　1913 年，袁世凯重新开始推行的中央集权政策强行结束了这种中国地方自治的短暂历史。而此时，受到国际条约，当然更重要的是西方炮舰的支持，西方人的上海（公共租界和法租界）存留了下来，并且在清朝衰落的时期兴旺发展。截至 1911 年，公共租界和法租界将他们在上海的租界扩展到 33 平方公里（大约8 100 英亩），这是其他 23 座中国条约港公共租界面积总和的 1.5倍（费成康 1992）。当清朝在上海的地方官员 —— 据说带着公款——潜逃之后在 1911 年革命期间，公共租界获得了清朝上海会审公廨的控制权，并自行指定中国职员。到那时为止，西方化的上海已经有些成为实际上的"城邦"，对其居民，无论是西方人还是中国人都有全面的领土管辖权，这是区别与中国其他外国租界的一项特点。

上海的黄金时代（1911—1925）

　　1911 年之后，上海的会审公廨作为一种意义深远的制度和程序变革，成为租界行政管理必不可少的法律方面的辅助，为 1911 —

1927 年间前所未有的发展奠定了基础。尽管带有一个中国土地上由外国人管理的法庭的不良标签，但会审公廨在 1913—1926 年间平均每年仲裁 32 000 件中国当事人提出的控诉，这通常超过了法庭的审判能力。会审公廨在所有上海法庭中处理的民事案件数量最多，同时中国人的控诉在总数中所占份额持续增长。1908 年，审理的纯粹中国人案件的开庭数量大约是外国人案件的 1/4，但是到 1925 年这一比例颠倒了过来。(Lee 1993：1348 – 1349)

会审公廨之所以成功地竞争取代了上海其他建立于 20 世纪早期的法庭，主要归因于几点优势。会审公廨的判决或者裁定是可信并可实施的，并且背后有一只装备精良、训练有素的市政警察力量。与中国不鼓励正式法律诉讼的传统不同，法庭为提出法律诉讼的原告服务，并且处理种类丰富的民事、商业或者其他类型的诉讼。(Lee 1993：1350) 法庭坚定地起诉任何试图向租界内任何人非法收税由此侵犯私人物权的行为。[1] 如托马斯·斯蒂芬斯 (Thomas Stephens) 所说，当时中国因为革命、盗贼、内战陷入一片混乱之中，而上海则是"一个和平与井然有序的绿洲"(1992：104 – 106)。

在上海崛起成为金融中心的过程中，会审公廨的角色可以很好地由 1916 年戏剧性的银行停兑令这一偶然事件来阐释。20 世纪 10 年代，北京之所以成为另外一座重要的金融中心，是因为城市中存在规模较大的国家背景的银行，如中国银行和交通银行。然而，1916 年，北京的民国政府为了解决财政收入问题而求助于印钞机，命令暂停将纸币兑换为银元的业务，这一行动导致了整个中国金融业的恐慌。由于有会审公廨的支持，中国银行上海支行

---

〔1〕 上海的税收系统与公共租界会审公廨对非法中国税收所进行的屡次审判的比较，参见 Feetham (1931：103 – 107)。

成功地拒绝了这一命令。1916 年这一年，也是上海成为中国唯一的金融中心的一个转折点。上海的银行家后来在国有银行私有化过程中扮演了领导角色，并带动了中国现代银行业的崛起，之后几乎所有重要的银行都位于大的条约港的外国租界。1925 年，中国银行资本实力的份额是 41%，高于曾经占据主导的外国银行的 37%。[1]

会审公廨的影响远远超出了法院之外，其判决通常在报纸和其他媒体上广为宣传。[2] 在这一法制改革的时代，上海培育了中国规模最大的职业法律组织和数量最多的律师和法律学者（Lee 1993：1409 - 1410；Kirby 1995：48 - 50）。1992 年斯蒂芬斯在自己对 1911 — 1927 年上海会审公廨的研究中，十分强调法制文化的转型。他将中国传统法制的特征定义为是"纪律性的"，意思是其优先考虑的是维护社会秩序和群体的团结，而非抽象的和至高无上的法律原则。他认为，会审公廨求助于这种"纪律性的"法制传统，但却为用预先制定的和已知的标准来解决争端的理想作出了努力。这种法42庭的仲裁者在西方法学体系的裁决模式中建立这种框架的努力，带来了之前中国法制传统中所缺乏的法律的确定性和可计算性。[3]

---

〔1〕 关于停兑事件和上海银行公会在中国近代国家银行私有化中扮演的角色，以及资本实力的份额，参见 Cheng（2003：54 - 62，162 - 168，241）。关于近代银行对中国货币化的贡献，参见罗斯基（1989：155 - 179）。

〔2〕 法规的效果，可以通过 1917 年进行的尽管简单但鲜活的观察予以证实：居住在公共租界中的中国人总数达到了 80 万。尽管他们缺乏知识并且教育水平很低，但是在英国习俗的影响下，他们遵从法律的习惯比中国内地人要强……在内地，官员恫吓人民，而人民不敢寻求法律的保护，然而租界的居民都知道如果未经许可就进行拘捕属于绑架，而无论绑架者是官员还是普通民众，都要受到惩罚。（引自 Xu 2001：41）

〔3〕 关于中国传统的法律系统，参见 Stephens（1992：107 - 108 and chaps. 1 - 3）。最近对中国法制传统的总结，参见马德斌（2006）。

法治使租界受益。在那里开始采纳了现代产权——尤其是透明度和安全性——成为近代地产业兴起的基础，后者又进一步刺激了近代银行业的发展。[1] 赵津（1994：145）的著作展示，公共租界中每亩土地的价格在1865—1930年增长了20倍，在1911—1930年间翻了3倍。更为重要的是，到1930年，公共租界平均每亩土地的价格是整个中国区的26倍多，是中国区中地价最高区域南市区的3倍。南市区毗邻租界区的金融中心。[2]

在商业企业的地理分布上也可以发现相似的模式。白吉尔（Marie-Claire Bergère）选择的数据展示，超过70%的合同密集型的行业，例如银行、保险、贸易以及其他服务公司都位于公共租界，同时不超过20%——最为传统的钱庄和当铺——位于中国区。在机械工程制造业的资本密集型的部门中，84%的企业位于租界区。相反，那些劳动密集型部门的工厂，例如纺织业和食品加工业，仅有大约60%修建在租界，同时中国区只有超过30%（Bergère 1989a：108-109，table 3.3）。上海的聚集经济采用了一种独特的制度划界：公共租界区中每平方公里的工业和商业实体超过中国区的10倍（樊卫国 2002：221-222）。高涨的土地价格为有效的行政管理所需的资金提供了一种不断扩张的税收基础，并且造就了世界一流的基

---

〔1〕 对于西方私人产权系统对扬子江下游地区影响的细致分析，参见马学强（2002：chap.3）。外国租界的土地登记证（道契）扮演着一种最为保险的贷款抵押物的角色（赵津1994：chap.1）。关于这一时期上海地产业的发展，参见城山智子为本书所撰写的论文（第三章）。

〔2〕 总体而言，租界中每亩土地的价格比法租界高大约28%。（赵津1994：153，156）关于外国租界的土地登记证（道契），参见马学强（2002：chap.3）、赵津（1994：chap.1）以及 Feetham（1931：317-348）。

43 础设施，使得租界在 20 世纪 20 年代成为中国羡慕的对象。[1]

也正是在西方化的上海，诞生了新一代的中国企业家。他们往往出生谦卑并有着良好的背景，和传统商人或早期官商不同，其获得财富的途径不再是通过官僚体制的照顾和寻租。虽然上海的商人阶层主要由江浙企业家控制，但也包括来自全国各地的商人。叶文心对这一现象给出了下述精炼的陈述："使得买办商人脱离开帝国晚期前辈的并不是那些他们可能已经失去的，而是那些他们现在必须要学习的东西。这其中包括年轻人的语言技巧和关于中国之外世界的知识。"而且，这些新一代的中国人追求"学习商业的实用价值"（Yeh 2007：15）。形成的新社团教授近代技术，其中包括外语、新的比较商业规则、各种商业概念、新的合同等（Yeh 2007：chaps. 1 – 2）。

徐新吾和黄汉民的数据显示从 20 世纪 10 年代至 30 年代，上海 9 个主要现代工业中中国所有者的份额一直要高于外国所有者的份额。在这种意义上，西方化的上海，从一个殖民地的视角来看，远比日本殖民主义在台湾地区、朝鲜或者中国东北产生出了更为旺盛的本土企业家。实际上，日本的企业家自身在高度竞争和多国化的上海兴旺发展[2]（徐新吾、黄汉民 1998：341）。由此诞生了传奇色彩的上海高度自由化的资本主义风格，这种风格的特点是贸易、资本和银行业的完全自由，同时伴随小政府大社会的架构，这一模

---

[1] 1926 年，江苏省的军阀孙传芳评价道：无论何时我前往一座条约港口，我都感到一种莫大的羞辱，不仅仅因为一座条约港活生生地提醒着我们丧失的主权，而且因为无论何时我穿过租界区前往中国的领土，我们都感到我们正在进入一个不同的世界——前者是在天上，后者是在地下，中国领土上的所有——道路、建筑或者公共卫生——都无法与租界相比。这是我们国家最大的耻辱，按照我的观点，甚至比丧失主权更为屈辱。（引自 Feetham 1931：242）

[2] 关于台湾地区和朝鲜工业中日本资本的份额，尤其是在大型企业中的份额，参见沟口敏行和梅村又次（1988：77）。

型与受到称赞的二战后日本和韩国以国家为主导的工业化形成截然不同的对比。

城市和帝国

在西方化上海的繁荣之下存在着一系列基本矛盾。公共租界虽然施行代表制，但却不存在民主。被所谓的"大班寡头"（taipan oligarchy）所控制，市议会投票权局限在少数财产达到要求的西方精英商人手中。市议会在捍卫法律的同时，也捍卫西方特权。在1925年，中国人占到了总人口的96%，为最大的纳税群体，却没有代表权[1] 这是不幸的，按照小帕克斯·科布尔（Parks Coble Jr. 2003）的观点，在中国企业家和条约港口之间发展出了一种相互依存的关系，由此这些企业家——特别是由于他们的财富和教育水平，对社会歧视可能比普通的中国居民感受得更为强烈。

公共租界和法租界所支持的言论和出版自由为中国那些直言不讳的知识分子和具有创造力的艺术家，以及激进的持不同政见者和暴力革命的倡导者提供了庇护[2] 但三个独立的司法管辖区，坐落在一个边界相互开放的密集空间里（在某些受到外来军事威胁的时候，在西方人的上海周边树立了密集的栅栏，不过一般持续时间都不长），随着城市的不断发展，变得越来越难以控制。上海诞生了臭名昭著的"青帮"（Green Gang），他们渗透进法租界、中国的军政府以及后来的民国政府。随着民族主义运动、日本帝国主义入侵

---

〔1〕 Feetham（1931：138）给出的数据是，中国人交纳的税收占到了税收总额的55%。然而，夏晋麟（1992）认为大量登记在西方人名下的租界中的财产实际上属于中国人。他的估计认为中国人交纳的税收至少占到了税收总额60%，而且很可能更多。（1992：127）

〔2〕 20世纪20年代晚期上海发展成为中国新的文化中心，对此可以参见 Bergère（1981：12－13）。

以及共产党不断发展壮大，和各种内外力量的影响，上海日益政治化，出现了大量的工人罢工以及时不时的暴力反抗。[1]

更重要的，西方上海的存在给中国造成了一个更大的困境：在一个大一统的帝国的心脏区插入了一个独立的政治实体，而帝国的稳定又是长期以来建立在消除其他权力结构的基础之上的。所以西方上海崛起于帝国衰微之际，但这似乎到 20 世纪 20 年代末也步入尽头。1928 年，国民党的激进左翼革命者用暴力接管了汉口的英租界，与之相伴的是打砸抢，显然，面对正在崛起的民族主义者，西方军事力量所能达到的范围是有限的。随着民国政府 1927 年定都南京（江苏省），西方上海在蒋介石领导的偏向右翼的国民党统治时45 期幸存了下来。但一些西方特权被迫放弃：会审公廨转变为新的中国体制，并实现了中国人长期追求的目标，即中国代表被接受进入市议会；甚至所谓"公共"公园在 1928 年也向中国居民开放。[2]

南京的民国政府对于上海的资本家而言喜忧参半。不像其他时期的中国政府，蒋介石政府的掠夺之手先伸向税赋，然后是国家控制（Coble 1980；Bergère 1989a：epilogue）。而对于民国政府而言，法律，正如柯伟林（Kirby 1995：51）指出的，也是国家控制的一种工具。但不可否认的是，蒋介石政府为扬子江下游带回了普遍的和平和稳定，这使得上海的工业化大范围外溢。

但仅仅 10 年之后，1937 年日本的全面侵华结束了民国政府在扬子江下游的统治。1941 年，日本帝国主义正式结束了延续一个世纪的西方上海，这非常具有讽刺意味。（费成康 1992：415）尽管如此，上海的资本主义，一直保存到 1949 年。而上海传奇式的不夜城

---

〔1〕 关于劳工斗争和学生运动，可以参见 Wakeman 和 Yeh（1992）。关于青帮，参见 Martin（1996）。

〔2〕 关于上海的公共公园和其他市政服务的问题，参见 Feetham（1931：138 – 146）。

的灯光——资本主义自由精神的标志——也随着中国对外大门的关闭而熄灭。1949 年之后，上海，与其他中国城市相似，成为一个高度中央集权政府管辖下的一个行政区——尽管是非常重要的一个行政区。

与此同时，中国的资本主义也开始大逃亡。上海的资本家大量迁居到香港。在那里，他们的资金、工业技术、企业家的眼界使香港在战后工业化上比亚洲其他国家早起步 10—15 年（Wong 1988：2）。同时在台湾，来自扬子江下游地区的精英构成了经济规划师和技术人员中的绝大部分（Liu 1987：49）。

结论

与中华帝国漫长的历史不同，上海作为一座自治城市的生命周期似乎稍纵即逝。但这一事件完整的历史意义还有待把握。西方的城市，从古代至中世纪的发展时期，被韦伯认为是走向现代国家和资本主义一个至关重要的转型阶段。毫无疑问，以殖民地特权为形式的西方制度在中国的渗透，其根本意图在于保护西方的商业利益，由此践踏了中国的主权。然而，很多这些特权恰恰也是经济发展必需的条件，即维护公共秩序、保护产权和合同的执行，免予受到随意征税或者强取豪夺的威胁，以及要求治权的透明性。因而，当它们扩展到主要居民为中国人的上海时，却不经意地提供了一种确保财产安全和法治的自治空间，成为 20 世纪早期军阀混战时期的中国工业化的基石。但带有殖民地标签和商业寡头狭隘利益的上海作为嵌入一种过时的"城邦"政治结构当中的怪胎，也限制了其在中国更广阔土地上进一步发展的潜力。在这点上，西方上海的城邦模式，难以持久，也不可复制。

无论如何，在 20 世纪早期中国工业化曲折道路上，上海公共租界提供了多种政治治理模式相互竞争的令人着迷的自然试验，为中国长期经济发展的制度方面的研究提供了大量启示。如同本章所展示的，即使受到政治体制的制约，一大群有机敏的商业头脑、企业家精神和组织能力，同时也具备政治觉悟的中国企业家成长了起来。但中国的商业利益缺乏如公共租界中的城邦模式所表达的那种正规的政治制度支撑，尤其是在一个国家分裂混乱的时期，显得无助与脆弱。欧洲与中国的商业利益和政治制度结合的制度性差异，应当是一个范围更为广大的研究课题的一部分，对揭示长时段经济发展轨迹不同模式下的历史上制度革命的比较研究有重要意义。

在这个意义上，本章只是一个提醒，希望在媒体和大众沉迷于"大中华经济圈"、"世界最大经济体"等"大"的美好未来时，不应忘记那些"小"的自治空间所曾有的重要历史意义。正是这些小的空间，为一个冒险创新而遭受围困的"小中华"提供了避风港，从而为古老的中华大文明揭示了新的前景。

第三章　上海的房地产市场和资本投资
（1860—1936）

城山智子

从 19 世纪 70 年代至 1937 年中日战争爆发，在这段时间内，中国的条约港城市——包括上海、天津、广州和汉口——是近代工业的中心。[1] 所有这些城市经历了房地产价格的高速增长，这意味着对于建筑业和工业的投资。上海是这些城市中最大的，同时其租界区无疑是城市的中心。[2] 1935 年，尽管租界的面积仅占上海面积的 10%，但是却集中了城市大约 45% 的人口，70% ~ 80% 的工厂，以及大量重要的商店和银行。[3] （邹依仁 1980：90；张仲

---

〔1〕　由民国政府统计局编纂的《中华民国统计提要》认为南京、上海、天津、汉口、青岛和广州是中国六大城市。参见民国政府主计处统计局（1935：601）。

〔2〕　上海的外国人区主要由公共租界和法租界构成。本章的例子主要来源于公共租界。然而，本章揭示的公共租界的城市发展模式可能也可以适用于法租界，因为后者在某些重要特性上与公共租界相似，例如土地章程和拥有众多的中国居民。

〔3〕　类似地，在天津城中，联结德国、法国、英国租界的中街，在 20 世纪 20 年代坐落着城市中绝大多数的近代外国和中国银行。（Sheehan 2003：48）

礼 1990：23）

新条约港城市中的哪些制度促成了这种财富的集中？白吉尔（1989a：6－10，279－280）提出生活在上海外国租界的企业家有能力扩展他们的商业是因为在民国最初十年的动荡时期缺乏中国政府的干涉，尤其是在第一次世界大战期间及其后不久。白吉尔的观察48 主要是探讨了体制方面的内容，本章主要考察房地产交易领域[1]，主要分为两个部分：第一部分，讨论外国租界的房地产是如何高度商业化的，这些区域有很高的货币价格。从 19 世纪中期开始，外国租界的人身安全和普遍的稳定性，吸引了那里的中国人。随着这一有限区域内人口的增长，土地价值不可避免地上升。很多外国人以及中国人意识到那里存在巨大的投资机遇，因此产生了新的制度和组织以便利房地产的交易。第二部分，展示了从房地产交易中产生的财富如何刺激城市的发展和经济扩展（至少是在 1929 年末房地产泡沫开始产生之前，房地产泡沫的产生是内外不利因素影响下的结果），注意到了房地产和金融市场的紧密联系，尤其关注外国租界

---

　　〔1〕 对于外国租界房地产的研究最初主要考虑到了外国人所享受的治外法权。（植田捷雄 1941）尽管如此，租界的财产和房地产交易难以从条约系统的法制和行政方面来理解，因为其中涉及的治外法权仅仅适用于外国人。在条约港城市中，无论是外国人还是中国人都在租界拥有房产，同时他们经常购买和出售房地产。到了 20 世纪 90 年代，上海房地产市场的制度和组织，包括土地登记法规和外国房地产公司的运营，变得能进行更为深刻的理解。（沈祖炜 1990，1994）沈祖炜提出房地产市场的扩展对于上海经济的发展具有重要意义。然而，这种城市投资和整体经济发展之间的关系依然没有进行充分的研究。赵津（1994）研究了沿海城市，如上海、广州和天津，以及内陆城市，如南京、重庆的房地产市场，揭示了 20 世纪早期中国土地价格上涨的趋势。赵津发现了造成这种上涨的一些因素——人口增加、政府支出和道路的修建——但是没有举出一个令人信服的例子。

中的抵押贷款。[1]

我的论文开始于探询 19 世纪中期制度的演变如何促进了 20 世纪初中国经济的转型。

早期的制度变迁：外国租界中的中国居民

港口城市土地价格的上涨

20 世纪初中国城市土地价格的普遍上涨是由于城市人口的增加。农村地区的社会动乱也迫使大量人口迁移到大城市。表 3.1 显示了天津和广州城市土地价格的上涨趋势。

表 3.1　天津和广州城市非租界区的土地价格

年份	天津 （元/亩）	指数 （1912 年取 100）	广州 （元/亩）	指数 （1912 年取 100）
1912	366.67	100.0	7 434	100.0
1913	501.96	136.9	7 826	105.3
1914	425.00	115.9	10 833	145.7
1915	500.00	136.4	8 478	114.0
1916	475.00	129.5	8 084	108.7
1917	1 331.27	363.1	9 861	132.6
1918	475.00	129.5	8 921	120.0
1919	600.00	163.6	8 991	120.9

---

〔1〕　1929 年 10 月至 1931 年 8 月，上海从海外和中国国内汇集了大量的白银。由于受到大萧条的冲击，白银的国际价格大幅度下跌，这使得白银大量涌入中国，中国是当时世界上唯一的银本位国家。与此同时，资金离开萧条的乡村前往城市，尤其是上海。由于积累的资金中的一大部分投资于房地产，上海的房地产市场有着光明的发展前景。从 1931 年 9 月开始，很多国家的政府进行货币贬值以试图促进经济。随着国际银价的升高，大量白银开始从中国撤离。当中国的经济陷入到严重的通货紧缩的时候，房地产泡沫破裂，并且加深了上海的金融危机。对于 20 世纪 30 年代早期房地产市场崩溃所产生的影响的详细分析，参见 Shiroyama（2008：chap. 6）。

年份	天津 (元/亩)	指数 (1912 年取 100)	广州 (元/亩)	指数 (1912 年取 100)
1920	450.00	122.7	9 279	124.8
1921	800.00	218.2	10 728	144.3
1922	1 309.09	357.0	11 860	159.5
1923	1 633.33	445.4	11 265	151.5
1924	1 866.67	509.1	10 397	139.9
1925	1 790.00	488.2	12 074	162.4
1926	2 515.00	685.9	10 929	147.0
1927	2 940.00	801.8	10 263	138.1
1928	3 811.11	1 039.4	10 671	143.5
1929	3 245.12	885.0	n. a.	n. a.
1930	3 032.59	827.1	n. a.	n. a.
1931	3 195.57	871.5	n. a.	n. a.
1932	3 297.89	899.4	n. a.	n. a.
1933	3 553.31	969.1	n. a.	n. a.

资料来源：赵津（1994：165，185）。

表 3.2 比较了 11 座中国城市的土地价格，使用了租界和非租界的平均价格。表 3.2 中明确显现出条约港口城市有着相对较高的土地价格。

50

表 3.2　20 世纪 20、30 年代各区域土地价格的对比

城市	每亩土地的价格（元）	与上海的比较	年份
上海	22 062	100	1930
厦门	12 900	58	20 世纪 30 年代早期
广州	10 671	48	1928
汉口	10 271	46	1933
天津	8 110	36	20 世纪 30 年代早期
重庆	7 320	33	1936
福州	5 280	24	1936
南京	3 660	16	1931
杭州	3 000	13	1929
昆明	3 000	13	1936
北平	790	3	1929

资料来源：赵津（1994：206）。

租界高昂的地价是上海平均地价上涨的主要原因。如表3.3所示，在那些城市中，租界的土地价格总体上要高于非租界的土地价格。

表3.3 上海、天津、汉口外国租界与非租界土地价格的比较

城市和年份	外国租借地（元/亩）				中国区（元/亩）
上海 1930年	公共租界 37 743		法租界 27 015		1 428
天津20世纪 30年代早期	英租界 8 000	法租界 12 000	意大利租界 7 000	日租界 10 000	3 553
汉口20世纪 30年代早期	第一特区（前德租界） 8 880		第二特区（前俄租界） 13 980	第三特区（前英租界） 15 360	2 865

资料来源：赵津（1994：208）。

在上海，公共租界的平均土地价格是非租界区的26.4倍，而法租界的平均土地价格是中国区的18.9倍。在天津，英租界的土地价格是中国区的2.25倍；法租界、意大利租界和日租界的土地价格分别是中国区土地价格的3.37倍、1.97倍和2.81倍。在汉口，前德、前俄和前英租界的土地价格分别是非租界区的3.09倍、4.88倍和5.36倍。上海外国租界高昂的土地价格非常凸显，这些租界的土地价格是天津租界的3.1—5.3倍，是汉口租界的2.4—4.2倍。

外国租界中中国人口的增加

中国移居者是所有外国租界土地价格上涨的主要因素之一。在上海，房地产的交易自19世纪中叶中国战争难民大量涌入租界开始。从1853年9月至1855年2月，修建有城墙的上海县城被称为"小刀会"的民间秘密团体占据。尽管1845年的第一部土地章程禁止中国人在租界中居住，但这并没有阻挡住第一次难民潮。到1854年初，来自县城的2万多名难民进入租界区。这一数字后来增加到了8万

（Lu 1999: 135）。第二次战争难民潮是由太平天国运动（1850—1864）推动的。在1860—1862年期间，当太平天国的军队多次接近上海的时候，来自扬子江下游地区的难民数量显著增加。到1865年，公共租界的人口增加到92 884人，同时大约50 000名中国人进入到法租界。在太平天国运动结束时，超过110 000名中国人移居到上海的外国租界（邹依仁1980: 3 - 4，90 - 91）。

这一时期的英国领事阿礼国（Rutherford Alcock）试图禁止中国难民在外国租界定居。但是面对英国商人的强烈反对，他不得不承认中国人在租界居住的实际情况。1854年颁布的第二部土地章程，取消了禁止中国人居住的条款（中国人民政治协商会议上海委员会和文史资料委员会1989: 131）。1860年，在央租界有8 740栋住宅，其中绝大多数属于英国人和美国人所有但却由中国人租住。太平天国起义的覆灭，导致了外国租界中中国人口暂时的下降和土地价52 格暂时的下跌。1870年之后的60年，如图3.1所示，大量中国人涌入

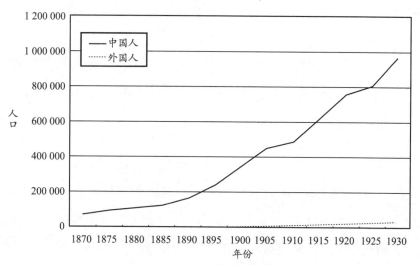

图3.1 上海公共租界的人口

资料来源: Feetham（1931: Vol. 1，appendix 2，tables 4 and 6）.

上海的外国租界，由于对住宅需求的增长，造成房租和土地价格的上涨。外国商人通过购买土地、建造住宅并且出租给中国人获得了牟利的新机遇。

从世纪之交开始，外国租界人口稳定增长并且土地价格持续增长。20世纪的前30年，是上海历史上人口增长最为迅速的时期。绝大多数移民来自中国其他地区，他们在城市中寻找工作。（邹依仁1980：10－13）新的正在发展的业务——例如中区的商业、北区和东区的加工制造业，黄浦江沿岸的码头，以及交通运输和其他城市服务产业——为移民提供了工作的机会。（H. Huang 1990：422－426）增加的人口远远超过了外流的人口数量，因而城市人口持续增长。在世纪之交，上海人口依然没有达到100万，但到1930年城市中已经居住着超过300万的人口（邹依仁1980：13，90，107）。

外国租界很快变得非常拥挤。缺乏将租界与城市其他区域连接起来的交通运输系统，导致这一问题更加严重。1928年上海市议会的年度报告注意到减轻繁忙交通的前景渺茫。廉价、快捷的交通难以到达分散布局的人口集中区域，同时建造商没有动力在城市周边投资。（Shanghai Municipal Council 1928：85－86）由于缺乏交通基 53础设施，租界中的企业雇员不得不生活在他们的工作场所附近。这一情况吸引了很多需要住宿的中国工人。

战前，上海为中国工人修建的典型中国风格的住宅是一种被称为"里弄"的胡同住宅。到1940年末，上海75%的住宅是里弄，其中生活着70%～80%的人口。（S. Luo 1991：139）里弄住宅是由外国人为小刀会和太平天国起义期间涌入的难民修建的。尽管上海里弄按照行排列的基本布局与英国的城市工人住宅相似，但是内部布局则来源于中国传统的住宅形式，即"四合院"。（村松伸1991：93）如图3.2所示，在1905—1930年期间，外国租界中提供的中国

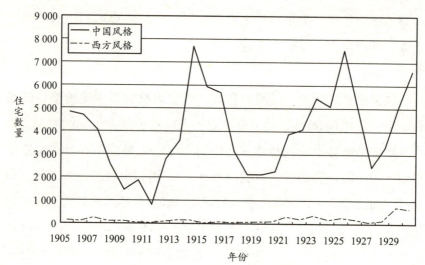

图3.2　公共租界中新建造的住宅

资料来源：罗志如（1932：tables 22，23）。

风格的住宅增长显著。

然而，住房的供应并不能满足不断增长的需求。1926 年，市议会报告："新开设工厂的劳工充裕，但需要为他们提供住宅。"然而，1915—1920 年房租的涨幅在 30%～100%，并且在 20 世纪 20 年代持续增长。（Shanghai Municipal Council 1921）

54　　**上海土地价格的上涨和其他一些趋势**

土地价格不可避免地随着房租价格上涨。从 19 世纪中叶至 20 世纪 30 年代，上海公共租界的土地价格增长迅速。[1] 表 3.4 显示

---

〔1〕 公共租界的市议会在 1890—1933 年间每隔几年就会提交一次土地价格的评估。由于土地税和租税——通常作为市政税——是其主要的财政来源，因此市议会不断修订他的土地税评估，由此从上涨的房地产市场中获益。在 1869—1933 年间，议会至少执行了 19 次资产价值的评估。市议会的评估是对市场的反映，虽然市场价格通常要高于市议会的评估价。（陈曾年、张仲礼 1985：34－35）

1933 年的土地价格是 1865 年的 25 倍。20 世纪初，上海的通胀体现在更为广泛的领域中。上海的土地批发价格在 1912 — 1931 年上涨了 68.7%。尽管通常通胀可能与土地价格存在一定的联系，但不能完全解释这一时期土地价格的飞涨。然而批发价格通常的趋势是上涨的，不过每年的幅度存在差异 —— 有些时候上涨，有些时候下降——1900 年之后，土地价格的趋势是持续上涨，除了 1911 年之外，因为这一年爆发了革命。（参见附录 3.1）

表 3.4　上海公共租界的土地价格

年份	面积（亩）	总价格	元/亩	指数
1865	4 310	5 769 806	1 318	100.00
1875	4 752	5 936 580	1 249	94.76
1903	13 126	6 0423 773	4 603	349.24
1907	15 642	151 047 257	9 656	732.62
1911	17 093	141 550 946	8 281	628.30
1916	18 450	162 718 256	8 819	669.12
1920	19 460	203 865 634	10 476	794.84
1922	20 338	246 123 791	12 102	918.21
1924	20 775	336 712 494	16 207	1 229.66
1927	21 441	399 921 955	18 652	1 415.17
1930	22 131	597 243 161	26 986	2 047.50
1933	22 330	756 493 920	33 877	2 570.33

资料来源：上海市地政局（1947：228）。

公共租界分为四个区域，中、北、东和西。它们之间的土地价格存在差异，如图 3.3 所示。土地价格的水平反映了四个区域不同的经济特点。

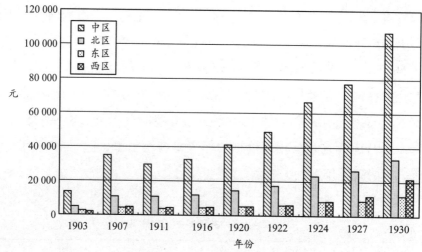

图 3.3　上海公共租界的土地价格

资料来源：罗志如（1932：table 20）。

　　中区的土地开发是最早的，这里的地价也是最高的。紧随着 19
世纪中叶上海开埠之后的发展，这一区域成为一个购物中心。在夜
间，沿着上海外国租界的重要街道外滩和南京路的近代城市天际线，
阐明了中区是银行业和商业的中心。（上海市黄浦区人民政府 1989：
11 - 12）图 3.4 显示了南京路六座建筑土地价格的上涨过程。这一
区中分布着办公、购物和餐饮等行业，土地价格和租金要高于城市
中的所有其他地区。中区的繁荣逐渐扩展到了北区和东区，那里土
地的价格要低于中区。东区是之前的美租界，后来在 1863 年与英租
界合并。通过杨树浦街与中区连接的东区发展成一个工业中心。从
1878—1913 年，大约 20 家棉纺织厂、缫丝厂、酿酒厂和化工厂修
建在那里。随着第一次世界大战，中国的工业化萌芽，尤其是在东
区，中国与日本的棉纺织厂主要集中在那里。（上海市杨树浦区人
民政府 1989：276 - 278）

　　北区包括了之前美租界的一部分以及 1899 年根据修订后的房地

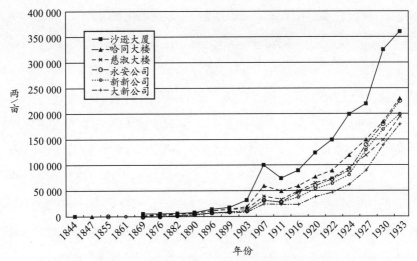

图 3.4　南京路六座大楼历年地价增长比较

资料来源：上海房地产志编辑委员会（1999：341）。

产法规新增加的租界区的一部分。制造业和航运业是北区的主要工业。[56]
这一区域吸引了大量日本居民。1895 年中日战争之后，日本人口稳定
增长，在 1928 年达到 2.8 万人。大多数北区的日本人生活在吴淞路沿
线，这里后来被称为日租界。（上海市虹口区人民政府 1989：4–5）

西区分为两个部分。其北部是一个类似于东区和北区的工业区。
毗邻法租界的南部，是一个富人的居住区。（上海市普陀区人民政
府 1989：4–5）20 世纪 20 年代这一区域的土地价格的大幅增长主
要源于西区南部的发展。

中区的高地价引起了公众的注意，此外所有四区的土地价格也
持续上涨。除了发生革命的 1911 年之外，土地价格在 20 世纪 30 年
代之前持续增长——1903—1907 年，东区增长了 66%，中区、北
区和西区的增长超过了 100%。土地价格的增长在 20 世纪 10 年代加
快，20 世纪 10 年代初期增长速度是从西区的 7% 到东区的 17%，而
到了 20 世纪 10 年代后期增长速度则为从西区的 14% 到中区的

27%，20 世纪 20 年代则是从东区的 17% 到西区的 88% 。

人口密度上升，同时住宅和交通条件滞后。对此产生了很多抱怨，但与此同时没有采取太多的措施来改进这些方面，租界的租金和土地价格稳定上涨，同时房地产投资获利丰厚并且安全。[1]

外国租界的人身安全保障对于大多数中国人而言是非常重要的。一旦对于中国人居住的限制正式解除，那么很多中国人就迁居到租界寻求工作和商业机会。后者所造成的租金和土地价格的上涨使得租界的房地产投资非常有利可图。然而，土地章程规定只有外国人可以拥有在外国领事馆登记的土地。尽管存在这一规定，但很多中国人依然试图获得租界的土地并且享受所有权所附带的特权。

房地产市场的制度和组织

有两种契据对于分析上海房地产市场的动力中是非常重要的：道契和权柄单。

道契

中文中"foreign settlements"的术语是"租界"（译者注：正式的译法应当是"外国居留地"、"外国居民区"，但通常翻译为"租界"），字面意思是"eternal lease"——也就是被借出，而不是被出

---

　〔1〕　在中国的其他港口城市，我们也可以发现中国人的流入和土地价格上涨之间的关系。汉口，在 1861 年开埠之后，开始从太平天国起义造成的重大破坏中复苏。城市商业集中于新开放的英租界；稳定的人口增长提高了土地价格。（苏云峰 1987：179）在天津，外国租界的人口从 1906 年的 68 053 人增加到 1917 年的 119 150 人，以及 1925 年的 229 014 人。大多数居民并不是外国人而是中国人（罗澍伟 1993：455）。从 20 世纪 20 年代中期到 30 年代早期，尤其是在 1922 年内战和 1931 年"九一八"事变期间，对于租界中房屋的需求增加，商人甚至将他们的商业和住宅从城市中的非租界部分迁移到租界。（罗澍伟 1993：576，587）

售给外国人的土地——因为按照 1845 年的规定，原则上认为全中国都是皇帝的财产。在特定地区，中国人被允许将他们的土地永久租借给外国人。对于一项土地交易而言，签订"永久性的"租借，实际上等同于"出售"合同。（丘瑾璋、徐公肃 1980：44－50）外国租界中的土地租赁基于中国地主和外国房客之间的个人合同。在这一意义上，"settlement"与"concession"（译者注："concession"带有转让部分权力的意思，但并不丧失主权，通常也翻译为"租界"，上海的"International Settlement"和"French Concession"是存在区别的，但通常分别翻译为"国际租界"或"公共租界"与"法租界"）是完全不同的。在"concession"制度中，例如在天津，外国政府可以将任何中国政府割让给他的土地租借给外国国民。

道契，一种永久性的土地租借，是作为地主的中国人与作为承租人的外国人之间的一种交易。一旦作为地主的中国人与作为承租人的外国人对于租借条款达成一致，那么就需要丈量土地并且在相应的外国领事馆登记。与此同时，上海的地方当局——道台——颁发一张称为道契的土地租赁凭证。（上海通信社 1930：113）

按照 1933 年外国租界的记录，指定地区超过 80% 的土地租借给了外国人。[1] 外国承租人被强制每年向外国租界的市议会和中国政府交纳土地税。登记在外国人名下的土地享受治外法权。（上海通信社 1930：113－126）

权柄单

条约制度中的规定指定只有外国人可以以登记道契的方式拥有

---

〔1〕 东亚研究所（1941：56－57）。这条材料基于上海市议会的《土地评估表》（*Land Assessment Schedule*，上海 1933）和《土地所有权》（*Role de la propriete fonciere*，上海 1934）。

土地。但是，实际上很多中国人在外国租界拥有土地。权柄单档案是一种信托协议，使得中国人拥有登记在外国人名下的土地，当然要交付相应的税（东亚研究所 1941：1）。当一位中国地主要求一位外国人登记他或者她的土地的时候，他们交换一份权柄单，用于证明中国人将他的土地"委托"给外国人（关于权柄单的格式，参见附录3.2）。在上海，一份权柄单通常被认为是一种契据。如果一名中国人拥有一份指定一位外国人在相应外国领事馆登记了土地的道契，同时一份权柄单证实中国人是土地的"实际所有者"，那么他对土地的权利就得到了保证。（南满洲铁道株式会社调查部 1942—1943：74）

当 19 世纪 50 年代中期小刀会起义席卷上海，以及此后 1860—1862 年太平天国运动的时候，更多中国人希望在外国租界取得土地。然而，上海的土地所有权变得不确定了。在这种不安定的时期，中国人希望用外国人名义登记土地的同时保留实际所有权，因此雇佣外国人通过道契的方式登记他们的土地；同时，中国人交易一种权柄单，这份权柄单宣称他们名义上将土地委托给外国人。最初，中国买办（中间人）将他们的土地委托给他们的外国雇主。这是因为当外国雇主让买办掌握大量资金的时候，要求买办抵押财产作为一种安全保证。但是在 19 世纪 80 年代中期之后，中国人采用将他们的土地抵押给外国人的这一惯例则有着不同的目的——以此获得外国租界赋予的安全保证。

59　**房地产交易的组织**

那些登记了土地的人并不同于实际的所有者，同时通过道契和权柄单得到保证的土地所有权存在潜在的不安全性。然而，这一将土地登记在外国人名下的方法，被称为"洋商挂号"，是外国租界的首选。费唐（Richard Feetham）被市议会指派调查上海的外国租界，他注意到在 1926 年，从未听说过在外国与中国土地所有权人之间产生的任何矛盾。洋商挂号的安全性是由一些专业人士，如外国律师、建筑公司和房地产经纪人来保证的，他们将提供一份外国登记服务作为他们商业服务的一部分。（南满洲铁道株式会社调查部 1942—1943：46）这些房地产专业人士精通于上海外国租界的土地交易。1870 年由一位英国人建立上海地产代理行（Shanghai Real Estate Agency），是第一家这样的代理机构。20 世纪前后，外国房地产公司的数量增加。1914 年有 30 家公司运营，上海市房产业主公会（Shanghai Real Estate Owners Association）1930 年登记的成员有 140 家公司。通常，公司提供一种登记服务。例如中国营业公司（China Realty Company）是一家美国房地产机构，在 1926 年为其中国主顾登记了 507 块土地，1930 年是 919 块，1934 年则是 1 029 块。（上海房地产志编辑委员会 1999：151）

通过将土地登记在外国人名下，中国人可以享受治外法权，而且向中国政府当局隐瞒他们的财产。由于中国土地所有人将土地登记在外国人名下来确保他们财产的安全，因此不存在中国人所有权的官方统计数据。按照上海市议会 1926 年提供的数据，价值 283 009 400 两（约 94 041 307 美元）的土地登记在英国人名下，价值 103 300 473 两的土地（36.5%）由非英国人所拥有。1927 年，公共租界总数为 10 065 份的土地中，中国人拥有 3 700 份（36.7%）。在公共租界内，中国人的产权主要集中于中区，也就是商业和服务业的中心。中国人拥有中区 700 份土地中的 522 份（74.5%），北区 1 182 份土地中的 538 份（45.5%），东区 1 853 份土地中的 1 066 份（67.3%），西区 6 330 份土地中的 1 578 份（36.7%）。（Feetham 1931：322）

在租界，通常的土地交易中使用道契和权柄单。例如，在出版的上海道契中列出了 100 份道契，其中只有 1 例没有记录所有权的

交换。1847—1945 年，每份土地平均交易过 5.3 次。（蔡育天、桑
60 荣林和陆文达 1997）

在外国租界，中国人之间的土地交易主要是通过在权柄单上更改名字。过程非常简单：在权柄单的背面，用印刷的文字写道："我将我这份土地上的所有权利、权益和利益交与［买主的名字］，并授权和要求你授予他一份新的委托授权书。当你执行的时候，本人承诺保证你不受损害。上海，　日　月一九　［年］"。一旦卖主和买主在条款上达成一致，卖主将签署文件，并将其送往外国人那里以要求一份新的合约。（南满铁道株式会社调查部 1942—1943：54—61）[1]

道契，是建立在中国和外国政府之间协议基础上的制度；权柄单，是由参与房地产市场的外国和中国参与者共同发展出来的一种地方惯例，使得外国租界的房地产所有权和交易合法化。金融组织因而将一份房地产认为是一种安全的财产，而且经由这一制度其成为一种稳定的抵押财产。

房地产的营销：投资和抵押

房地产机构的投资策略

如同在之前一节所讨论的，很多外国房地产代理将为他们中国主顾提供在外国领事馆进行登记作为一项商机。尽管一些小规模的代理商专门从事委托服务，如将土地登记在外国人名下和收取租金，

---

〔1〕 厦门的国际租界、汉口的法租界和天津的日租界也颁发有一种类似于道契的契约，尽管权柄单与上海的不同（赵津 1994：13）。中国人可以在外国租界拥有和交易土地，这对上海租界土地价格的影响可能要超过其他港口城市。

但很多大的代理商，例如沙逊（Sassoons）家族机构、哈同（Silas Aaron Hardoon），除了向他们的外国和中国客户提供在外国租界获取、管理和交易房地产的服务之外，他们自己也购买土地，在其上建造并且出租货栈。对那些居于领导地位的房地产机构的个案研究将展示房地产市场的动力。

沙逊：上海房地产早期投资者

沙逊家族是上海房地产的主要投资者之一。埃利亚斯·大卫·沙逊（Elias David Sassoon），一名英国的巴格达迪（Baghdadi）犹太人，1877 年，将其家族生意从鸦片贸易扩展到了房地产管理。当一家美国公司欧德（Augustine Heard）宣布破产时，他购买了这家公司位于外滩和南京路的地产，并将建筑出租以获利。1880 年，他的儿子雅各·埃利亚斯·沙逊（Jacob Elias Sassoon）继承了他的事业，1917 年又由他的孙子爱丽丝·维克多·沙逊（Elice Victor Sassoon）继承。1921 年，新沙逊洋行（ED Sassoon）拥有 29 处地产，价值 13 300 000 两。减去他们最初投资的 2 090 000 两，沙逊家族获利 22 190 000 两，是他们投资金额的 10.6 倍，相当于年利润率为 24%。（陈曾年、张仲礼 1985：42）

当购买和管理地产的时候，沙逊仔细评估地理位置、潜在的租金回报和未来上海经济的前景。1911 年，他们在中区购买的土地显示出他们在竞争激烈的上海房地产市场中的策略是如何行之有效的。1911 年 9 月，新沙逊洋行的上海办事处和公司对于购买"British Consular Lot 233"产生了兴趣——中区的"Cadastral Lot 239"——位于南京路北侧。9 名中国人组成的团队在 4 年前用 340 000 元购买了这块土地，并且抵押贷款了 260 000 元。后来他们发现自己遇到了财政困难，背负着抵押贷款数千两的利息。在抵押贷款的压力下，他们同意以 270 000 元出售这块土地。新沙逊洋行的上海办事处认为这一地产"位置绝佳并且有着良好的前景"——一笔非常好的买卖，尽管卖主提出的价格使得净回报率很难达到 6%。(Sassoon Archives) 10 月，伦敦的雅各·沙逊指示他的上海办事处尽量以低于 260 000 元的价格购买这块土地，但上海的职员发现很难达成；通过谈判获得的最好报价是 266 000 元；此时在孟买的沙逊，对这名职员感到不满，因为他认为由于 1911 年辛亥革命的爆发，上海的土地价格会下降。上海办事处反对这一观点，陈述道：

> 我们已经询问了很多老住户、产权所有者和代理人、建筑师以及其他消息灵通人士和在房地产方面有着丰富经验的人士，他们都一致认为这里的地产将不会降价，而且相反，随着革命的发展，还会进一步提高，主要是由于中国国内的混乱将会有大量本地居民涌入上海的外国租界，这里条约中规定的权力将会得到所有条约国的保护；不过租界之外的地产当然会受到影响。

最终，在 1912 年 1 月 12 日，上海办事处给当时位于孟买的沙逊发电报告知，他们已经以 264 500 元的净价成功购买了这一地产。很骄傲能购买这一地产，上海办事处非常乐观，向沙逊写道"位于英租界的核心，并且坐落于上海最繁华街道上最好的地段。它极大提高了内在价值并且也提升了您在天津路上位于这一地段背后的地产的价值"。

如同之前所讨论的，1911 年之后，租界租金回报和土地价格的上涨，证明上海办事处是正确的。沙逊家族数年后从售出这一地产中获得了丰厚的利润。房地产机构可以在任何他们发现有利可图的时候出售他们的地产，同时他们中的一些也拥有这一选择权。例如，1904 年，业广地产有限公司（Shanghai Land Investment Company）以 95 000 两的价格出售了一块土地，这是他们 1895 年购买价格的 10 倍多。美商普益地产公司（American company Asia Realty）1919 年以每亩 52 000 两的价格出售了 3 亩（大约 0.1647 英亩）中区的土地，而他们在同一年购买的价格是每亩 44 166 两，因此净利润达到了 25 300 两，投资回报率为 17.7%。（上海房地产志编辑委员会 1999：153）.即使房地产代理商的目的在于出售他们自己的土地，但在持有期间，他们也乐意在其上进行建造并出租，由此他们从中也可以获得可观的利润。

沙逊家族，在他们购买的土地上，不仅仅为富人修建了规模宏大的大厦，而且也修建了中国风格的劳工住宅——里弄。（罗苏文 1991：139；村松伸 1991：93）里弄的修建遍布整个租界，主要是为了满足中区商人和公司雇员以及北区和东区的工厂工人的需要。（村松伸 1991：89—92；上海房地产管理局 1993：5—20；上海市杨树浦区人民政府 1989：279）一家外国房地产机构注意到，管理中国风格的住宅非常有利可图，即使建筑本身在外国人眼中看起来像是"自杀性的"。里弄住宅，租金从每月 8 元至 40 元不同，有着很低的空房率，而且不受城市其他地区波动起伏的影响。（Sopher 1939：82 - 83）

至于沙逊家族，他们 8 处里弄的租金收入从 1915 年的 144 412 元，增加到了 1919 年的 166 497 元，到 1926 年的 308 889 元，再到 1931 年的 451 438 元，是 1915 年的 3.13 倍。（上海房地产志编辑委员会 1999：182）出租有利可图的里弄并不限于沙逊家族：英国人所开办的业广地产有限公司在 20 世纪 20 年代也将租金收入作为一项主要的收益来源。[1] 如图 3.5 所显示的，收益增长率，在这一时63 期翻番有余，很明显超过了 20 世纪 20 年代大约 10% 的通胀率。

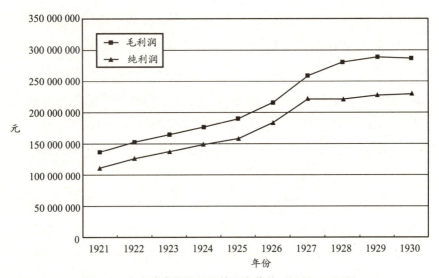

图 3.5 业广地产有限公司的租金收益（1921—1930）

资料来源： 上海市房地产志编辑委员会（1999：145-146）。

注释： 保险费用和水费用包括在了毛利之中。

哈同：抵押和城市投资

沙逊家族为房地产市场的操作建立了一个模板，他们的雇员中既有外国人，也有中国人，都按照这一范本操作。他们中的一位，哈同，也是巴格达迪犹太人，他在孟买长大，于 1874 年通过香港迁居到上海。（Betta 1997：11）此时，他仅仅是一名巡夜人，并为新

---

〔1〕不仅在上海，而且在天津，外国房地产机构也建造建筑作为住宅出租。美国传教士丁家立（Charles Daniel Tenny）以及一群外国人在 1902 年成立了先农公司。从他与清廷中一位高级官员李鸿章的密切关系中获益，丁家立从投资于在 1900 年义和团起义中遭到严重破坏的天津外国租界获得了丰厚的利润。（天津史研究会 1999：141）

沙逊洋行和公司征收房租。然而他很快被提升到了负责人的职位，在这一职位上他购买了外国租界中未开发地段的土地。1895 年，他首次在中区购买了一处大地产。通过不断获得土地，他最终在 1901年建立了自己的公司，并在 1911 年前后从沙逊家族中彻底独立出来。（Betta 1997：100 – 103）从此，他成功地成为上海重要的个人土地所有者之一。在 1931 年去世时，他的资产总计大约有 450 亩土地，建有1 200 座建筑，价值大约为 150 000 000 元。（Betta 1997：109）

　　他增加自己资产的主要策略是抵押中区的地产来筹集持续购买土地的资金。他在南京路上拥有大量的地产，正是利用这些地产他获得了自己绝大部分的资产。1901 年前后，他首次在南京路上购得 *64*地产——之前是赛马场——中区和西区的一部分。1912 年，他购买了中区南京路上一个更有价值的地产，并且将两处地产抵押进行了另外一次购买。（Betta 1997：110 – 111）此后几十年中，他不断使用这一方法，同时与香港上海银行维持密切的关系来达到这一目的。[1]（上海房地产志编辑委员会 1999：148）因而，他可以在中区沿着南京路和在其他地区，例如四川路和汉口路购买地产。他还在西区购买地产。（Betta 1997：114 – 115）他的投资在地理上紧随着租界的发展，这是非常重要的，开始于中区，然后向西扩展。换言之，他将他投资于中区获得的财富再次投资于未来有希望的地区。

　　哈同在所购买的大部分土地上修建了里弄用以出租。在某些情况下，他将他的土地出租给其他开发者。划分购买和开发地产的角色是另外一种常见的管理地产的方法，如同下面例子中所展示的程谨轩。

---

　　〔1〕　其他外国房地产机构同样依赖于从外国银行的借贷。例如，从 1921 年之后，业广地产有限公司每年从香港上海银行借贷 1 000 000—9 000 000 元不等的资金。

程谨轩：租赁土地用以开发

程谨轩后来被称为"地产大王"，最初只是沙逊家族的一位买办。他注意到所管理的一栋建筑条件恶劣，因此请求沙逊家族在这一位置上建造一栋新的建筑。他从沙逊那里租借了一片土地，为期25年。旧建筑中每间房屋的租金是2元至3元，但是他将新建筑的租金提高了一倍。在两年内支付完建造费用之后，程谨轩从此后23年的租金收益中获得了很大的利润。（上海房地产志编辑委员会1999：189）采取了与哈同相似的方法，程谨轩使用他早期的利润购买中区西部的地产，例如西藏路附近。（中国人民政治协商会议上海市委员会和文史资料委员会1989：69）程谨轩的成功并不是独一无二的。孙春生，15岁的时候，进入一家英资上海房地产公司（Shanghai Real Estate Company）工作，于1925年成立了自己的房地产公司——锦兴营业公司，当时他年仅26岁。1929年，他取得了位于中区东部广东路和河南路之间最为繁荣的商业区核心地带25年的租赁权。甚至是在建筑修建之前，需求就如此旺盛，以至于他能够出租房间。在不到3年的时间里，就收回了建筑成本，孙春生从此后23年的租借期中获得了丰厚的利益。（上海房地产志编辑委员会1999：445）

某一地点上土地所有权和建筑所有权的分离——租地造房——是开发地产的一种常用方式。土地所有者发现这种方式具有吸引力，因为他们可以不需要费力向租住房间的租户收取房租就能从他们的土地上获得租金收益。作为上海的一种惯例，当租借到期之后，建筑归土地所有人所有，这使得这一交易对土地所有者更为有利。尽管建筑的所有人在租借到期后失去了建筑的所有权，但是这一习惯也对他或者她有利。首先，甚至是在支付了建造和租借成本之后，建筑所有人依然可以从房租中积累大量的资金用于购买土地。不仅著名的中国商人程谨轩和孙春生，而且那些商人和店主也通过在租赁的土地上修建和出租建筑参与到房地产行业中。（中国人民政治协商会议上海委员会和文史资料委员会 1989：52—66）

由于地产投机的国外背景，因此买办是最早的一批参与者。其中一位著名买办，徐润，通过出租 1 000 多处地产获利 100 000 多元。一些著名的高级官员家族也参与了房地产业：李鸿章家族让英国公司阿尔杰（Alger）管理他位于南京西路的产业，同时盛宣怀的儿子们则与另外一个公司路易斯公司（Luis and Company）联系，来管理他们从父亲那里继承的位于城市中部的产业。（上海房地产志编辑委员会 1999：188）

参与到上海房地产业的一位商人在 20 世纪 40 年代末回忆道：超过 3 000 名中国人，每人在城市中拥有超过 1 000 平方米（大约 10 700 平方英尺）的地产。这一群体中的大约 160 人，每人拥有超过 10 000 平方米的地产，其中 30 人每人拥有超过 30 000 平方米的地产。（中国人民政治协商会议上海市委员会和文史资料委员会 1989：14—15）尽管外国房地产机构在租界房地产贸易中扮演了重要角色，但他们并没有垄断这一行业。相反，对于中国企业家而言，房地产交易与工商企业的管理是密切结合的。

作为企业信贷资源的房地产

中国的企业家尤其对外国租界的房地产感兴趣，主要是因为房地产的价值受到上海金融组织的信任，契据很容易在金融市场中流通。在抗日战争前的上海金融市场中，外国租界土地的地契是最有信用的担保物。（南满洲铁道株式会社调查部 1943a：11，46）对上海外国租界房地产价值的信任将房地产和金融市场联系了起来。 *66*

费唐对于这种关系说明如下：

> 如同从溯源而上的远洋客轮甲板上看到的，外滩沿岸聚集
> 着大量的银行、办公机构和仓库，新到访的人会立刻将这些作
> 为上海财富和事业的证据，并且相信这座城市的商人和市民有
> 着美好的未来。但是，他们有着更深层次的经济重要性；也就
> 是，事实就是地契上的土地有着毫无争议的有效性，并且免予
> 承担非法勒索的风险——不仅给当地的投资者带来了信念和勇
> 气，而且在更大的范围内产生了利益。这是使得上海成为中国
> 绝大部分地区的金融中心的因素之一，上海当时从外部吸收了
> 大量的投资资金，而且通过在其境内以保证资产安全的形式提
> 供的贸易活动的基础调动了信用，而这不仅局限于上海本身及
> 其毗邻地区，而且涉及国内遥远的地区。在那些远离上海的地
> 区，合法权利通常是不确定的或者只能得到较少的保障，同时
> 情况往往非常混乱以致人身或财产都缺乏甚至没有安全保障。
> (Feetham 1931：317)

费唐的观点得到了杨荫溥的回应，他是光华大学的教授，专门
从事银行和金融体系的研究。杨荫溥注意到上海外国租界的土地有
两种显然值得拥有的特点：法律的安全性和资产的折现力。就安全
而言，对于财产的准确衡量和这一系统提供的法律保护得到中国人
和外国人的高度重视。同时，土地价格长期的上涨使得对于土地的
投资具有吸引力。由于位于租界中的地产的契据被上海金融组织广
泛接受，这些组织很乐意将任何外国租界的地产兑换为现金。杨荫
溥强调，地产市场与上海的金融市场整合了起来。（南满洲铁道株
式会社调查部 1943b：10—11）

外国银行尤其偏好将外国租界的土地作为抵押物。商人将契据等同于其他国家的保险，因为他们可以很容易在外国银行再贴现。尽管外国银行不愿意直接向中国客户借贷，但外国房地产中介希望替中国客户向外国银行经营抵押业务。房地产机构向银行提交他们中国主顾的抵押物申请抵押贷款，同时机构通过委托的方式，重新借贷他们从银行借出的资金。1930 年，14 家外国和中国银行拥有的 67 地产价值为 121 283 631 两，这占到了他们收到的抵押物的一半。房地产的信用对于中国的银行是非常重要的，因为他们依靠外国银行来获得营运资本。

中国的银行业接受房地产抵押贷款，这构成了他们抵押担保贷款的一半。（Feetham 1931：108 – 109）按照上海金融市场的惯例，大致相当于房地产市场价值80%的资金被交给借贷者，条件是借贷者每年交付的利息是 7% ~ 9% 。（南满洲铁道株式会社上海事务所调查部 1942—1943）

房地产抵押是上海企业家为他们的商业活动筹集资金的一种重要方式。由于股票或者公司债券市场在中国没有发展起来，因此房地产的信用担保是至关重要的。

当工厂管理者需要借贷大笔资金的时候，他们提供工厂的厂址、建筑和他们已经购买的固定设备作为贷款担保。申新纺织公司和三家银行——中国银行、上海商业储蓄银行和永丰钱庄——之间的贷款合同，显示出信贷是如何通过地产的抵押来获得担保的。（申新纺织总管理处档案）

合同的开始部分是双方交换销售和利润的信息。贷方必要的列表中，不仅包括贷方的管理者，还包括他的法定代表、股东和他们的继承人以及股东的代表。此后是相似的借方的列表——在这一例子中，是纺织公司——其中包括了股东、股东的继承人和股东的代表。合同中写明贷方借给借方的资金，即每家银行借款 500 000 两。工厂的厂址、建筑、机器和未售出的产品在表中列出，附在合同之后作为抵押物。然后合同中列出 20 个条款，其中绝大部分是关于三个问题的：产权、偿还本金和利息以及对违反合同条款的惩罚。

　　合同一旦签订，贷方可以按照双方同意的条款拥有抵押品的产权。在签订合同之前，借方通常被要求将契据和文件交给贷方，并且同意贷方拥有机器和未出售的产品的所有权（条款 1）。[1] 当贷方发现需要在上海法院登记转移的地产、机器、存货的权利时，借方不得不支付登记的费用（条款 12）。借方同样必须表明所有抵押物已经全额支付而且没有抵押给第三方（条款 6）。合同期限为一年——在这一例子中，是从签订的时间一直到 1933 年 11 月 11 日。在合同成立期间，如果没有贷方的字面同意，借方不能抵押或者出借任何抵押物给第三方（条款 14）。借方同意除了附在合同之后的原始抵押物之外，此后申新第五工厂所有增加的财产也都属于贷方的抵押物（条款 2）。由于所有抵押物的产权属于贷方，因此当借方需要使用的时候，将不得不向贷方借设备，当然这是默认的（条款 5）。一个租借契约也附带有债务合同，其中宣称，在这些情况下，贷方（三家银行）将在不收取任何利率的情况下，让借方（申新）使用所有的抵押物。[2]

　　其中也有关于偿付本金和利息的条款。贷款给借方的总额也签署在合同中（条款 3）。每月，借方将允许贷方检查他的资金记录（条款 11）。贷款每月 1 000 两的利息为 8.75 两。每三月支付利息一

　　〔1〕 按照上海的商业习惯，银行需要借方在签署合同之前先将契据转交。然而，如果银行认为借方具有很高的信用，那么习惯上将允许他们在签订合同之后再提交契据。（严谔声1933：49—50）申新和这几家银行之间的合同是上海抵押贷款的一种"正式"版本。
　　〔2〕 借方将工厂设备出借是上海的常见习惯。（严谔声1933：51）

次。如果借方没有按时支付利息，那么未支付的利息总额将被增加到本金中。贷方允许借方有两个星期的延长期来支付原本的利息和额外增加的利息。如果借方没有在两周之内支付所欠资金，贷方将可以执行合同中赋予的权力（条款4）。

如果借方作出了下列任何行为，贷方将会被授权可以在不通知借方的情况下要求法庭出借、出售或拍卖抵押物（条款16）：（1）在合同到期时，没有偿还本金；（2）在规定的两周内没有支付利息和其他必需的支出；（3）宣布他自己破产；（4）违反了合同中的其他任何条款。

基于借方的错误，如果抵押物被出借，借方将不能获得出租所得收入（条款17）。贷方在将出售或拍卖所得作为借方所欠的本金之前，应当先扣除自出售和拍卖抵押物的过程开始后其他可能发生的所有支出。所有超出的资金将会返回给借方。然后，如果从出售或拍卖 *69* 获得的资金少于所应偿还的资金的话，借方必须处理好这之间的差异（条款18）。如果贷方决定不出售抵押物的话，借方必须立刻偿付本金。借方不能强迫贷方出售或拍卖抵押物（条款19）。[1] 当借方全额偿还了本金和利息时，贷方将返还抵押物，但是如果借方没有偿还本金和利息中的任何部分，贷方将会拒绝返还抵押物（条款20）。

合同的最后部分称述这一合同共有五个副本，其中一份在法院进行登记，有三份分别由贷方保存，另外一份由借方保存。正如合同中宣称的，涵盖了被抵押财产的契据以及合同的副本由抵押人（在这一例子中是申新）提交给承受抵押人（三家银行）作为担保。同时，一份信托声明以承受抵押人的名义起草，并由作为"登记所有人"的房地产公司发布。因而，承受抵押人成为房产的"受益所

---

〔1〕　与当时西方的承受抵押人强制清算财物不同，承受抵押人可以保留财产而不需要清算，并要求通过其他方式来偿还。尽管这种习惯的原因不详，但贷方通常似乎都被保护以避免由抵押贷款所带来的所有可能的资金损失。

有人"。就此，就完成了贷款合同。（南满洲铁道株式会社调查部
1943b：101）

如同申新这一例子所显示的，附带有道契和权柄单的正在交易
的地产是由有权力的法律组织支持的，这点非常重要。借贷合同通
常包括在到期日不能支付利息的惩罚条款。通常，一位承受抵押人
按照默认情况，被赋予了立即申报全部债务的权力。（普益地产公
司1932）因而，如果借方不偿付由地产作为担保的贷款，那么贷方
就可以诉诸法律，而法院则可以拍卖作为担保的土地。如果三次拍
卖都未能卖出土地，法庭可以命令将所有权交给贷方。由于要求偿
还债务的权力受到法律保护，那么由土地作为担保的借贷被外国人
和中国人认为是安全的。（南满洲铁道株式会社上海事务所调查部
1942—1943）

当那些已经在租界领事馆登记了土地的人并不是真正的所有者
的时候——这是经常发生的事情——抵押就有可能变得非常困难。
尽管如此，契据以及信托协议的转让被认为赋予了足够的安全保证，
并且被当地认为是一个通常的，会被法庭其中包括中国法庭所认可
的程序。[1]

70　　厂址和设备的抵押，被称为"厂基抵押"或者"抵借权合同"，
是非常常见的。（刘大钧1937：71）工厂的管理者购买外国租界的
土地，不仅仅是积累资产，而且是为他们的经营活动获得营运资
本。[2] 他们借入钱，提供他们的地产作为担保；在某些情况下，他

---

〔1〕 这是波特先生（Mr. Potter）进行的观察，他是在上海从事法律事务的前领事官员，南满洲铁道株式会社调查部（1943b：82，102）与他进行了访谈。

〔2〕 抵押外国租界的土地并不是上海所独有的。在天津，"仪品"公司是一家1907年由大东万国公司（Copagnie Internationale d'Orient）成立的房地产公司，提供以在外国租界的土地作为担保的借贷。其借贷政策得到与比利时公司关系密切的法国银行资本的支持。（天津史研究会1999：141）

们用租金所获的利润支付利息，在另外一些情况下则是用他们自己经营活动所获的盈利来支付利息。[1] 对于中国人而言，土地抵押并不是一件新鲜的事情。按照传统的商业习惯，土地的所有权和使用权是分离的；前者被称为田面权（topsoil right），后者被称为田底权（subsoil right）。（译者注：前者应当是田底权，后者应当是田面权）无论是田底权还是田面权，其改变通常是通过租借或者买卖合同。[2] 在这样的历史背景下，外国租界中的中国企业家似乎将抵押看成是一种非常有用的筹集资本的途径。

房地产市场的繁荣与 20 世纪早期工业化和商业化的趋势密切相关。外国租界中商业和工业的集中使得城市劳动力规模显著增长，而这反过来也促进了对于住宅的需求。后续的租金的上涨和租界内土地所提供的安全性，提高了土地的价格，并使其成为一种具有很高价值的金融资产；而这反过来进一步促进了对地产的投资。与此同时，位于外国租界的企业通过抵押可以获得经营所需要的资金。

金融机构和普通投资者赋予了在外国租界购买的地产以信用，这是因为他们将这些地产认为是安全的抵押物。企业家和房地产开发者通过借款扩展他们的经营活动，并且由此使得租界进一步发展。这种发展动力的前提条件就是租金的长期上涨，或者至少是稳定，因为房地产活动的所有方面都基于租金的收益。借款者可以接受的利息每年高达 7% ~ 8%，这是由于他们从土地上获得每年大约为 9% ~ 12% 的租金收入。上海经济的大部分都通过这种方式，围绕着租金收入产生、收集和投资。 *71*

---

〔1〕 例如，贝润生运营着一家化妆品公司，并在 1918 年进入房地产市场。到 20 世纪 30 年代，他拥有了超过 1 000 份的地产。一位著名的企业家——虞洽卿，同样活跃于房地产贸易。（南满洲铁道株式会社调查部 1943a：43）

〔2〕 关于中国的田面权和田底权的法律问题，参见寺田浩明（1983）。曾小萍（2004a）对抗战前中国与财产权有关的合同及其履行进行了综述。

房地产市场经济是 19 世纪末至 20 世纪 30 年代城市市场经济的推动力。房地产市场的繁荣发展，由于 20 世纪 30 年代世界范围的经济萧条而结束。1929—1931 年，上海的金融市场出现了资本的过量供应，同时在房地产市场中存在大量的投机性投资。土地价格上涨，信贷扩张，但是资金没有再次投入到生产性工业。这种非同寻常的房地产投机的繁荣成为上海经济的一种威胁。当 1934 年美国的《购银法案》（*Silver Purchase Act*）造成大量白银从中国外逃的时候，上海经济产生了严重的衰退。房地产信贷的过度扩张加深了作为贷方的金融企业和作为借方的企业的危机。土地价格的暴跌导致的信用危机进一步加重了商业和金融危机。以房地产作为动力的机制产生了一种恶性循环。

直到 1937 年 7 月抗日战争爆发之前，上海的金融机构和工业企业都在寻找复兴房地产市场的方法。结果，只是战争爆发后随着难民大量涌入租界，租金再次提高，这一问题被解决了。这一上海历史上的"孤岛时期"，超出了本章所讨论的范畴。

结论

哪些制度、新的刺激和经济的变化使得房地产交易推动了城市的发展？

首先，制度的变化是外来的。当 19 世纪中叶港口城市通过条约对外开放的时候，外国租界建立起来。在租界中，产权和人身安全通过法律和法规得到比非租界地区更多的保障。当更多的中国人迁居到外国租界时，港口城市令人愉悦的环境和经济景观发生了改变。对于租界中房地产的需求增加，新的企业家和组织，例如房地产机构出现。他们在市场的交易中进行周旋，并且通过借用他们的名义在外国领事馆登记土地为中国投资者提供了一种基本服务。一种正式的程序（在外国领事馆登记土地）和一种非正式的程序（在外国人与中国土地所有者之间交换权柄单）的结合使得中国人可以在租界获得土地。那些登记了土地的人与那些土地实际所有者是不同的。这种情况可能具有不稳定性，但是通过雇佣双方信任的职业房地产交易人员，使得双重地契（dual-title-deed）制度对于投资者而言足够可靠并值得信任。

72

　　安全、有利可图和易于交易，外国租界中的地产吸引了中国和外国投资者，并且进一步推高了土地的价格。最为重要的是，对于地产价值的信任在上海的金融组织中非常普遍。无论是外国还是中国的银行都欢迎用位于租界的土地进行抵押。通过获得土地，房地产机构和企业家能够通过从银行获得贷款资金来扩展他们的业务。由于长期资本市场尚不发达，抵押地产是公共租界中融资业务和地产开发最好的方式。当租界中地产的契据在金融市场中长期可以稳定贴现的时候，企业家可以通过拥有租界中的地产来获得金融上的灵活性。对于港口城市的发展以及他们的经济增长而言，金融与房地产市场之间的这种联系是至关重要的。不可否认，后来房地产市场泡沫的破裂归因于一些复杂的问题，既有内部的也有外部的（Shiroyama 2008：chap. 6），但是这不足以否定直至20世纪20年代末期之前制度和市场繁荣之间的一种正面的相互作用。

　　房地产的交易和抵押通常需要将契据转移给买方或者承受抵押人。这种财产转移的方式比较简单，并且仅仅需要极少的交易成本，但是又能足以确保参与者产权操作中的安全。在通常的情况下，承受抵押人拥有通过拍卖来清偿的权力。这一法律上的保护和房地产市场上涨的趋势增加了港口城市中抵押贷款方式的流行。

　　最初制度的变化是由港口开埠触发的，给予了中国人和外国人新的机遇。当商业更多地集中于外国租界的时候，更多的工人前往这里，租金和土地的价格上涨。并且当人们追求经济繁荣和安全的时候，中国人与外国人形成的买卖以及出租人与承租人之间的关系围绕房地产市场形成了错综复杂的层次。

附录3.1

73

1912—1931年上海零售业价格指数

(1926年取100)

年份	指数	变化率（%）
1912	75.1	—
1913	79.6	6.0
1914	85.3	7.2
1915	77.3	-9.4
1916	83.8	8.4
1917	79.2	-5.6
1918	87.3	10.2
1919	87.2	-0.1
1920	94.8	8.7
1921	104.6	10.3
1922	98.6	-5.7
1923	102.0	3.4
1924	97.9	-4.0
1925	99.3	1.4
1926	100.0	0.7
1927	104.4	4.4
1928	101.7	-2.6
1929	104.5	2.8
1930	114.8	9.9
1931	126.7	10.3

资料来源：中国科学院上海经济研究所和上海社会科学院经济研究所（1958：4，126）。

84 近代中国的条约港经济

附录3.2
权柄单的格式

来自冈本乙一, "Chūshi ni okeru kinyū torishikijō no tanpo settei houhou ni tsuite", 收录在南满洲铁道株式会社上海事务所调查部 (1942—1943: 121—122)。

上海中心地区不动产调查答案

No. _____信托声明

公告如下, 我们中国上海 (地址) (外国人名), 据此宣称上海 (国家名) 总领事馆 (数字) 簿册中登记在我们名下的土地, 每份道契中测量的面积, 即 (×) 亩 (×) 分 (×) 厘 (×) 毫是 (中国人名) 的财产, 并且我们与他/他们有着共同的利益来为他/他们、他/他们的继承人、亲属进行处理, 或者当进行了充分确认并支付所有上面我们已经提及的费用之后, 受让人可以直接进行处置。

我们于一九 (×) 年签字画押。

立据人

见证人

第四章　1900—1936 年扬子江下游的 稻米和面粉市场[1]

陈计尧

市场发展对于近代中国商业结构的影响涉及组织结构的层面，如同从 1900—1936 年扬子江下游区域的稻米贸易和面粉贸易中所看到的。[2] 在之前至少 400 年中，这一区域有着繁荣的由私人进行的长途谷物贸易。作为 1937 年之前中国最为工业化的地区，这一区域提供了一个广大的消费市场，并且是最为重要的食品加工业中心。

---

〔1〕　我非常感谢下列人员在我撰写这一章节时对我的鼓励、帮助和建议：王业键（Yeh-chien Wang）、黑田明伸（Kuroda Akinobu）、顾琳（Linda Grove）、何汉威（Ho Han-wai）和科大卫（David Faure）。今井贵子（Imai Takako）慷慨的帮助使我从东京获得了非常有价值的材料，此外黄怡瑗（Huang Shu-yuan）、高雅雯（Kao Ya-wen, Wuzu）、林容如（Lin Jung-ju）和简志仲（Chien Chi-chung）在各个阶段帮我从缩微胶片复制了全套的海关年度报告，对于他们的慷慨帮助我给予真诚的谢意。然而，表和所有数据的选择则是我自己负责完成的。我还要感谢台科会对我与王业键教授的合作项目"清代粮食贸易的组织与金融"（NSC89 - 2411 - H -001 -062），以及我自己的研究项目"近代中国粮食贸易网络发展与商业组织变迁（1870—1936）"Ⅰ（NSC91 -2411 - H -029 -011），Ⅱ（NSC93 -2411 - H -029 -007）给予的慷慨的资金支持。

〔2〕　本章使用的"扬子江下游区域"的空间定义主要来源于施坚雅（Skinner 1977a：3 - 31, 211 -249, 253 -273, 275 -351, 521 -553；1980）。

贸易扩张对粮食贸易中各种市场参与者的影响在这一区域中表现得最为明显。[1]

在本章所研究的时期内,大型面粉厂实现了组织结构的变革, 76主要是通过降低交易成本变得整合度越来越高。[2] 在稻米贸易中,高度竞争的市场容纳了更多的商号,而这些商号的数量增长迅速且缺乏整合。稻米贸易中很多持久的市场机制不得不与地方的习惯、专业化以及标准化的问题相互关联。这种相互关联,反过来,塑造了发展的模式和稻米贸易的方式,而后者使得稻米市场与面粉市场存在着非常巨大的差异。我在下文将对此进行展示。

市场的发展和贸易的扩张

在扬子江下游地区,稻米、面粉的生产和贸易在20世纪早期大规模扩张,主要是由于中国不断增长的海外贸易以及新的生产、运输和通讯技术的传入。中国海关年度报告显示出1912年中华民国建立之前的50年中这两种谷物市场中贸易量的增加。19世纪的戎克船贸易没有包含在这些年度报告中。(Perkins 1969:345 – 365;郑友揆 1934;李泰初 1964)

以稻米为例,如表4.1所示,这一区域中七座港口稻米(和稻谷)[3]的贸易总量从1872年的不到5 000 000关担增长到了1912年的超过8 000 000关担。这一扩张的绝大部分应当归因于国内因素而

---

〔1〕 本文中主要的中国城市、地点、组织、出版物和社会名人都尽可能使用常用的英文名称。在不知道相应英文名称的情况下,其中文名称将使用汉语拼音。

〔2〕 我使用的交易成本和整合的定义是基于科斯(R. H. Coase 1988)、诺斯(Douglass C. North 1981:esp. chap. 15)以及 Alfred D. Chandler Jr.(1962,1977,1990)的定义。

〔3〕 "paddy"(稻谷)指的是尚未脱壳的稻米。在中国海关的统计数据中,稻米和稻谷归于同一条目,因此本章中也采用同样的处理方式。

不是国外因素。七座港口国内进口的稻米数量从 1872 年的 25 841 关担增长到 1912 年的 1 690 350 关担；其中 1872 年，只有不到 5 000 关担稻米是从国外进口的，而 1912 年则是 0。

出口主要来源于上海、镇江，以及后来的芜湖（1872 年的时候并没有向国外开放）。通常而言，区域的稻米出口构成了中国稻米贸易总额的最大份额。海关统计数据并没有清晰地表明产品的目的地，但是依然可以从贸易报告中发现这些港口所出口的稻米（和稻谷）主要是出口到中国的其他港口而不是海外。这些出口的大部分必然进入到国内市场，原因主要是太平天国起义造成的灾难性的影响、通过条约或者 1900 年之后中国官方鼓励开放的港口导致一些稻米生产过剩地区稻米出口的发展，这些地区，如扬子江下游的芜湖、77 扬子江中游地区的长沙（许宏胜、胡敏义 1988：1 - 11；黄永豪 2001；周石山 2001；王涌 1990）。正如 I-chun Fan（1989）的记载，稻米出口贸易从镇江向芜湖的转移主要是税收的原因，而且这种转移可能很快在两个区域间相互抵消。1912 年从芜湖出口的稻米是 1872 年镇江的两倍。简言之，发展发生于这一区域稻米（和稻谷）出口和进口两个方面。

面粉的例子也阐释了一个相似但是更为壮观的故事。表 4.2 显示，无论是国内还是海外的面粉市场，在 1872 年基本上不存在。从国内进口的和来源于国外的面粉都低于 10 000 关担。但是在此后的 40 年中，从国外进口和本国进口的面粉贸易大幅度增长，而且向这两个市场的出口也大幅度增加。国外的进口从 1872 年的 2 589 关担，增加到 1912 年的 285 047 关担。国内的进口也存在相似的增长。然而，最为戏剧性的现象是这一区域的面粉出口，如同海关报告所反映。1912 年，仅仅上海就占到了区域出口总额的 3/4，同时这一区域的出口总数也超过中国全部面粉出口总数的 60%。扬子江下游地区成为在中国面粉出口中居于首位的中心，而且拥有了遍布全国的贸易网络。(Chan and Wang 2003：183 – 185)

表 4.1 1872 年和 1912 年扬子江下游地区的稻米（稻谷）贸易

（单位：关担）

	1872			1912		
	外国进口	国内进口	出口（总数）	外国进口	国内进口	出口（总数）
镇江	0	0	1 771 971	0	1 358	1 996
杭州	n. o. y. *	n. o. y.	n. o. y.	0	77 601	0
南京	n. o. y.	n. o. y.	n. o. y.	0	0	2 176
宁波	4 978	0	50 176	0	933 946	—
上海	0	25 841	2 663 079	0	536 196	407 863
苏州	n. o. y.	n. o. y.	n. o. y.	0	0	0
芜湖	n. o. y.	n. o. y.	n. o. y.	0	2 188	4 562 195
扬子江流域和中国中部的总和	4 978	25 841	4 485 226	0	1 690 350	6 631 604
中国的总数	676 268	5 698 169	4 516 401	2 700 274	6 221 043	6 647 538

资料来源：Inspectorate General of the Chinese Maritime Customs（1873，1915 – 1935）.

注释：n. o. y. 为"还没有开埠"。

稻米和面粉贸易的增长在民国时期依然持续，如同图 4.1 所展示的，时间是从 1912—1934 年，间隔为 5 年。但是，这一数字没有包括再出口，如同海关的记录。这一数据显示两种产品的贸易总量都在增长。稻米贸易的总量从 1912—1916 年的接近 21 000 000 关担，增长到 1927—1931 年的超过 36 000 000 关担，而面粉贸易的交易总量则从 1912—1916 年的超过 12 000 000 关担，增长到 1927—1931 年的 38 700 000 关担。

表 4.2　1872 年和 1912 年扬子江下游的面粉贸易

（单位：关担）

	1872			1912		
	外国进口	国内进口	出口 （总数）	外国进口	国内进口	出口 （总数）
镇江	0	0	0	4 431	4 961	90 267
杭州	n. o. y.*	n. o. y.	n. o. y.	5 507	4 922	0
南京	n. o. y.	n. o. y.	n. o. y.	1 411	2 907	0
宁波	0	0	0	39 718	79 658	0
上海	25 890	5 261	0	216 587	97 712	990 651
苏州	n. o. y.	n. o. y.	n. o. y.	0	0	5 063
芜湖	n. o. y.	n. o. y.	n. o. y.	1 898	9 768	5 018
扬子江流域和 中国中部的总和	2 589	5 261	0	285 047	252 658	1 305 059
中国的总数	8 681	5 261	0	3 207 921	1 293 604	1 990 046

资料来源：Inspectorate General of the Chinese Maritime Customs（1873，1915 – 1935）.

注释：＊n. o. y. 为"还没有开埠"。

　　扬子江下游区域这些贸易的发展甚至在抗日战争（1937 — 1945）之前的几十年中依然迅速。图 4.1 显示两种谷物的贸易都有所扩展，但是面粉贸易发展的速度要超过稻米（和稻谷）。稻米贸易的最大增长率发生在 1927 — 1931 年，是 1912 — 1916 年的 1.72 倍。同一时期也是面粉贸易增长率的最高时期，是最初 5 年的 3.1 倍。没有受到 1932 — 1934 年经济萧条的影响，区域中面粉贸易的总量超过了稻米，与民国建立最初五年的趋势正好相反。海关估计的两种谷物的贸易总量在 1917 — 1931 年间大致相同，而面粉贸易的扩张更为迅猛。

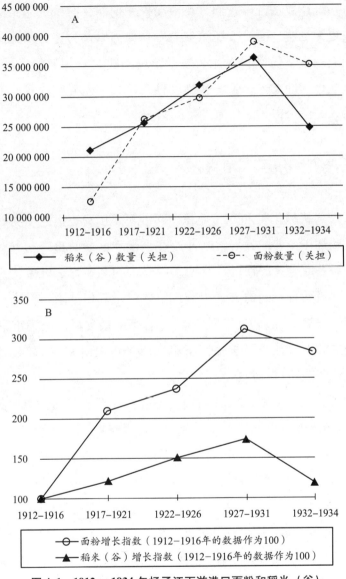

图4.1 1912—1934年扬子江下游港口面粉和稻米（谷）

交易的增长（通过海关）

资料来源：Inspectorate General of the Chinese Maritime Customs（1915 – 1935，
"Foreign Trade of China，1914 – 1934"）.

这些统计数字告诉我们，在市场扩张期间，面粉贸易比稻米贸易增长更为迅速。面粉市场的参与者是如何以及为什么如此迅速地扩展他们的市场份额？为什么稻米市场不能达到相似的发展速度？是否这些市场的技术、组织和制度存在巨大的差异？让我们分析蒸汽机引入这两个市场之后所发生的情况。

稻米和面粉加工中的机械化

术语"机械化"和"工业化"可能不足以充分描述本文研究时段内谷物加工工业的发展。当开始在稻米和面粉的粉碎和碾磨中使用机械设备时，这一地区广泛使用的是人力和畜力。机械化或者工业化，通过两种不同的方式用蒸汽机取代了其他动力。首先，蒸汽机被用于石磨，然后被用于钢磨。（上海市粮食局、上海市工商行政管理局和上海社会科学院经济研究所经济史研究室 1987：3－8；Hommel 1937：41－159）

碾米不同于磨面。在面粉加工中，第一个步骤包括去掉小麦的外壳，然后需要清除沙子和灰土。第二步是用磨将小麦的内胚乳磨碎成面粉。在磨房中，可以进行这两个步骤。（东亚同文会 1908b：331－337）然而，在碾米之前，还要先在砻房中去掉稻壳。去掉稻壳的稻米被称为糙米，在其表面上还残存有一些外层组织。为了去掉这些外层组织，糙米被运往碾坊或者碾米厂进行加工。白米，外表呈白色，被称为"精白米"，可以在市场上出售。（东亚同文会 1908b：267－278）

一些证据表明，扬子江下游地区无论是碾米还是磨面可能在 19 世纪 60 年代早期就已经进入了蒸汽机时代。蒸汽碾磨工厂最早出现于上海地区，是因为在外国人社区中存在技术工艺知识、人员和资本。我们没有证据说明这些企业的运营情况。我们只是知道第一家机械化碾米厂建立于 1863 年，作为一家米店的附属（实业部国际贸易局 1933：第八编第二章"食品工业"，361）。第一家面粉厂，上海得利火轮磨坊（Shanghai Steam Flour Mill），出现于同一年，是由在上海的外国人建立和管理的，但条约中并没有规定他们有从事商业活动的权力。（孙毓棠 1957：第一部分，108 - 109；上海市粮食局、上海市工商行政管理局和上海社会科学院经济研究所经济史研究室 1987：8）

而且，似乎这些碾磨工厂并没有扩张。1895 年之前，他们并没有吸引扬子江下游区域的任何新进入者，只是在上海成立了一家机械化的面粉厂（孙毓棠 1957：第二部分，986 - 987；上海市粮食局、上海市工商行政管理局和上海社会科学院经济研究所经济史研究室 1987：470），同时资料中记录了杭州的其他碾米厂（实业部中国经济年鉴编纂委员会 1934：58 - 59）。上海的面粉厂被认为也从事稻米的碾磨（孙毓棠 1957：第二部分，987），由此可以不让机器闲置。

1895 年之后，这两个行业都获得了外国投资者更多的关注。一个原因是，1895 年的《马关条约》授权日本人（后来扩展到外国人）在中国"开设工厂和从事工业和制造业"的权利（Fairbank and Liu 1980：108）。这一条约不仅减少了法律方面的风险，而且也带来了新的投资和新的技术。其中新的技术很快通过外国或者（后来）中国的技师传入到中国。1896 年，英国资本在上海建立了增裕面粉公司（China Flour Mill）。[1] 四年后，中国人所有的阜丰面粉厂也在该城市中开设。（汪敬虞 1957：927 - 928；上海市粮食局、上海市工商行政管理局和上海社会科学院经济研究所经济史研究室

---

　　[1] 参见吴承洛（1919：2.4）、继赜（1925：54）和汤志钧（1989：506）。此外还有一家"德国人所有"的面粉厂被描述为是有一些中国人参与的第一家面粉厂，但更多的证据显示英国人建立的面粉厂应该是第一家。关于德国人的面粉厂，参见实业部国际贸易局（1933：第八编第二章，"食品工业"，332）、朱邦兴（1939：545）、龚骏（1933：45）和刘大钧（1937：29）。

1987：190 – 191；陈真、姚洛 1957 – 1961：1. 474）在稻米碾磨方面，一家美国人所有的碾米厂在同年（1900）开设，很快 1901 年中国人也开设了一家（实业部国际贸易局 1933：第八编第二章，"食品工业"，361 – 362）。所有这些碾米厂或面粉厂都属于拥有蒸汽机和钢磨的机械化碾磨工厂的第二类。

在抗日战争之前的 30 年中，稻米和面粉的加工能力不断扩张，同时工厂的数量也不断增加。如表 4.3 所示，这一区域中中国人投资的面粉厂的数量从 1913 年的 29 家上升到 1921 年的 38 家。尽管这一数字在 1936 年稍微下降到了 35 家，但是生产能力依然持续增加，每天的加工能力从 1913 年的 49 000 包，增加到 1921 年的 134 700 包，以及 1936 年 183 200 包。这一区域中中国人拥有的面粉厂可以与国内和外国人开设的面粉厂竞争，在那些年中他们每天的生产总量占到所有中国人拥有的面粉厂生产总量的 40%。而且，外国人拥有的面粉厂在第二次中日战争即将爆发的时候，正在被出售并让出市场。

表 4. 3　1913—1936 年扬子江下游区域机械化面粉厂的发展

位置	1913 中国人所有 面粉厂数量	1913 中国人所有 每日生产能力	1913 外国人所有 面粉厂数量	1913 外国人所有 每日生产能力	1921 中国人所有 面粉厂数量	1921 中国人所有 每日生产能力	1921 外国人所有 面粉厂数量	1921 外国人所有 每日生产能力	1936 中国人所有 面粉厂数量	1936 中国人所有 每日生产能力	1936 外国人所有 面粉厂数量	1936 外国人所有 每日生产能力
上海和无锡	15	35 500	1	800	25	114 500	1	2 500	18	137 200	0	0
江苏省其他地区	12	11 900	0	0	12	19 200	0	0	13	33 800	0	0
安徽	1	1 000	0	0	1	1 000	0	0	3	10 600	0	0
浙江	1	600	0	0	0	0	0	0	1	1 600	0	0
区域总和	29	49 000	1	800	38	134 700	1	2 500	35	183 200	0	0
中国总和	57	75 815	43	98 739	137	312 643	14	49 546	152	452 218	17	58 500

资料来源：上海市粮食局、上海市工商行政管理局和上海市社会科学院经济研究所经济史研究室（1987：33 – 35，48 – 51，66 – 69）。

注释：单位是"包"（1924 年之前是每包 50 磅；此后是每包 49 磅）。

不完整的稻米贸易数据显示出同样的趋势。1900—1931 年，上 ⁸³
海机械化碾米厂的数量从 1 家增加到 49 家。（上海商业储蓄银行调
查部 1931：79-83）无锡第一家机械化碾米厂出现于 1910 年，截
至 1936 年总共有 13 家。（社会经济调查所 1936：62-63）那一年
之前的另外一项调查显示在江苏共有 59 家碾米厂，安徽 9 家，浙江
103 家，总共 171 家碾米厂。（实业部中国经济年鉴编纂委员会
1935：L9-18）发展是显而易见的。

两种工业中的机械化在 20 世纪一二十年代需要持续不断的技术
突破，例如使用电力蒸汽动力。（实业部国际贸易局 1933：8〔7〕，
1113；汤志钧 1989：491；上海市工商行政管理局、上海市第一机电
工业局和机器工业史料组 1979：1.416；杨大金 1938：1.916-956）
从 1910 年开始，更多的上海面粉厂采用电力碾磨机械以取代蒸汽机
（上海市工商行政管理局、上海市第一机电工业局和机器工业史料
组 1979：1.416）。机械化碾米厂扩展到了整个区域，这正如同 20
世纪 30 年代中期一项调查所描述的，这种变化大部分可以归结于电
动机和柴油机的引入。（实业部中国经济年鉴编纂委员会 1934：
K47）简言之，工业的变化，最初是使用蒸汽，然后通过使用电力
而保持持续的发展。

产量的记录使得我们可以通过碾磨工厂使用的技术将他们进行
区分：年代较晚的工厂使用蒸汽机，而早期的工厂则使用石磨。尽
管我们没有任何证据能表明 1890 年之前畜力石磨在扬子江下游地区
的存在，我们也没有每种磨坊产量的数据，不过我们所掌握的是晚
至 20 世纪 40 年代武汉地区使用畜力的面粉"作坊"的产量每天只
有 5 包（每包 49 磅）。（上海市粮食局、上海市工商行政管理局和
上海社会科学院经济研究所经济史研究室 1987：18）与此同时，19
世纪 90 年代早期，北京第一代使用蒸汽动力的石磨每天已经可以生

产 200 关担或者大约 440 包（每包 50 磅）。[1] 1896 年，上海第一代外国人的"近代面粉厂"每天的产量是这一数字的两倍（800 包）。（1987：518）中国人的阜丰面粉厂比他的竞争对手产量更大，是英资面粉厂的 3 倍（每天 2 500 包）（1987：194），将"作坊"与"近代面粉厂"不同的技术水平进行比较，后者每天的产量大约是前者的 500 倍。

在稻米加工业中，20 世纪最初 10 年中，上海非蒸汽动力的碾坊每天的产量是 9 关担。（东亚同文会 1908b：274）作为对比，20 世纪 30 年代，这座城市中机械化的碾米厂每小时可以生产 4 关担。（姚庆三、昂觉民 1935：4）20 世纪 30 年代中期，据报道，江苏省总共有 746 家碾米厂，每年的产量为 2 489 790 关担。换言之，每座碾米厂每年可以生产大约 3 337 关担。同时，江苏省还有 59 家机械化的碾米厂，其中 48 家的总产量为每年 3 243 000 关担。平均而言，每座碾米厂每年可以生产 67 562 关担。（实业部中国经济年鉴编纂委员会 1935：L9 – 12，L25 – 26）将作坊与碾米厂进行比较，我们发现后者的产量是前者的 20 倍。

我们同样可以观察到技术的变化如何影响到了稻米和面粉的相对价格。海关统计数据显示，从 1882 — 1931 年，与面粉相比，进口稻米的价格上涨迅速。前者在 50 多年中仅仅增长了 1.69 倍，但是后者增长了 4.9 倍。（Chan and Wang 2003：191）而国内的价格，根据我们掌握的有限的材料显示，天津、上海、广州，1912 — 1936 年稻米的价格比面粉价格上涨得更为迅速。（Chan 2002）与稻米相比，面粉的加工工序可能更为经济。

---

[1] 参见孙毓棠（1957：第二部分，987 – 988）。材料显示这些磨坊每天的产量为 200 担。1924 年之前，1 包大约等于 50 磅，1 关担等于 100 斤或者 110 磅。因此，200 关担相当于 22 000 磅或者 440 包。1924 年之后，每包面粉的重量减少到 49 磅。关于关担与斤和磅之间的转换，参见 Perkins（1969，"Abbreviations and Equivalents"）；关于 1924 年之前每包面粉的重量，参见中国科学院经济研究所、中央工商行政管理局和资本主义经济改造研究室（1966：53）。

我们通过产量进行的对比显示出磨面业比稻米碾磨业发展的速度更快，只是因为磨面的速度更快一些。然而，产量仅仅表现的是一种可能性。组织因素，例如专业化和规模经济，同样也对生产模式的变化造成了影响。

商业组织：扩散对比整合

在本章所涉及时期，扬子江下游区域稻米和面粉贸易中商号的演变存在极大差异。两种贸易有着相似的市场代理商和参与者的链条（捐客、谷物商店、仓库和碾磨工厂），但是他们最终发展出了两种不同的商业结构。

上海的稻米贸易在市场中以一种分散化的模式运行，没有为了垂直整合而进行制度方面的本质变化。根据一些非常珍贵的 20 世纪早期日本人进行的调查，稻米贸易是由多个层级的市场代理商主导的，其中包括来自原产地市场的粮食经销商（卖米客人）、戎克船等船只的所有者（船户）、独立的粮食经销商（水客）、上海的稻米批发商（米号或者米行）、上海的粮食批发商（杂粮行或粮行）以 [85] 及当地的米店（或发米行）以及再出口商（包子行）。（参见图 4.2）这些代理商依赖于批发商和米店，与此同时，批发商在他们的生产线中持有官方授予的经纪人执照（牙帖）。换言之，他们是一座特定城市中经过授权的商人，在买主、卖主和零售商中进行调解、撮合。（根岸佶 1908：1. 130 – 163，5. 15 – 26，34 – 39；东亚同文会 1908a：239 – 251）20 世纪早期，在上海县城中共有 33 家这样的批发商，南市有 32 家，英租界中有 72 家，美租界中有 103 家，法租界中有 28 家，郊区中还有 30 家，总数共有 298 家。（根岸佶 1908：5. 37 – 39）

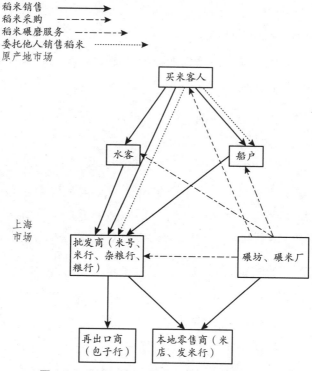

稻米销售 ⟶
稻米采购 ⇢
稻米碾磨服务 ⇢
委托他人销售稻米 ⋯⟶
原产地市场

图 4.2 19 世纪末 20 世纪初上海的稻米市场

资料来源：根岸佶（1908：5. 15 – 26，34 – 39，1：130 – 163）；东亚同文会（1908a：239 – 251）。

86　　在市场代理的这些链条中，机械化的磨米工厂大多数都为某位稻米商人、批发商或者米店、粮店代为碾磨稻米。这样做时，碾米工厂向它的客户收取费用。如果客户在购买谷物的过程中逾期，那么碾米工厂将要收取储存费用。（东亚同文会 1908b：267 – 302）

碾米工厂很少需要为它自己的碾磨收购谷物，可能是因为产品被首次定购的各种不同方式。按照一些日本学者的观察，在上海可以通过四种方式购买稻米：（1）碾米工厂的代理人直接从原产地市场购买；（2）来自原产地市场的批发商租用他们自己的戎克船将稻米运往该城市；（3）原产地市场中的批发商委托一位上海的谷物商人来寻找买家或者代理商；以及（4）上海的批发商从独立的粮食商人手中购买，前提是有一个好的价格。在这些方式中，第一种较少采用，因为存在购买到低质稻米的极大风险。（根岸佶1908：1. 135 - 36，5. 35 - 36；东亚同文会1908b：267 - 302）换言之，原产地市场的代理商不得不主动进入到最终市场或者等待、观察最终市场存在的情况。精白米的储存和存放时间，对所有这一市场链条的参与者而言都是一个问题。尽管碾磨的速度很快，但是一家机械化的碾米厂必须承担巨大的风险，来摆脱这种不利的市场环境。

在此后20年左右的时间中，上海的稻米市场持续发展。其中国内稻米进口和出口交易的数量从1912—1916年的1 978 604关担增长到1927—1931年的3 048 545关担，在1932—1934年的经济危机期间，这一数字跃为8 708 591关担。[1] 稻米批发商的数字则在20世纪30年代下降到了仅有117家（上海商业储蓄银行调查部1931：76 - 78），这说明存在着一个商业整合的过程。

然而，这一发展和集中并没有改变稻米贸易的基本结构，尽管所有时期在市场中都出现了新的参与者。按照20世纪30年代前后的一些调查，上海的稻米市场不仅仅由之前提到的代理者构成，而且也包括了被称为"经销商"（经售）这一新的市场代理群体。（姚庆三和昂觉民1935：2；《工商半月刊》1930b：11 - 12；上海商业储蓄银行调查部1931：25 - 26，84 - 85）这些经销商最初只是市场中的中间人，在1900年城市中第一家近代碾米厂建立之后，他们的出现主要是将更多的糙米从原产地市场销往这座碾米厂。（《工商半

---

〔1〕 这以5年为间隔的数据是：1912—1916年，1 978 604关担；1922—1926年，2 548 446关担；1927—1931年，3 048 545关担。1932—1934年中国三年经济危机时期，数字是8 708 591关担。所有数据来源于中国海关总税务司（Inspectorate General of the Chinese Maritime Customs 1915 - 1935）。

月刊》1930b：10 – 11）20 世纪 10 年代，经销商在上海建立了他们的同业公会。（姚庆三、昂觉民 1935：2）

这些经销商主要与船户交易，与批发商在原产地市场中合作，并且与上海的米号、米行以及碾米厂建立关系。他们还与其他省份的碾米厂进行交易，并且以他们的名义出售稻米。更为重要的是，这些经销商对于这些市场参与者而言又是金融家、债权人和承销商。（参见图 4.3）到 20 世纪 30 年代早期，共有 27 家，他们掌握着来自其他县的用船运入的精白米，同时还有 8 家掌握着来自其他省份的

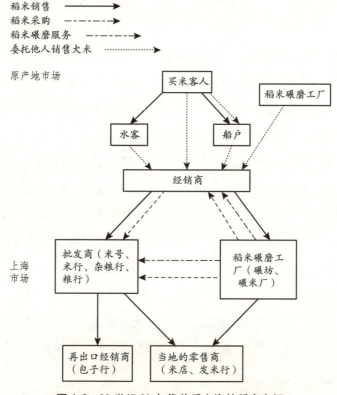

图 4.3　20 世纪 30 年代前后上海的稻米市场

资料来源：上海商业储蓄银行调查部（1931：76 – 78）；《工商半月刊》（1930b：10 – 11）；姚庆三和昂觉民（1935：1 – 53）。

糙米。(姚庆三、昂觉民1935：2；上海商业储蓄银行调查部1931：25 - 26，84 - 85；《工商半月刊》1930b：11 - 12) 这些新的经销商展现了贸易网络的进一步扩散和不同专长的市场代理。

在稻米交易的新链条中，上海的碾米厂遇到了新问题。尽管碾 ⁸⁸米厂的数量，如同之前提到的，在20世纪最初的30年中增加了，但截至20世纪30年代，其中大多数并没有采购他们自己的糙米，仍替其他人碾磨稻米。而且，其他的市场代理商，例如批发商和米店，也碾磨稻米。碾磨作为一个独立的行业变得困难。大多数稻米在内地市场进行加工，尤其是在无锡和常州。上海的碾米厂只能控制来源于其他省份的稻米，其中大多数都是糙米。(姚庆三、昂觉民1935：3；上海商业储蓄银行调查部1931：25，31 - 34，83 - 84) 换言之，到我们所研究时段的末期，这些机械化的碾米厂，尽管数量很多，但依然没有在他们的控制下整合稻米的分销。

相反，在本文所研究的时期，小麦面粉贸易经历了朝向垂直性 ⁸⁹整合的结构性变化。20世纪初日本人的调查揭示面粉厂类似于碾米厂，很少自己获取原材料，主要是通过市场代理和城市的杂粮行获得小麦，而后者则与原产地市场的杂粮商进行接触。(东亚同文会1908a：289；参见图4.4)

购买小麦的这种途径在日本人进行调查的时候开始发生变化，但这可能没有被调查者所关注。变化最初起源自扬子江下游区域的面粉厂主开始将生产与购买和分销进行整合。例如，1903年，无锡的茂新面粉厂在姜堰建立了一个小麦购买机构（办麦庄或麦庄），用于从当地购买小麦。同等重要的是，这些面粉厂还建立了批发机构——批发处，但是要远远晚于办麦庄建立的时间。茂新面粉厂最

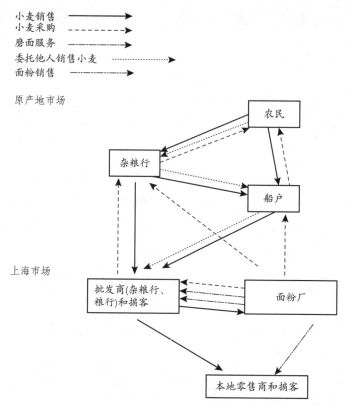

小麦销售　──────▶
小麦采购　------▶
磨面服务　──────▶
委托他人销售小麦　‧‧‧‧‧‧‧▶
面粉销售　──────▶

原产地市场

上海市场

农民

杂粮行

船户

批发商(杂粮行、
粮行)和掮客

面粉厂

本地零售商和掮客

图 4.4　19 世纪末 20 世纪初上海的小麦和面粉市场

资料来源：东亚同文会（1908a：289－293）。

初是于 1911 年在苏州建立这一机构的。（茂新福新申新总公司 1929："批发处一览表"；参见图 4.5）

这些办麦庄在 20 世纪 10 年代中期被日本研究者所注意，他们报告这些办麦庄大约存在于 1910 年或者 1911 年。（安原美佐雄 1919：808－810）在此后的 20 年中，无锡的茂新面粉厂以及与其存在联系的面粉厂，包括其他的茂新面粉厂和上海、汉口和济南的福新面粉厂，都属于有着同样主要所有者（荣宗敬和荣德生）的公司，并且不断建立新的办麦庄。

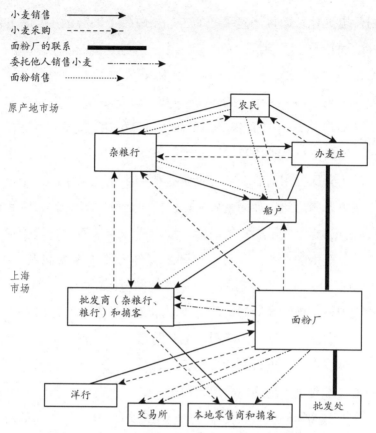

图 4.5　上海的小麦和面粉市场（20 世纪 30 年代前后）

资料来源：东亚同文会（1908a：289 - 293）；茂新福新申新总公司（1929）；安原美佐雄（1919：1. 2：808 - 810）；上海商业储蓄银行调查部（1932：47 - 56，62 - 70，77 - 78）和社会经济调查所（1935b：1 - 2，7 - 8）。

　　截至 20 世纪二三十年代早期，这些面粉厂在 13 省和香港拥有 14 家办麦庄和 26 家销售机构。这些办麦庄和批发处在购买原材料和推销产品时，也与同一所有者拥有的纺织企业（申新纺织厂）的众多市场机构合作。（Chan 1992：25 - 26）

　　办麦庄和批发处的迅速增加是荣氏兄弟中哥哥的进攻性策略的结果。在他的命令下，他们的面粉厂不仅采用了技术革新使他们的面粉厂电气化，而且修建了新的工厂，取代了旧有的工厂，并租赁现存的面粉厂。[1] 到了1920年，两兄弟与其他合伙人一起，在4座城市中共同拥有12家面粉厂，其中大多数位于上海。（Chan 1992：20）这些面粉厂的生产能力和产量从1903年的每年90 000包，增加到1920年的每年19 950 000包，由此也建立了更多的办麦庄和批发处。（Chan 1992：21）

对于荣氏兄弟而言，市场竞争是他们扩张政策中的一个重要因素。竞争来源广泛。如同荣德生在他的回忆录中所说，在19世纪末和20世纪10年代早期，他们第一家面粉厂经常面对外国面粉厂和国内竞争对手的竞争，并且也遇到了买到劣质小麦的问题。（荣德生1943：30–34）在此后的岁月中，全国范围内中国人拥有的面粉厂持续增长，同时他们的产量也在增加（参见表4.3）。竞争逐步升级。为了生存，荣氏兄弟不得不通过持续投资于产品设备、管理和市场营销技术变得更具有竞争力，大部分遵从诺斯（2005：59）提出的企业家对于市场逆境的反应模式。

除了引入新的从事小麦收购的机构之外，20世纪早期的面粉厂依然通过已经存在的市场代理商：杂粮行、粮行、当地的捐客，以及物品交易所购买产品。有时当在不同区域中进行面粉交易时，面粉厂的员工会从这些市场代理商那里获得帮助和建议。在其他时候，销售商所提供的价格可能要低于市场价格。无论如何，面粉厂使用一个渠道来补充另外一个：市场或管理层。（上海商业储蓄银行调查部1932：47–56，62–70，77–78；金城银行总经理处汉口调查分部1938：26–37，90–99；社会经济调查所1935b：1–2，7–8）

---

〔1〕 关于类似于荣氏兄弟这种大型公司的扩展过程，参见许维雍和黄汉民（1985：15–20）。

上海的面粉厂在获得用于加工产品的原材料时还有另外一个有利条件：国外的供应。在 20 世纪 10 年代之前，中国进口的小麦数量微不足道。到 1912 年，全国进口的数量小于 2 500 关担，而上海仅仅只有 31 关担。（参见图 4.6）1921 年，上海从国际市场获得的小麦数量开始增加，大部分来自于美国和加拿大，主要是通过城市中的包括日本在内的洋行。（上海社会科学院经济研究所 1980：1.230，235－237）到 1922 年，上海在进口外国小麦的数量上已经超过了其他城市。美国或加拿大小麦的价格具有竞争力，是中国面粉厂所有者考虑的一个因素。（《工商半月刊》1931：108）北美小麦的持续供应可能也使得面粉厂的产品和价格保持稳定，尤其是当国内市场或者面粉厂管理科层的供应难以确保的时候。

20 世纪 20 年代和 30 年代上海的稻米市场也从外国市场购买了大量的稻米。与面粉类似，稻米同样通过洋行进行交易。一旦一家洋行签订了某种特定种类的稻米购买合同，通常要提前半年与西贡、曼谷和仰光等原产地市场的市场代理商进行联系。这些代理商定购产品，并且准备在收获之后进行船运。大多数稻米是精白米，因为在这些稻米出口地区有很多碾米厂。[1] 上海本地的碾米厂极少有机会参与外国稻米的加工。

整个扬子江下游地区原产地市场的碾米厂同样也没有能成功地 *92* 开始垂直整合。截至 20 世纪 30 年代，对上游主要稻米市场的调查，其中包括无锡、镇江和芜湖，发现不同的市场代理商通过谈判确定市场交易。通常，这些代理商没有明确的专长。一位稻米商人

---

　　〔1〕　关于这一问题，我没有直接证据，但我查阅的任何文献都没有提到外国稻米的碾磨。一条文献中提到在西贡有八家碾米厂，其中大多数为海外的华商所有，参见《工商半月刊》（1930a：9）。关于东南亚稻米出口地区碾米厂的其他一些信息可以参阅 Suehiro（1996：46－51，83－87，110－122）；Cheng（1968：48－111）；Ingram（1971：36－92）；Skinner（1957：103－109）；Robequain（1944：275－278）。

可能需要自己碾磨稻米或者拥有自己的仓库。有时，一座仓库拥有自己的碾米厂来满足顾客的需要。（社会经济调查所 1936，1935a，1935c；孙晓春、羊冀成 1936：21 - 45；朱孔甫 1937：6 - 45；孙晓春、林熙春 1935：547 - 566）更重要的是，不同于小麦面粉贸易中那些使用电机动力的面粉厂，稻米碾磨业在稻米贸易中扮演着附属的角色。

但是，与碾米厂所有者比较而言，小麦面粉贸易并没有仅仅依赖于面粉磨坊所有者的扩张性策略，或者依赖于碾粉厂所有者购买更多的原材料来满足他们机器的生产能力。地方性的习惯主导着两个市场，并解释了两种产品的生产之间的差异。

地方性习惯、专业化和标准化

谷物市场本身与食物消费的方式存在关联。将稻米与面粉进行比较，我们发现人们在消费这些产品的方式上存在差异。扬子江下游区域的人，如同其他地区，以谷物的形式消费稻米，而小麦则需要磨成面粉。在 20 世纪早期，稻米的形状和色泽，再结合蒸熟之后的口感，是人们对谷物进行分类的依据。这些标准在当地居民脑海中使得特定区域以他们的稻米而闻名，并且构成了上海市场和中国其他地方市场中稻米分类的基础。（上海商业储蓄银行调查部 1931：1 - 4）按照 20 世纪 20 年代后期的一项调查，仅仅上海市场就拥有 85 种稻米，其中包括两种来自西贡的可以辨识的外国稻米。（《工商半月刊》1929：2 - 3）

到 20 世纪早期，已经采用了一些近代科学方法，以谷物中蛋白质或脂肪含量为基础对稻米进行分类。这些标准不得不与之前已经存在的稻米名称相兼容。20 世纪初日本人的调查引用了将中国稻米

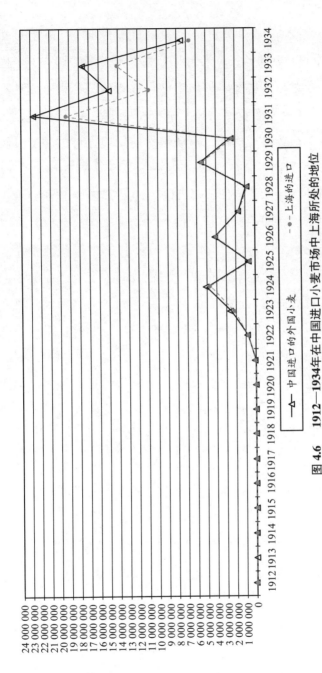

图 4.6　1912—1934年在中国进口小麦市场中上海所处的地位

资料来源：Inspectorate General of the Chinese Maritime Customs（1915–1935）："Imports" and "Wheat"。

注释：单位是关担。从1934年之后，计量的单位是"公担"；1公担为1.647 058 8关担。因而所有数据都转换为关担。而且所显示的数字是为第一年的年度报告准备的，这不同于之前一年的原始数据。

一△一 中国进口的外国小麦　　　--*-- 上海的进口

与来自日本的稻米化学成分进行比较的试验结果。（东亚同文会 1908a：231 – 239）20 世纪 30 年代对上海稻米市场的调查，中国的研究者也在一个章节中描述了该城市中可以找到的各种不同种类稻米的化学成分。（上海商业储蓄银行调查部 1931：4 – 7）但是，这些分类并没有对市场造成影响，市场依然使用地方性的稻米分类来标定价格。（《工商半月刊》1929：14 – 17；1930a：5 – 8）

94　　　稻米市场的代理商的工作不仅可以通过 1936 年之前研究者进行过研究的一种方法，即用特定稻米的市场功能来区分，此外也可以通过专长的类别来划分。尽管 20 世纪 30 年代的中国研究者无法列出更多的细节，但是他们试图指出存在着控制了市场产品的不同的帮。按照研究者的描述，这些帮主要沿着不同的河道活动，也由此进行分类。因而，为上海市场购买的来自松江张堰的稻米，或者通过同一水道运往上海的其他区域的稻米，是由南帮控制的，同时来自常州武进等地的稻米则由北帮操控。[1] 特定的稻米经销商可能依然操控着来自于某一特定地区的稻米，并且被按照地名赋予了帮的名称。（上海商业储蓄银行调查部 1931：10）

　　通过来源地对这些已经存在的帮和稻米进行的分类，提供了两点信息。第一，当在某一新地点发现了一种新的稻米的时候，可选择的稻米就增加了。然而，这意味着只有来自于上海的现存的贸易网络可以扩展到新的区域，同时可以形成一群新的商人（帮）来专门经营这类稻米。第二，已经存在的帮可能继续在市场中发挥功能，并且按照他们关于产品的专业化知识提供关于稻米种类的特定信息从而继续在市场中进行专门化（例如，成为关于产品的"专家"）。

---

〔1〕 例如，来自苏州的稻米是由苏帮掌控的，同时来自无锡的稻米则由锡帮控制；参见上海商业储蓄银行调查部（1931：84 – 85）。

相应的，市场依然是分化的，而不是整合的，尽管加工行业为了机械化采用了新的技术。

与此相反，小麦面粉市场并不存在稻米市场与质量有关的问题。尽管面粉的质量依然依赖于小麦的质量，市场的运作中依然可能采用一些地方性的习惯，但是这些习惯保存下来的空间不大，因为所有的小麦最终都将碾磨为面粉。面粉厂按照技术人员确定的标准来对小麦进行分类，最为重要的标准是其中含有的沙子、灰尘或其他杂质。（安原美佐雄 1919：600－602）在对面粉进行分类之后，其化学成分与同类其他小麦的成分是一样的。（上海商业储蓄银行调查部 1932：13）

这些作为商品的小麦的市场标准是面粉厂主所熟知的，他们使用国内和进口的小麦。在小麦碾磨机器主要是从国外进口的情况下，面粉厂不能将他们小麦面粉的质量与竞争者的面粉质量区别开。上 *95* 海的面粉厂所有者不得不考虑其他区分他们产品质量的方法，例如标志有商誉的广告和商标[1]，或按照科学标准的分类。（上海商业储蓄银行调查部 1932：5－13）

结论

在引入新的运输方法、采用新的技术和产量扩大之后，稻米和面粉市场扩张。标准化依然依赖于地方性的习惯和市场的专业化。然而，稻米贸易经历了市场代理商的扩张，而没有太多的垂直整合。与此相反，小麦面粉贸易，没有受到地方习惯的约束，扩大了产量，这刺激了上海的企业进行制度的变革，标志着生产、采购和分销的

---

〔1〕 参见茂新福新申新总公司（1929）商标一节中关于茂新和福新面粉厂的商标。

垂直整合。

至于为什么稻米市场的一些参与者没能成功地建立整合生产和分销的企业，答案如下：整合意味需要应对市场的传统习俗，包括味道、习惯或者在某些情况下，包含了宗教。这些习惯和传统不仅没有被忽视，反而扩展了已经存在的习惯和传统，成为一种新的"知识"，一种需要专业化并促进了对特定市场代理需求的知识。这一过程非常可能增加了那些稻米市场参与者的交易成本。

但是，习俗并不是一成不变的。产品价格和质量、人口的迁移、政府的政策等在与食物消费和分类有关的地方性习惯的改变过程中扮演着重要的角色。[1] 相似的，一旦一种新的包装技术出现，同时一种新的市场营销机构，如超市和便利店在 20 世纪后期出现，旧有的稻米分类等级也再次被重塑，同时米店和米行从市场中消失。非常难以阐释发生的垂直整合的程度。旧有的市场结构发生了明确的变化，与此同时是谷物名称、分类和品种的旧有习惯也发生了同样的变化。然而，面粉加工业，与稻米碾磨业存在极大差异，成为战前中国发展最快的工业之一，同时也逐渐改变了中国人的饮食。（Chan 2002）

---

〔1〕 关于这一问题，可以考虑台湾的工业。在 1895 年之前，台湾岛拥有超过 1 000 种本地的稻米品种。1895 年至 20 世纪 20 年代早期，台湾的稻米品种数量逐渐减少到不到 500 种。殖民地政府派遣当地的官员和警察去检查稻田的种植过程，其结果之一就是，那些被定为是劣等的品种没有被种植。（川野重任 1969：7 - 8）

第五章　潍县棉纺织市场经济的区域发展（1920—1937）

叶汉明

19 世纪晚期，铁路和沿海运输促使中国发生变革，这些都是有据可查的。新的交通系统很快取代了之前大量的河流和运河运输，并且终结了传统的驿站交通网。这种系统使市场的力量前所未有地渗透到乡村中国，而外国资本在市场力量中扮演着主导角色。这种发展标志着市场经济对近代中国地方社会的结构和经济行为造成了巨大的冲击。潍县很好地展示了这一点。

潍县及其棉纺织业

1898 年，青岛开埠成为一个条约港，后来 1904 年，德国修建了胶济铁路。潍县由于紧邻开埠港，成为铁路线上一个至关重要的站点。县城发展成山东省一大贸易中心，并最终发展成北方重要的商业和运输中心之一。[1]（Buck 1978：22；Skinner 1977a：342）由于该地在区域商业网络中重要性不断增长的地理位置，1906 年清政府将潍县向外国开放，方便贸易。与此同时开放的还有两座位于同一铁路线上的城市，即济南和周村。（刘东侯 1968：134；侯仁之 1941：26；外务部 1904：56－57）便利的运输使国外和国内工业品进入国内乡村以及从乡村输出原材料非常便利。通过近代运输和贸易，潍县成为棉纺织手工业的中心。潍县县城距离青岛大约 114 英里，或者 3—4 小时的铁路行程，距离省会济南 131 英里。最初，潍县通过青岛港获得外国的纱线，后来则使用来自青岛、天津和上海等机器纺纱中心出产的棉纱。（《工商半月刊》1934：92；龙厂 1936：541）这里汇集了来自青岛等城市的机织纱线，使潍县东部的手工棉纺织业繁荣发展。

中国条约港和城市中心生产的纱线根本地改变了中国手工棉纺织业的结构。一个结果是出现了类似潍县的新手工业中心，专门从事"新土布"的生产，即布料是使用机织纱线用手工纺织而成的。正如赵冈所注意到的，机器产品的优越性非常明显：

> 中国农村原始纺纱工具与近代纺纱机器生产力之间的差异是令人极度惊讶的。简单的纺车每天（工作时间 11 个小时）可以纺纱 0.5 磅。以等量的劳动，使用 20 世纪 30 年代的动力，纺纱机可以平均生产 16 支纱 22 磅。因而两种生产方式劳动生产力方面的比率至少是 44：1，当中还没有把近代棉纺织厂在纺纱之前各个阶段所节省的时间计算在内。（Chao 1977：180）

---

[1] 施坚雅（1977a：342）将潍县定义为是一座县级城市，扮演着区域大都市的角色。参见叶汉明（2005）。

先进的纺纱技术改变了传统手工棉纺织生产中劳动密集型纺纱所造成的瓶颈。平均而言，3—4 小时手工纺纱的产品才能提供 1 小时手工织布所需的纱。纺纱的劳动力占手工纺织劳动力的 75% ~ 80%，这明显地浪费了时间。（Chao 1977：179）手工纺纱与机器纺纱之间差异巨大的生产力解释了在面对后者竞争的时候，前者生产量迅速下降的原因。

然而，与手工织布相比，近代棉纺技术的相对优势并不如近代纺纱相对于传统纺纱的优势那么明显。在世纪之交，手工织布的竞争力通过采用一种被称为"铁木机"的改装手工织布机而得以大幅度提高。这种新的织布工具除了依然用人力操控之外，被认为拥有所有早期工厂设备的优点。（Chao 1977：184；严中平 1937b：1041 – 1053）所有的操作，包括整经和卷布都只需要简单地使用脚踏板来控制。因此，铁木机比传统织布机的效率要高 4 倍以上。它早年是从日本进口的，后来在中国的条约港和手工纺织中心生产。这种新手织工具在 19 世纪末 20 世纪初从天津引入到潍县，到 20 世纪 30 年代早期，本地一年生产的这种织机数量高达 7 000 台。（严中平等 1955：253）

20 世纪初，机械纺纱与手工纺纱之间产量的差异巨大，大致为 44：1，而使用机械梭子的工厂织布与使用铁木机的手工织布之间的产量差异仅仅是 4：1。（Chao 1977：185）两者比例之间的差异显示出，在纺纱业中，机器对手工设备的竞争优势要远远超过织布业。这两种比例也是手工纺纱被工厂生产取代了很久之后，手工织布依然存在的原因。引用赵冈的说法，机器织布与手工织布之间的生产力差异，"并不能赋予近代织工相较于手工织工而言的真正意义上的边际成本优势，如果我们考虑到资金成本、管理成本以及其他近代纺织厂的间接成本的话"（1977：185）。

结果纺纱技术的进步以及铁木机的发明，促进了手工纺织的扩展。在1905—1909年与1924—1927年这两段时间之间，手工纺织增长了52%。后来，产量开始停滞或衰退，但是在1932—1936年期间，产量依然高于1905—1909年产量的20%。抗日战争爆发之前，1937年官方宣布手工生产的棉布产量占当年中国全部棉布产量的66%。（堀内清雄和富永一雄1942：51）晚至1934年和1935年，手工织布的产量依然占全国棉布总产量的73%。（Chao 1977：233，236）实际上，手工织布机生产的棉布在普通中国人中依然十分流行。20世纪30年代中叶，手工织布机生产的棉布在中国消费者购买的棉纺织品中占了71%。（严中平等1955：297；林刚2002）这一现象已经由一些研究者做了阐释，他们认为这显示出中国手工纺织业的高度适应性，以及中国手工和工厂棉纺织品之间的相互补充和共存的关系。（陈惠雄1990；彭南生1999，2001）

新手织布激发了社会经济方面的变化。在农民曾从事棉花种植、手工纺纱以及手工纺织等活动的地区，他们在20世纪初很快就放弃了纺纱。然而，他们依然在务农的同时从事纺织，因为他们现在可以使用机纱来代替他们自己纺的纱。换言之，尽管中国农业与纺织业的传统整合，随着外国和工厂纱线生产的迅猛发展而改变了结构，但是小农家庭经济依然以一种修改过的形式存在，因为在棉纱由城市的纺纱厂生产之后，农业和纺织依然结合为一个生产单元。

潍县的纺织地区

很多未曾从事棉花种植的小村社，随着新技术的引入，开始成为手工织布业的中心。潍县就是这些新中心的代表。在引入国外和工厂生产的棉纱之前，潍县种植的棉花数量非常少，不得不从邻县进口来满足手工纺纱的需要。在农闲季节，妇女以传统的木制织机用手纱线织布。通过这种方法，只能生产出"窄布"（顾名思义，就是宽度较小的布）。这些货品在农村家庭中生产，并且主要用于满足家庭消费需要。（严中平等 1955：300）只是在青岛成为条约港对外开放以及青岛至济南的铁路修建之后，潍县才开始大量使用来自青岛的机器纺制的纱线。

在所有中国北部的棉纺织中心中，潍县是最晚衰落的，只是在日本侵华的前夜其地位才迅速下滑。最初，河北定县和山东德平县纺织中心的统治地位转移到了河北省的新中心保定。20 世纪初保定所在的地区采用了机纺纱线以及改进后的手工织机。当保定布的质量在 20 世纪 20 年代中期变差之后，高阳（河北）崛起取代了保定的地位，那里生产的布质量非常好。[1] 在 20 世纪 30 年代多个繁荣时期之后，潍县的产品超越了高阳。（Chao 1977：191 - 198；1975：188 - 189）这些"新土布"中心的变迁暗示着一个区域的繁荣是建立在另外一个区域的衰落之上。对此的一个解释就是，这是他们之间激烈竞争造成的。另外一个解释就是，这是棉布商人对激烈的市场竞争条件的回应。

在高阳衰落之后，到 1930 年，潍县地区在棉布生产中占据了主导地位。1931 年左右，潍县土布区的棉布产量占河北、山东和山西三省纺织地区总产量的 26.6%，而高阳地区仅占 11.9%、保定为 6.5%、定县为 1.2%。（Chao 1977：21）1934 年，潍县土布区生产的棉布匹数占山东 68 个土布县产量的 71.64%，棉布总价值的

---

〔1〕 顾琳（Linda Grove）多年来一直在研究高阳手织土布的生产。基于数十年的文献研究、调查和田野工作，她在 2006 年出版的著作中细述该纺织区域长期发展的过程，并对中国乡村工业进行了深入分析。

85.45%。（南满洲铁道株式会社北支经济调查所1942：19）

潍县到青岛乘坐火车仅仅需要三四个小时，比保定或者高阳这两个20世纪初华北的手工织布地区有着更好的交通条件。尽管保定和高阳距离天津并不远，但是他们都没有铁路。为了从天津的工厂获得机纺纱线，高阳的商人不得不乘坐平底船花费三四天的时间沿大清河，或者乘坐牛车通过陆路前往。（吴知1938：678；吴半农1936：433）与此相比，连接潍县的铁路并不仅仅通往东部的青岛，而且也连接着西部的济南，在那里与津浦铁路交汇。这一交通网络是潍县手工纺织品市场扩张的首要因素。

近代交通同样使潍县从外国进口布料变得容易。最初规模急剧增长的进口棉布很容易排挤掉潍县传统的棉布产品，后者主要依赖妇女劳动力在家庭中生产的纱线。后来，进口的高质量的布料引发模仿效应，刺激了手工织机生产技术的改进。早在民国初期，潍县东部繁荣地区的一些本地居民，试图改进纺织产品的质量。当地的企业家从天津购买新的铁木机并且将新的技术传播到整个县域，带来了利润。在短短几年中，新土布生产便在潍河沿岸的村庄，如穆村、邓村、石埠、驸马营、桑园和眉村开展起来。（《工商半月刊》1934：91）

根据有关报告，1915—1916年间共有500架织机。1923—1924年织机数超过5万台，此时手工织布业从潍县东部扩展到南部、北部和西部。当地建立起机械工厂用来生产改良后的织机，使用这种织机在10小时的工作日中一个人可以织出大约100尺的宽布[1]。对铁木机的需求变得非常强烈，在10年中销售了7万—8万台，每台的价格大约70—80元。（《工商半月刊》1934：95）

---

　〔1〕　1尺约合0.333米，即约合1.094英尺。

潍县的手工织布业约在20世纪20年代末和30年代早期进入了
一个黄金时期。"潍县土布区"成为一个以潍县县城作为收购中心
的范围较大的织布地带。因此，按照这一定义，此区包括潍县县城
所在地，眉村和寒亭的村庄，以及潍县附近三县的部分地区，即昌
邑（其中包括县城、流河、石埠和饮马）、寿光（东家道庄、丁家
店子、白孙雪子和张家营）和昌乐。（滨正雄 1935：79）图 5.1 显
示了 20 年代末 30 年代初繁荣时期，潍县土布区的扩展，以及大中
织布市镇的织机数量。（后藤文治 1943a：129）按照一个粗略的估
计，20 世纪 30 年代早期，潍县土布区织机的数量在 10 万台左右，
其中潍县有 5 万台，昌邑有 3 万台，寿光和昌乐总计 2 万台。（天野
元之助 1936：217）

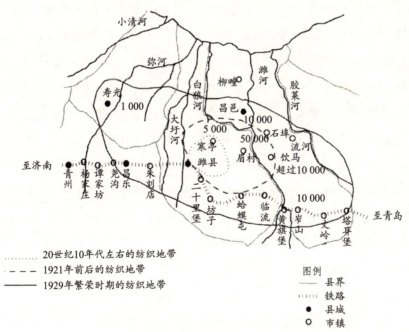

图 5.1　潍县土布区和手工织布机数量

当织布业扩展到全区时，青岛、上海、天津和无锡的现代化纺织工厂向潍县运入机织的高线数的棉纱（大多数有40—42支）作为手工织布的原材料。然而，在20世纪20年代后期和30年代早期，潍县进口的大多数棉纱主要来自青岛的日本纱厂。从1931—1934年的4年中，潍县每年消耗的机织棉纱的数量分别是16 280公吨、16 163公吨、17 865公吨和19 090公吨。（严中平等1955：245）由于中国国内外国人所拥有的棉纺织企业的发展，从海外进口的棉纱数量逐渐下降。从20世纪20年代早期开始，潍县进口棉纱总数的80%以上来自青岛的棉纱厂，而且这些纺纱厂除了一家之外都是日本人开设的。（《工商半月刊》1934：92）由于《马关条约》创造的有利条件，外国人有在中国建造工厂的权利，日本纺织业集团从1916年以后在青岛陆续设立了多家纺纱厂。到1937年，该港中的10家纺纱厂中有9家为日本人所有，只有1家为中国人所有。（松崎雄二郎1947：728）20世纪30年代从青岛运往潍县的450 000担棉纱中，有400 000担是日本纺织厂生产的。（支那问题研究所1937：51）

在潍县，家庭式土布生产很普遍。到20世纪20年代中期，土布户总数大约为10 000户，其中包括了大约90 000名男性和女性织工。（《山东潍县之经济近况》1926：8-9）如果将这一范围广阔的土布区内所有地点都计算在内的话，织工总数应当大约为150 000。（堀内清雄、富永一熊1942：53）20世纪30年代早期，潍县生产的棉布总数达到了一年10 000 000匹，相当于山东省总产量的一半。（支那问题研究所1937：41-42）每年生产的产品总价值大约为75 600 000元。（《工商半月刊》1934：100）

人口的增长对于潍县土布业的发展是至关重要的。很多研究20世纪30年代中国乡村手工业的学者，例如方显廷、吴知和严中平，将人口作为潍县成功崛起的主要因素之一。20世纪40年代日本南满洲铁路的调查者同样意识到潍县等地区从额外劳动力中获益这一问题。然而，城市棉纺织工业的成功与贫困的农村农业经济对于额外就业的需求形成了鲜明的对比。（Fong 1936：694；吴正 1936：248；严中平 1937a：384；后藤文治 1943a：88）根据1941年对寒亭镇（潍县北部）大河西村齐姓村长等村镇头面人物进行的访谈所得，他们的村庄中一户人家平均仅仅耕种6—9亩土地，然而一户须耕种起码12亩（80英亩）土地才可以勉强维生。齐村长还向访谈者抱怨这一地区灌溉条件的恶劣，并归咎于地下水的缺乏。村庄的三口井中只有一口还有水。（堀内清雄、富永一熊 1942：52）过剩人口的问题和土地的短缺使农家不可能仅仅依靠农业维生。

类似华北很多其他区域，潍县的特点是地少人多和碎片化的土地所有状况。20世纪30年代，县里平均每户的耕种土地有16.8亩（实业部国际贸易局 1934a：16），但一户农家通常耕种至少18亩土地才能支撑他们的生活。[1] 一项1934年的调查甚至得出了一个更低的每户平均耕种土地的数字，即1933年的13.6亩。（胶济铁路管理局车务处 1934；引自丛翰香 1995：451）土地的不平均分配也导致了贫困。例如，日本人对潍县的高家楼进行了详细调查，其中75%的家庭每家仅仅耕种10—15亩的土地[2]。（南满洲铁道株式会社调查部 1942：676）过多的人口和耕地的缺乏使潍县成为一个劳动力的输出地区。在世纪之交，这些绝望的人口向外迁移，甚至远到欧洲去寻找工作的机会。（后藤文治 1943a：88）当然，移民以外的另一种选择就是从事服务业和手工业以补贴生活。

[1] 这些数字基于对潍县烟草种植区域的估计。（参见 Chen 1939：78）
[2] 遗憾的是缺少县级土地分配情况的数据。

潍县纺织区域的早期调查也显示 19 世纪末之前，只有少量经济作物，粮食作物只有小麦、高粱、大豆和小米等。除非偶尔尝试出售小麦等收成物，当地农民常缺乏现金收入。（滨正雄 1935：88）副业自然是他们解决经济需要的方式。在纺织成为潍县最为流行的副业之前，来自农村家庭的额外劳动力已经投入手工业，如草席与发网编织、刺绣、猪鬃和皮革加工等。（后藤文治 1943a：89）当机织棉纱和铁木机变得流行以及其他条件在潍县成熟时，潍县便成为一个土布的重要产区。

这一地区生产的纺织品不仅在本地，而且在全国销售。河南是潍县布匹的最大的市场。因此，经常有来自河南的商人驻扎在潍县为他们的客户收购棉布。潍县土布通过铁路运往河南和安徽，经邮局运往河北以及山东、山西、陕西、甘肃、四川、湖北、湖南、江苏、浙江、福建、云南、贵州、绥远、东北及其他区域。（后藤文治 1943a：100 – 101）甚至热河省也通过北京的买家获得一些潍县土布。（天野元之助 1942：32）汽车或者畜力车被用来向邻近地区运输。（《工商半月刊》1934：103）

棉纱和棉布商人在棉纱分配、供应和棉布销售中扮演了重要的角色。商业资本是潍县土布业发展的另外一个关键因素。其他因素包括大量的人口和特殊的经济地理优势以及一个现代化的运输系统（后藤文治 1943a：88 – 89）。[1] 潍县长期以来成为山东东部的一个商业中心，甚至在手工织布成为该县的特色之前即已如此。在青岛开埠之前，潍县是一个联系着山东半岛南部和北部的交通枢纽。以潍县为核心，一个陆路的交通网络向外辐射，向东远至黄县和芝罘（今天的烟台），向西直抵济南，向南达至诸城，向北直到杨家沟。

---

〔1〕 南满洲铁道株式会社北支经济调查所（1942：55 – 57）也提到了这些相同的条件。

通过芝罘等陆路节点联系着的港口，潍县也可以很便利地抵达渤海湾的各个地方。（堀内清雄、富永一雄 1942：50-51；叶汉明 1992）

　　凭其位于重要贸易路线上的条件，潍县发展成为一个独特的市场中心，每月固定贸易日从周边各县，如昌邑、寿光、昌乐和安丘吸引了大量人群。（堀内清雄、富永一雄 1942：50-51）凭此商业基础，潍县的市场聚落增加到超过 70 个，在世纪之交居于山东各县中的第二位。（Rozman 1982：138）潍县的商人从优良的地理位置和活跃的区域商业中获益。

　　他们中的很多人通过参与其他商业活动，如货币兑换、粮食和副产品销售等积累了资本。（后藤文治 1943a：89）毫无疑问，潍县充裕的本土传统商业资本为 20 世纪手工纺织业的发展奠定了经济基础。这些商业资本家是如何为潍县棉纺织手工业而组织市场经济的呢？

市场以及商人与农民之间的契约关系

棉纺织业的市场经济

　　除了将布料作为制成品销售之外，购买作为原材料的棉纱也是潍县纺织手工业市场体系的一项重要职能。对进口和出口数据做简要分析有助我们把握这些交易的规模。例如，1930 年，有 9 517 吨棉纱购自主要是青岛港的港口，同时从潍县销往全中国的土布则为 5 642 吨（实业部国际贸易局 1934b：107，110），目的地包括 18 个省份和远至满洲的 74 座城镇（刘东侯 1968：1）。潍县织区的两座重要车站，潍县和南流每年进口的棉纱超过 10 000 吨，总价值高达 10 000 000 元。（胶济铁路管理局车务处 1934：17a）

　　除了富裕的棉纱和棉布商号之间的批发交易之外，棉纱和棉布的交易通常也有定期集市。潍县县城附近的市场每五日一集，也就是在阴历每月的二、七、十二、十七、二十二和二十七日。销售者沿街搭起露天摊棚，在集市召开的前一天将货物运往市镇（实业部国际贸易局1934b：121）。据称这种类型的市集影响范围达到方圆100里（31英里）（滨正雄1935：86；天野元之助1940：690）。至于城郊的交易，织区内的市镇有间隙性集市。例如，眉村举行的集市，其交易日为阴历每月的一、六、十一、十六、二十一和二十六日，寒亭集市的交易日则为五、十、十五和三十。眉村的集市吸引了方圆50里左右的人，而寒亭的集市则吸引了方圆约30里的人。（滨正雄1935：85；天野元之助1940：690）潍县织区的其他区域，例如邻县昌邑的饮马、石埠和流河，也有着他们自己特定的交易日和商圈。（参见表5.1）

表5.1　潍县土布区的主要市镇

市镇	阴历每月的集日	影响范围（方圆里）
潍县县城附近地区	二和七（也就是二、七、十二、十七、二十二和二十七日）	100
眉村	一和六	50
寒亭	五和十	30
饮马	四和九	50
石埠	五和十	50
流河	五和十	50
昌邑县附近地区	二和七	50

资料来源：滨正雄（1935：85）；天野元之助（1940：690）；参看郭秀峰（1935：4275）。

106　　本地的棉纱和棉布商号坐落于这些市镇当中。例如，在饮马有20家棉纱和12家棉布商号，同时在石埠则有六七家棉纱和20家棉布商号。尽管在眉村没有纱庄或布庄，但来自潍县的城市商人会在交易日派出代表在城镇中进行商业活动。（滨正雄1935：86；天野元之助 1940：690）农村地区的交易主要使用现金。（滨正雄 1935：86）城市的商业活动在买家和卖家之间直接进行，或者通过中间人。一位掮客从卖家那里获得佣金已经成为一种惯例，通常是本地钱庄的期票，可以在同一天兑换为现金。对于某些熟客有时可以采用赊购的方式，他们通常在一个月左右的时间内交付购物款。（实业部国际贸易局 1934b：113；南满洲铁道株式会社北支经济调查所 1942：118－131）一项 1931 年的田野调查估计，旺季一个交易日的交易总额超过 700 000 元。（《调查潍县、昌乐、益都、临淄、周村织机数目及经济状况报告》1931：1）

图 5.2、图 5.3 通过棉纱和棉布的分销渠道勾勒出了潍县棉纺织手工业的市场结构。

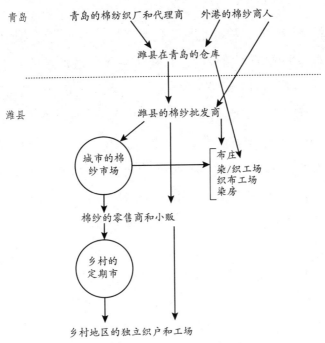

图 5.2　潍县棉纱的销售渠道（1926 — 1933）

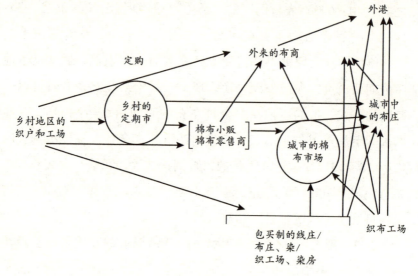

图5.3　潍县土布的流通渠道（1926—1933）

　　如棉纱销售图所示，棉纱批发商代表了棉织业的主要棉纱供应商。他们从青岛购买了大部分的原材料，主要是通过潍帮的货栈，后者在受托的情况下也向富裕的棉布商号（又称布庄）和染织工场直接提供货物（见图5.2）。潍县城大约50家大大小小的棉纱商号（又称线庄）中，有24家棉纱批发商以拥有雄厚的资本而著称，他们的资本总和大约为426 400元，或者平均每家17 800元。（滨正雄1935：86；天野元之助1940：690；南满洲铁道株式会社北支经济调查所1942：118-131）他们不仅为当地的棉纱市场服务，而且也直接与棉布商号、染织工场以及织布工场、染房、棉纱小贩和零售商打交道。尽管本地市场中的交易是用现金进行的，但从青岛的大宗购买以及线庄之间的批发交易通常使用期票。（滨正雄1935：87，注释）

　　交易通常在一个城区的商业中心进行，尤其是位于县城东侧的东关和位于县城南侧的南关。东关是有名的棉纱分销中心，最为重要的棉纱贸易是在东关街和下河街进行的。（山上金男 1935：95；《山东潍县之经济近况》1926：10；甲斐重良 1935：33；胶济铁路管理局车务处 1934：17a）南关的商业交易量每月接近 3 000 包。[108]（钱承绪 1934：3061）如上文所提及，集市交易在城市附近进行。旺季时，潍县的城市市场每个交易日可以吸收多达 14 车（1 车相当于 75 包）的棉纱。（滨正雄 1935：87，注释 1）每年的购买量总计大约为 180 000 担。（山上金男 1935：95）甚至那些偏远村庄的独立织工也前往城市购买棉纱。

城市的棉纱零售商同样也将他们的销售人员派往眉村等没有本地线庄的市镇，目的是在农村的交易日销售织布原材料。潍县的纱商则为织区内的寒亭、昌邑、昌乐和寿光提供服务。至于饮马和石埠，那里有本地的线庄，它们大宗购买棉纱，由此可以在定期交易日向附近村庄的独立织工零售。（滨正雄 1935：86，注释）棉纱商贩在街道上或者挨门挨户地销售织布原料，以及作为城市市场与农村市场之间的中介，也就是从城市购货，然后销往农村。因而定期的农村棉纱市场上，棉纱零售者和商贩可说是销售者，而农民织工则是购买者。

按照一些估计，饮马每一交易日销售的棉纱总数在淡季是 1—2 车，旺季则是 2—3 车。石埠和流河淡季的销售总和为 3 车，旺季则为 5 车。至于眉村，在冬季为 2—3 车，春秋则为 5 车。在这些定期市集中，现金是主要的交易媒介。（滨正雄 1935：86）

土布的流通网络与棉纱的销售结构存在着系统性的相似，土布的分销组织中有两个市场：城市的棉布市场和农村的定期市集。（参见图 5.3）在农村市集中，独立的织工是主要的销售者，而布商，包括零售商和商贩则是主要的购买者。一些市镇同样也有小型的布庄。例如，饮马和石埠的本地布庄数量分别达到了 12 家和 20 家。然而，眉村则缺少这类商号。通常，饮马和石埠生产的纺织品通过本地商人运送到潍县，但是眉村的棉布则不得不由来自潍县的棉布商号派出的代理者在交易日进行收购。眉村的定期市中主要使用现金。（滨正雄 1935：86，注释）眉村市场对潍县的棉布交易至关重要。这一市场的交易量是潍县总产量的 1/4。（"Economic Conditions in Eastern Shantung" 1926：538）在 1937 年之前潍县手工纺织业的繁荣时期，眉村每个交易日的交易量超过 200 000 匹（张明育 1947：23），成交额为 60 000—70 000 元。（《工商半月刊》1933：2510 – 2511）

潍县城市区域的棉布市场容纳了主要的买家，这些买家包括购买商品用于出口或者销售给来自外县的棉布商人的布庄。潍县大约有 257 家布庄，资本额从 2 000—20 000 元不等，1934 年的总数超过 3 012 700 元。（《工商半月刊》1934：99；常之英和刘祖干 1941：卷 24，1 – 2；南满洲铁道株式会社北支经济调查所 1942：118，133 – 134）尽管这些布庄大多数集中在东关，但在坊子、䃋涯和其他城镇也有少量店铺。棉布交易或在购买者和销售者间直接进行，或者通过掮客。

出售者支付佣金，通常是可以在同一天兑换成现金的票号的票据。熟客以赊购的方式购买，一般在一个月内支付。（《工商半月刊》1934：99；常之英和刘祖干 1941：卷 24，3）

包买制

一些棉布的批发商也直接向线庄、布庄、染色纺织工场和织布工场购买织品销售到外地的市场。"包买"棉纱、棉布的商号、染色作坊和一些染房向他们外包的织工提供棉纱。然后收购的织品在本地市场上销售，或售卖给来自其他城市的棉布商人，或用于出口。潍县城市市场中有棉布销售者，还有布贩子和零售商以及手工作坊。

"包买制"有着各种名称，如"商人雇主制"、"预付制"、"定单制"和"合同制"，不过这一制度直至大约 20 世纪 20 年代机纺棉纱在织布中心被采用之后才开始流行起来。此后，手工业中的商业资本开始增加，同时商人成为机纺棉纱的提供者和手织布的购买者，并且与小农家庭建立了关系。通常认为，那些贫穷的难以购买机纱的农民不得不接受与商人雇主的合同关系，同时经济条件稍好的农村家庭则倾向于自己购买纱线并出售棉布。这些人当中，甚至有人建立了自己的作坊并使用家庭劳动力以及雇佣学徒来生产棉布。不过更为普遍的是，农民生产者有时是独立的织工，有时则成为他们的商人雇主的织工，这主要依赖于市场条件。因而，在棉布价格上涨时，织户倾向于为更多回报的"自织自售"，当棉纱变得便宜的时候，他们自己购买原材料。

相反的，当棉布市场萧条的时候，织工自然选择"定单制"，以 110 获得固定收益。当棉线价格高涨的时候，一些织工发现难以承担原材料的成本，因此不得不依赖于包买商的供应。"自织自售"和"定单制"在潍县同时存在，家庭则成为协调与生产的单位。

在包买制之下，潍县的棉布和棉线商号以及染织商号购买棉纱然后分销给农村的织工，并换取符合规定标准的纺织品。包买商完成棉布的制作或者授权其他工场来完成这一工作。完成的产品被推向市场，通常标有包买商的商标。通过这种方式，一位织工可以从包买商那里以赊购的方式获得棉纱，并且以 5—10 天为单位支付 1.2% 的利息，他/她或以实物的形式支付。另一种方法就是从包买商那里获得用于织成指定配额棉布的棉纱，并在交付成品的时候获得一定数量的现金。

通常而言，潍县的包买商采用以下的制度：（参见王子健 1936：131；韩松亭 1933：789）

（1）商人按当时的市场价格提供机织棉纱，织工同意以 5—10 天为期支付 1.2% 的高额利息。这种借贷通常需要一位担保人，同时织工必须尽快销售棉布以偿还债务。

（2）线庄、布庄和染织工场提前向织户提供机纺棉纱，他们获得最后的成品作为回报。原材料和成品的价格通常按照当前市场价格予以确定。如果在收购棉布的时候，一包棉纱的价格涨跌超过 5 元，那么双方将分担这部分价格的差异。

（3）织工从他们的包买商那里获得每件产品的工资，主要视乎款式、大小、重量、棉纱支数和经纱、纬线的数量等。如果产品没有达到要求，那么包买商就退回产品，减少支付的报酬，或者甚至取消合同，这主要视产品质量不达标的程度而定。

第（1）种包买制中赊购棉纱的利息是 1.2%，这是高于其他地区的利息。（后藤文治 1943a：123）第（2）种方法类似于一种销售制度，因为原材料和最终产品的价格按照市场情况事先确定。然而，第（3）种方法是一种工资制度，通过这种方式，织布者雇佣外发的手工织户，后者按照件数赚取工资，为城镇中的包买商生产。平均工资是每匹布料 0.6—0.8 元，这根据织品而有所变动，例如最低级的是每匹 0.3 元。（天野元之助 1940：690）

无论包买商的身份是什么——布庄或线庄、染织工场，或棉纱染房——产品都主要是在农村织户家中使用家庭劳动力生产的。包买商，以及纱商和棉商依赖农村的织户。然而，吊诡的是后者与独立织工之间有着严格的购买和销售安排，而前者则通过他们与原材料和产品终端市场的接触，作为他们的织工的商人雇主而运作。

潍县的合同织工同样也为其他省份多家资本优厚的布商提供

棉布。这些商人有时派遣代理直接从潍县的生产者手中购货，生产者则按照代理的订单进行生产。依这种方式生产的布料有着标准的质量，并且以销售者的商标进行销售。（"Economic Conditions in Eastern Shantung" 1926：538－539）来自外地的商人也可以在潍县通过位于东关的两大棉布经销商购买他们的布料，后者主要的业务是代表来自其他城市的客户从织工那里购买织品。

潍县市场经济的制度和激励机制

包买制执行着营销、质量控制、棉纱分销的功能，有时也有着金融方面的职能。所有这些职能在乡村经济中都不可能存在。包买商以各种方式协助将棉产品的最终成品向本地市场之外推销。他们还向农村的织工分销来自遥远大城市的纺织厂生产的棉纱。应对消费者的需求，包买商担任着质量控制员的角色，并且使产品标准化以满足批发市场的需要。这一制度中所采用的正式范则促使市场经济更为有效。包买制的另外一个至关重要的功能是关于财务方面的。通过外发信贷，包买商为既难以承担大量购买棉纱费用也无法在预期价格上涨时储存他们纺织品的织工提供营运资本。

对于贫困的织工而言，他们倾向于规避风险，因此"定单制"和赚到固定的工资似乎比"自织自售"更具有吸引力。第一种制度与第二种制度相比有着更低的风险，在第二种制度中他们可能难以在困难时期生存。总而言之，尽管包买制并没有改变之前存在的生产模式，但它通过组织生产和通过一个分散的、有多种多样合约安排的网络来帮助促进手工棉织品的发展。

农村的织工已经与他们的包买商建立了一种合同关系，而失去 112 他们的独立性。结果他们不得不依赖于包买制商号来供应棉纱、销售布料以及获得市场信息。换言之，织工脱离了原材料的生产和最终的产品市场，并且依附于商人企业家。由于存在大量织工，为包买商号工作便成为一种激烈的竞争。因而，织工在与包买商协商时议价的权力非常弱。然而，在他们之间，合同式的信任意味着织工依赖商人，而后者同样依赖织工生产织品。这种相互的依赖，意味着两者之间有客户和雇主的互惠关系，因而具体体现了杨联陞（1987）对"包"、"保"和"报"涵义的阐释，当中归纳了中国传统文化中三种重要的人际关系。这里，这三个涵义可以扩充表示基于信任的合同、庇护以及互惠关系的内容。中国的商业制度在潍县土布业中的功能是给予织户极大的激励来处理数量众多的合同关系，这些合同关系造就了一个高度竞争性的棉纱和土布市场。

包买商主要操作商业投资，并不涉及生产过程。实际上，他们从外部协调生产，而小生产者依然拥有他们自己的生产工具。这种"合同制"制度并没有改变家庭生产，也没有带来任何技术或者性质上的突破。这一制度受到缺乏效率、没有规律的工作进度、运输时的浪费和次品等因素的困扰。（Braverman 1974：63）在中国，手工棉织业的包买制是与工场生产结合起来的。潍县的很多纺织布工场也是包买商号。

那些活跃于流通领域的商人从市场中获益，但并没有将他们的经营转型为近代类型的制造业。因为棉布贸易存在风险。棉布和棉纱商人，尤其是其中的强有力者，通常将他们资金的一部分投资到其他领域。例如，很多线庄的投资者也有其他投资，如谷物或者其他本地产品。绝大多数棉纱批发商将传统的钱庄作为他们的副业。（公英 1934：37；1935：87）很多商人通过钱庄或者皮革贸易来积累资本，在从事棉纱贸易的同时依然以其他业务作为他们的副业。（后藤文治 1943a：99）

除了供应棉纱之外，传统的钱庄对于从事批发的线庄而言还起了其他至关重要的作用。这些商号拥有大量的资金（1934年的总额大约为426 000元，或者更多；参见南满洲铁道株式会社北支经济调查所1942：131），超越了其他传统的信贷来源，成为潍县棉布商人的主要贷款者。批发商——融资者按土布业务的需要，发挥他们的银行业功能，从当地的棉布和棉纱代理者那里吸收资金并推进他们的借贷业务。他们还兑换来自外地的汇票，并且向购买者发行他们自己的汇票，后者从其他地区到此进行收购，这种服务也扩展到流动商贩。这些钱庄也是其他地区的代理人，同时也为潍县货币市场的扩张作出了贡献。（严晦明1937：70－72；滨正雄1935：87；郭秀峰1935：4275；实业部国际贸易局1934b：112－113：116；堀内清雄和富永一雄1942：55；南满洲铁道株式会社北支经济调查所1942：131－134，281，283，286；后藤文治1943a：124）

杰出的棉纱批发商依靠他们雄厚的资金以及对棉纱的控制，使得他们的权力凌驾于其他布商，甚至成为织区整体棉布生产业的支配者。20世纪30年代初之前，这些棉纱批发商强有力的地位在潍县的商业圈中一直没有受到挑战。到30年代，日本的棉纱销售代理开始成为这一地区主要的棉纱供应者。从1931年开始，批发棉纱行业主要被一家日本纺织企业——瑞祥的代理人所控制。日本人取代了中国商人的功能，将机纺棉纱与手工棉布生产联系了起来。瑞祥直接从位于青岛的日本纱厂那里获得棉纱，然后分销给潍县的织户。由于这一日本销售机构试图绕过所有的中间环节，甚至逃避中国的税收，故能向织工提供价格更为低廉的棉纱。（商业部国际贸易局1934b：102，115，118；严晦明1937：92）结果之一就是本地的棉纱批发商不得不限制其批发活动，并将钱庄变成他们主要的事业。（严晦明1937；钱承绪1934）日本人对于棉纱市场的冲击显然体现了政治对市场的干涉，并且给日本企业的商业利益创造了更好的条件。

20世纪40年代早期，一项由日本人进行的调查指出，线庄是中国商业资本内在结构局限性的例证。这一调查指出，就整体而言，个人拥有的和借入的资本的构成显示出，它们"是放高利贷和进行投机的企业"（南满洲铁道株式会社北支经济调查所1942：338－340；后藤文治1943b：42－43）。为了作出更为详细的说明，日本人的调查指出，如果将被调查的线庄总资本分为两部分的话，那么其中一部分为私人资本，另一部分则为借入资本，两部分各自所占的百分比是：第一部分为29.1%，第二部分为70.9%。（南满洲铁道株式会社北支经济调查所1942：334－336；后藤文治1943b：39）

₁₁₄ 借入资本的构成为金融贷款（例如，来自近代银行、传统钱庄、当铺、单独放债者等）、商业信贷（包括来自从事同一贸易的其他商号借贷；从销售者那里的赊购；购买者的预付款；其他拥有人、分支结构、合作商号的支持；未付股息等），以及消费者、合伙人和其他商号的存款。（南满洲铁道株式会社北支经济调查所1942：340－343；后藤文治1943b：43－44）在借贷资本的三个主要来源中，存款所占的比例最高，约为总数的54.3%。来自客户的存款，例如其他线庄、棉纱和棉布商贩，以及富裕农民、地主、官员以及有钱有闲者的存款构成了这一资金的主要部分。然而，存款并非来自社会普通成员。如果要在某一商号存款，或需要有投资者的朋友或亲属的身份，或需要通过一位担保人进行申请。

在这里，个人的信用关系标志着这一金融系统的特点。（南满洲铁道株式会社北支经济调查所1942：342－343）棉纱商号总资本中借贷资本占大部分的现象，说明企业建立在信用的基础之上，但是利润中很大的一部分得用于支付不同投资者的利息。至于利润，

其中的绝大部分在股东中进行分配：其中 70% 归所有者，30% 归管理者。再投资通常不足以支撑持续的发展。（南满洲铁道株式会社北支经济调查所 1942：377－379；后藤文治 1943b：78－79）因而，企业不仅仅为借贷资本支付了大量利息，而且自身资本的增加也非常有限。

关于总资本的构成，日本人的调查显示，中国棉纱商号的运作就流通资本而言，有着非常低比例的固定资本。平均而言，流通资本占总资本的 94%，固定资本只占 6%。（南满洲铁道株式会社北支经济调查所 1942：345－346；后藤文治 1943b：47－48）为免承担较大固定资本的负担，线庄的资金流动非常迅速，报告认为大约每年循环 5 次。（南满洲铁道株式会社北支经济调查所 1943：65）如果较小的固定资本暗示着棉纱商人的较高灵活性，那么灵活性也意味着企业的不稳定。大多数商号保持最低限度的设备投资，因此当棉纱市场紧缩的时候，他们可以很轻易地转到其他业务。

在这些条件下，只有少量棉纱商号有着长期规划或者持续的策略。棉纱交易长期以来都是一项冒险的事业，而且对市场条件高度敏感，尤其是当纱商不得不依赖于日本纱厂供应的时候。为了避免在某些危机时全面倒闭，绝大多数棉纱交易者也从事各种副业，例如棉布、谷物和纸张贸易。日本人对中国棉纱业的评估说明这个行业一方面是脆弱和存在限制的，另一方面也是中国商人对不稳定的市场环境所作出的规避风险的合理反应。

简言之，传统的信贷制度、金融规则，以及个人的和非正式的交易关系一直在发挥作用。这些已建立的机制与作为新土布商业特点的合约制等正在出现的组织并存。中国的棉纱批发商，依赖于日本纱厂机器生产的纱线，满足于他们在金融和市场系统中所扮演的角色，也就是作为信贷的组织者和原材料的供应者。但是棉纱的零售商、棉布商号以及染织工场也依赖批发公司的信贷和棉纱供应。他们与农村的织户建立合同关系，其作用是首先将棉纱提供给织工，控制产品的质量，以及扩展棉布市场。然而，他们无意在包买制之外有所开创，因此对原来存在的生产模式改变很小。由于包买制设于资本丰厚的日本纱厂和具成本效益的农民家庭生产单位之间，似乎已是商业资本家所能达至的最高营业形式。这已经是一种创新性的成就了。在日本，包买制在棉纺织工业中也扮演着重要角色[1]，在某种意义上，它是诺斯（1995，2005）所说的一种新制度，在20世纪初的关键时期，它为中国社会装备了一种激励结构，以适应不断变化的经济环境。在潍县的例子中，这一制度似乎已经使得中国商业资本谋利的灵活，在传统生产模式下达到最优化的地步。

在生产领域，分散的小生产者经济占据了主导。织户生产了市场上销售的棉布中的大部分。这些直接生产者中的绝大部分依然是以部分时间从事农业生产的织工，他们分散在农村地区，只有很少的资金，也只有很少的时间从事棉布的生产。他们难以付出购买大量棉纱所需的资金。使问题复杂化的是，除非以某种方式经由商人，他们不能在本地市场之外销售他们的纺织品。他们缺乏资金，难以在萧条时期囤积他们的产品以在其后待价而沽。为了试图解决家庭生产制下的买卖问题，商人扮演了重要的角色，不仅仅在分销新的原材料方面，也在购买成品方面。（Chao 1975：190-191）生产和销售系统尤其是手工业的包买机制，非常清晰具体地表明了商业资本与小农经济之间的相互依赖关系。

手织布生产的扩展增加了财富，促进了批发、运输、金融和包

---

〔1〕 我要感谢龚启圣和城山智子关于这方面的研究。参见，如阿部武司（1989）、西川俊作和阿部武司（1990：193-198）。

买业的发展。土布生产助长地方商业、市场规模、金融汇兑、包买制和商业资本的活动。新的商业活动也为小农织工提供了收入，通常是现金，因而帮助他们生存下来。这并不是一项小成就。[1] 实际上，中国和外国商业资本与潍县小农经济之间的共生关系，构成了一种复杂的、具有极强适应力的生产性。

结论

潍县在20世纪20年代和30年代早期经历了一次大规模的经济转型。但是在1936年之后，战争阻碍了进一步创新的发生。在潍县土布业崛起的过程中，当地企业家没有技术和组织能力来整合工业和大幅降低生产要素成本。（叶汉明2002）反之，他们在高度竞争的、只有部分整合的市场中表现为竞争对手。绝大多数机智的竞争者投资于金融市场，对于其他市场投资的程度不高。没有商人资本家能整合手工棉布生产的所有阶段，但是当中很多整合了某些加工阶段，显示通过要素生产力和适度规模经济可以轻微降低单位产品的变换成本。

20世纪商业化在潍县的产生，是因为商业和制造业在一种低成本的劳动力市场中共存。这种安排使适度规模经济和改善要素生产力成为可能。然而，这一生产系统，随着时间的流逝没有发生大的变化。在手工织布业引入潍县的数十年中，农民织工依然居家从事这一行业。

但是在那些商人通过包买制的方式整合和协调了更多的投入交易，以生产土布并修理和替换手工织机的地方，他们可以降低销售

---

[1] 参见彭南生（2002：218－248；也可以参见2007：第六章）重新进行的评估。

单位产品的交易和转换成本。其结果是，潍县的商人生产出高质量，
117 并且销售价格可以被整个中国，甚至海外接受的手织棉布。因而潍
县的棉纺织业一度繁荣发展，成为生产和销售土布的中心，其质量
和价格可以与中国近代纺织制造业部门的棉布相竞争。

第六章 20世纪30年代扬子江下游地区中国农民的理性与农业经济

龚启圣　李耀辉　白南生

当代中国经济史中一个非常著名的有争议论题，即在 1949 年之前的至少两个世纪中，为什么中国没有发生质的突破，或者"变革性的发展"（Huang 1985，1990；Pomeranz 2000；Wong 1997）。

对此进行解释的一个理论就是：中国之所以缺乏快速经济增长的能力，是因为在正式的劳动力市场中对女性不合理的社会约束。（Huang 1990）社会制度不仅确保了男性的高工资，并且阻挠了资本主义"经营性农场"[1]的形成，而且对于妇女而言，较低的机会成本以及她们为生存进行的斗争结合起来将她们推入到了经济作物的家庭生产中，在北方种植棉花，南方则是养蚕业——棉花和丝绸都是世界经济所需求的。

---

〔1〕 按照黄宗智（1985）的观点，"经营性农场"类似于资本主义的生产关系，这种生产关系中的所有者雇佣支付工资的劳动力并且付给他们边际产品。这使得他们可以避免所谓的边际报酬的急剧下降，而这是很多小农农场——劳动力主要依赖于他们的家庭成员——经常会面临的问题，在某种程度上将他们"额外"的劳动力应用到他们小块的土地上。

虽然增加收入的活动可能提高了家庭的整体收入，但这些活动所必需的更高强度劳动则带来妇女劳动边际效益的递减。总产品的增长仅仅能跟上人口增长的脚步，历史学家将这一过程描述为"没有发展的增长"或"内卷化"（Huang 1990），而这有悖于市场的理性。

另一学派，即所谓的"现代化政策"的观点，认为农村的机制和社会经济等级关系并非经济发展的障碍。他们以台湾和辽东半岛在20世纪前中期的发展经验为证据，提出在传统农业转型中有效的政府政策的重要性。（Myers and Ching 1964；Myers and Ulie 1972）应用新的技术以增加产量，以及专注为市场而生产，可以提高土地和劳动力的生产力并增加收入，当然前提是需要满足两个政策条件。第一，在完成土地测量后，伴随税收改革，对土地所有权进行分类，并且提供土地财产权的额外保障，将会便利土地市场的交易。第二，国家提出有效的一揽子政策，其中包括农业方面的研究和发展——尤其是种子、化肥方面的改进——并且建立农业试验基地来传播新的耕作技术，以及如日本的明治政府一样，促进一场"绿色革命"[1]。这些公共品是中国农业现代化的关键。中国没有能成功地从小农家庭经济转型，应当归因于民国政府未能成功地采用那些日本殖民统治时期在台湾和辽东半岛采用的适当政策。

然后是第三个观点——品质上是"亚当·斯密式"的观点——即"商业化"的途径，这一观点认为"商业化"或者专业化和交换所带来的收入的规模增长和市场发展是农业现代化的核心。按照这种观点，农业转型对于农业生产力等提高的依赖性并不强，而是通

---

〔1〕"绿色革命"是一个简称，指的是20世纪60年代主要粮食作物（稻米和小麦）生产的大规模增长，其原因是高产作物品种的种子和化学肥料以及相关的灌溉和机械化的发展。（Farmer 1986；Wade 1974）

过市场、专业化和交换的发展以增加农业收入（其中包括经济作物的收入），这直接伴随着非农业收入的获得，间接导致回报的增加，由此使得主要经济决策单位更为专业化以应对商业化的不断发展。按照马若孟（1970）的观点，20世纪早期，中国高度竞争的生产要素和产品市场见证了在日本入侵之前中国农村家庭收入的温和增长，这可以被解释为专业化增长的结果，虽然远远未能形成经济上的突破。

简言之，关于20世纪初中国的农业经济有三种研究途径：内卷化和不发展的理论，制度和政策理论，以及商业化理论。前两者是相互竞争的理论，因为它们讨论的都是阻碍突破的原因；而最后一个理论则是探索没有形成突破的发展过程，以显示这并非是因为缺乏理性的市场或选择者，而是因为缺乏制度和政策。¹²⁰

尽管内卷化理论已经形成了关于中国经济发展的大量研究成果，并且计算每个家庭成员经济活动的劳动边际效益以直接检验这一假设势在必行，但由于缺乏可信的数据，这方面的成果并不是很多。而且，之前提到的另外两种研究途径也激发了对农业家庭经济行为的兴趣。制度和政策理论需要论证农业家庭是否以一种持续不断的基于经济理性的模式分配他们的土地和劳动力（Dittrich and Myers 1971）[1]，而商业化的研究途径则试图将20世纪30年代末期之前的要素和产品市场的活动和竞争行为作为一种间接的证据，以证明由于农业家庭对于他们的额外劳动力有着其他使用方式，因此黄宗智所提到的"非理性"的行为可能是不存在的。（Brandt 1987；Myers 1970）

---

　〔1〕　使用了一项对满洲地区五座村庄进行的田野调查，迪特里奇和马若孟（Dittrich and Myers 1971）将实际家庭收入与这些家庭通过一种最大化的方式所能获得的收入进行了比较，但是他们没有发现两者之间存在任何重要差别。这使得他们得出这样的结论，即农业家庭已经非常有效地分配了他们的资源。

本研究第一次系统使用 20 世纪 20 年代晚期在扬子江下游进行的田野调查。根据这套数据，使用一种与迪特里奇和马若孟（Dittrich and Myers 1971）所采用的大致相似的方法，我们可以解决一些类似于第三种研究视角所展示的重要相关问题。首先，我们将勾勒出农业家庭运作的经济背景以理解这些家庭实际面临的雇佣和收入机会。其次，我们将探讨两个问题：是否经济的变化——无论是通过市场的交换，还是家庭内部的组织（例如养蚕业中的女性劳动力）——使得农业家庭按照比较优势来分配土地、劳动力和资本（包括人力资本）？以及与资源分配有关的家庭决策对收入和基本消费的福利效应是什么？

尽管我们的经验性结论并不应当作为一种对内卷化理论的彻底反驳（我们并未进行正式的检验），但与迪特里奇和马若孟（Dittrich and Myers，1971）的分析相一致，我们的研究结果说明中国商业化地区的农业家庭正在通过一种符合经济理性的方式增加他们的福利。特别是随着专业化和交换在这一经济区域的发展，要素和产品市场的竞争日益激烈，以家庭农庄为主的经济组织也通过重新分配家庭资源来适应"变化的相对价格"。我们甚至可以将这些被调查家庭的人均收入的急剧增长——从 1929—1936 年几乎增长了 50%（随后从 1948 年内战末期的顶峰状态下降了 10%）——归因于广泛的经济理性以及我们在这一区域中看到的市场的发展（Kung，Lee，and Bai 2005）。尽管我们用来分析的调查数据仅仅局限于一个县或一个区域（而且这一区域即使有经营性农庄，数量也很少——它们是农村劳动力的主要雇佣者），但那里明确较高的经济发展暗示着农业家庭"内卷化"的机会是较低的——至少与中国北方相比较而言。从这一角度，无锡提供了一个验证内卷化理论的绝佳例子。

市场发展和理性经济行为不仅影响了人均收入，也意味着公平。尽管土地，以及其他可能的财产所有权的分配在这一高速商业化的地区是非常不平等的，但是与土地所有权相比，耕作土地量[1]中不平等的情况较低。这意味着，由于土地租赁市场的积极活动，土地内在分配的不平等被缓和。而且，随着多元化的收入来源，除了那些来源于土地的收入之外，总收入的不平等将极大低于土地收入方面的不平等。

　　尽管我们描绘了一幅20世纪早期中国江南经济积极、正面的图景，但是我们应该注意到，微观经济层面上的理性经济行为并不足以使得传统农业现代化，这一点非常重要。由于技术和组织方面的革新使得"公共品"成为必需，他们只能由政府行为来提供——这是基于现代化的发展路径所展现的一种深刻见解。为什么中国的民国政府未能成功地带来这种革新，是一个非常重要的研究主题，但是这超出了本文的研究范畴。

　　在下一节中，我们将对所分析的数据进行简要的描述。然后是对土地租赁和典当市场的一个描述性分析。劳动力市场，其中不仅仅包括农业劳动力市场，而且更为重要的是包括非农业劳动力市场，即外出务工劳动力市场和养蚕业的家庭生产，是后一个章节的主题。接着，我们分析影响农业家庭在调查所列的各种经济行为中分配家庭资源的因素。最后，我们将审视经济参与对于收入和基本日常消费的影响，简言之，对经济福利的影响，最后是简短的归纳和总结。

---

　　[1] "耕作土地量"（operated holdings）指的是一个家庭耕作的田地总数，这一数字可能要比其所拥有的土地总数要多，因为家庭可能租佃了用于耕种的更多的土地；或者如果一个家庭将土地出租给其他家庭耕种以换取租金收入的话，那么这一数字要小于他实际拥有的土地。

数据

　　我们的数据基于对无锡县 9 个具有代表性的村庄进行的田野调查（关于经济发展和生活标准两方面的）。（图 6.1）[1]这项调查最初是由中央研究院社会科学研究所（Academia Sinica's Social Science Research Institute, SSRI）在 1929 年主导进行的。这次调查与众不同的一个特点，就是这些村庄中所有的 1 207 个家庭都被进行了调查。第二次调查进行于 1958 年，调查者回到之前被调查过的 11 座村庄，使用了基本相同的调查问卷，并且要求受访者对相同的问题按照 1936 年和 1948 年的情况进行回答。他们再次调查了整个村庄，并且罗列了大约 800 个家庭的信息。两部分调查结合起来涵盖了三个时间点：1929 年、1936 年和 1948 年。尽管也有其他研究者使用这些材料，但是他们没有进行与我们相似的数据分析[2]。（Bell 1999；张忠民 2002）

　　使用这一调查材料有三点非常突出的优势。首先，我们可以通过合并各个年份的信息构建一个面板数据，从而追溯一座村庄在 20 年中经济结构以及农民福利的变化。其次，该调查对象是中国最先进地区——扬子江下游——的一座繁荣的县，这对于检验当时商业化对农民经济行为的影响是非常有用的。再次，尽管 SSRI 的调查并没有涵盖一个广泛或者分散的地理单元，也没有纳入像卜凯（John Lossing Buck）和他南京大学的中国同事所进行调查的那样的

　　[1]　无锡调查实际覆盖了 11 个村，但我们的数据仅仅包含其中 9 个村。
　　[2]　例如，Bell（1999）从 1929 年进行调查的 11 个村庄中每个村庄随机挑选了 10 户家庭进行分析，张忠民（2002）则仅仅使用了其中 4 项数据。

大规模样本[1]，但是其中不存在不均衡采样[2]或漏查小农场的情况[3]。

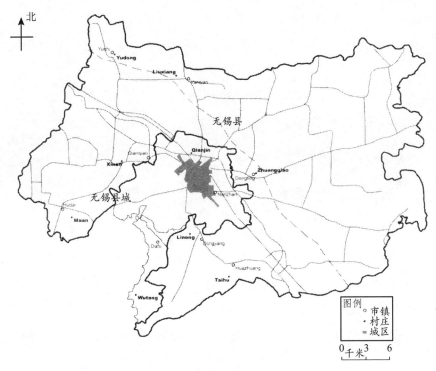

图 6.1　SSRI 所调查的无锡农村

123

---

　　〔1〕　卜凯在 1922—1924 年的第一次调查中涉及中国 7 个省份中的 2 899 个农村家庭，其结果在 *Chinese Farm Economy*（1930）中进行了总结。他的第二次调查是在 1929—1933 年，涵盖了 22 个省份的 16 786 个家庭，出版于 1937 年。

　　〔2〕　例如，在卜凯最初调查的 9 个村庄中，其中一个村庄中只调查了 2 户家庭，而另一个极端情况则是在另外一个村庄中则调查了 102 户家庭。在他的第二次调查中，101 个村庄中有 21 个村庄只调查了 1 户家庭。然而另外两个村庄则分别调查了 100 户家庭。SSRI 的数据中不存在样本问题，因为调查涵盖了所选择的村庄的全部家庭。

　　〔3〕　这可以解释为什么在卜凯 20 世纪 30 年代的调查中平均每户农庄的耕地面积是 7.4 亩，这是 20 世纪 30 年代民国政府对 1.8 万户家庭调查后得出的数字（略为超过 3 亩）的 1 倍多（参见 Huang 1990）。就黄宗智的研究而言，统计漏查的问题更为严重，因为小规模的小农场才有着内卷化的行为。

SSRI 调查问卷所设计的条目分类如下：人口统计数据（年龄、性别、家庭规模）、社会经济数据（教育程度、职业、信用情况）、资源（土地、劳动力、农业和非农业基础设施）、生产要素市场的交易（土地租赁和劳动力）、生产（播种面积和作物结构）、产量、收入和消费。我们分析在被调查的村庄中进行了描述的生产要素市场。

无锡的土地市场

规模分布和土地租赁

讨论土地租赁市场必须要在了解江南地区可耕地数量及其分布的基础上进行。历史学家已经注意到，20 世纪初期，这一区域的平均农场规模极小——大约人均 1 亩。（曹兴穗 1996；Huang 1990）而且，农庄分布不均。这些"公认的事实"在 SSRI 的调查中得到了确认，调查发现这一高度商业化地区的人均可耕地面积在 1929 年和 1937 年都只有 1.2 亩。具体而言，不论是 1929 年还是 1936 年，至少 60% 的家庭人均耕地面积要少于 1 亩，而家庭人均土地占有量为 1—2 亩的只有 19%。为了更好地理解土地所有权集中的问题，我们计算了土地分配的基尼系数。1929 年和 1936 年都是 0.6，数字如此之高足以再次确认传统观点的正确性，即土地所有权的分配是极为不平等的。

农场规模之小和土地分配的不平等意味着大约一半的耕地——按照国民政府的一项调查是 42%，按照日本研究者的观点则是 66%——被租赁。（曹兴穗 1996；Huang 1990）SSRI 调查的结果大致介于两者之间，但更靠近前者的调查结果，1929 年无锡家庭耕种土地中超过一半，即 62.6% 是用于租赁的（表 6.1）。至于涉及土地租赁交易的家庭数量，令人惊讶的是，1929 年参与租赁市场的家庭中有 78.6% 是买家，而土地所有者，即提供者仅仅只有 11% ~ 13% 。市场两方数量上巨大的差异——无论是按照租赁的土地数量，还是按照参与的家庭数量来衡量——都与一个较早的观点相一致，即很多地主都是外居的。在随后的几十年中，尽管土地租赁交易有轻微的下降，但相当比例的家庭仍不断通过租赁市场来调整他们的耕作土地量——1936 年是 77.7%，1948 年是 70.1% 。

尽管有人将无锡这一高度活跃的土地租赁市场认为是那些拥有多余土地的家庭剥削缺乏土地的家庭的标志，但这也意味着有额外劳动力的家庭可以通过租赁土地来避免自己土地的过度耕作。基于"经营性的"土地资本——其中包括租赁的土地——计算得出的基尼系数仅仅只有 0.4，这远远低于根据所有权计算出来的系数（0.6）。这意味着，土地租赁市场是对于耕作土地所有权不平等的一种调节因素，同时也暗示着生产要素资源——尤其是土地和劳动力——伴随着不同的土地禀赋在各个家庭之间进行更好的匹配。[1] 缺乏土地的家庭有租赁土地的机会，对于有那些额外农业劳动力并只有极少机会外出获得工资收入的地区而言是至关重要的，因为这一机会使得他们可以扩展农业劳作，以及更充分地使用家庭中的额 *125* 外劳动力，由此避免了整体家庭劳动力边际生产效益的递减——而这正是内卷化的一个重要"症状"。

---

〔1〕 这与 Brandt 和 Sands（1992）的发现一致。使用民国政府国家土地委员会（National Land Commission）在中国 16 个省份进行的调查，这些作者有着相似的发现，即"耕作土地量的分配……要比土地所有权的分配更为平等"（1992：189 – 190）。

表 6.1　无锡县的土地租赁和典当市场

		1929 年	1936 年	1948 年
参加的家庭百分比				
（a）土地租赁市场	租入	78.6	77.7	70.1
	租出	13.2	11.8	13.9
（b）典当市场	典入	1.2	0.8	2.3
	典出	17.1	13.2	3.5
百分比				
（a）土地租赁	租入	62.6	61.6	38.9
	租出	15.2	15.1	15.5
（b）土地典当	典入	0.20	0.24	0.60
	典出	11.22	7.75	1.42
土地所有的总数（亩）		5.53	4.51	5.63
（a）租赁	租入	3.46	2.76	2.19
	租出	0.84	0.68	0.87
（b）典当	典入	0.01	0.01	0.03
	典出	0.62	0.35	0.08

资料来源：SSRI（1929，1958）。

注释："租入"指的是对于租赁土地的需求，因而"租出"指的是对租赁土地的提供。

土地典当

与土地租赁市场相比，典当市场的规模较小。例如，尽管 1929 年无锡县将近一半的耕地是租赁的，但是同年仅仅只有 11% 的耕地是典当的。（表 6.1）与之类似，78.6% 的家庭被记录租赁了土地，而相比之下仅仅只有 17.1% 的家庭典当了土地。[1] 与土地租赁市场

---

[1] 然而，随着时间的推移，土地典当的发生频率和严重程度已经下降。与 1929 年相比，1936 年仅仅有稍微超过 13% 的家庭参与了这一市场，下降了 25%，到 1948 年这一数字进一步下降到了基本上可以忽略不计的 3.5%。从 20 世纪 30 年代开始的典当行为的下降，可能可以归因于这时这一区域内非农业经济的发展提供了更好的选择，这些领域的资本回报要高于通过获得土地而得到积累，由此地主丧失了吸纳土地的兴趣。（曹兴穗 1996）当然还可以补充另外一个乡村经济的破坏因素，即 1937 年之后长达十年的战争，这可能使得外居地主不再愿意进一步积累土地。

中参与者大都是需求方不同，土地典当中活跃的是供应方。而且需求和供应的矛盾不仅反映出"外居地主"（absentee landlord）阶层的参与，也反映出典当是一种重要的非正式信贷手段，尤其对于那些受到资本制约的农村家庭而言，他们通常以土地作为抵押担保获 ₁₂₆ 得贷款。当土地被典当给一个老乡的时候，典出土地的一方可能会将土地的耕作权转让给提供贷款的一方，而一位外居地主可以允许借方家庭继续在已经作为担保物的土地上耕作。（Fang 2003）在任何情况下，都存在典当最终导致土地彻底出售的可能，这与纯粹的租赁存在着区别。

在一定程度上，典当是资金有限家庭的一个重要信贷来源，它往往流行于那些土壤特性非常适合桑树种植因而养蚕业迅速扩张的地区。可资利用的信贷是重要的，因为其可以帮助那些希望将养蚕发展为一项副业，但又难以承担购买养蚕所需桑叶的家庭（如果他们不能自己种植桑树的话），并且可能也可以帮助他们购买冬天用以保持温室温度的煤炭。在缺乏正式信贷市场的地区，这一现金来源是至关重要的，Pan（1996）描述了扬子江下游地区养蚕业以及相关手工业生产的发展，主要依赖于将土地作为抵押物的借贷——这种行为在17、18世纪非常流行。

无锡的劳动力市场

农业劳动力

经济史学家将扬子江下游的农业劳动力市场看成是高度不活跃的，与无锡的土地租赁市场形成了鲜明的对比。农业长工市场被认为是极为薄弱的，因为大多数农场规模很小而且分散，且在这一区 ₁₂₇

域中并不存在经营性农场。[1]（Huang 1990）曹兴穗（1996）对满铁数据的研究使得他观察到大多数农户，包括那些拥有土地超过 20亩的农户，主要依靠他们自己家庭中的劳动力。只有面积超乎寻常的农场——那些人均耕地超过 10 亩的——才会雇佣长工。因此雇佣农业劳动力中最多的是在农忙季节偶然性地雇工或者雇佣短工。雇佣的时间非常有限：按照满铁对 11 座村庄的调查，这种类型的劳动力每年平均受雇佣的时间仅仅只有 17 天，很显然由于时间过短而不能作为一项主要的收入来源。

SSRI 的调查证实了市场中长期农业劳动力的发生率较低（表6.2）。例如，在调查的年份中，1929 年对于农业长工市场的需求达到了顶峰，但也只有 7.4% 的家庭雇佣了这种类型的劳动力。即使对于那些雇佣了这种劳动力的家庭而言，雇佣的劳动力数量也是极小的，在所有调查年份中平均每户家庭不到 0.12 人。这一市场的供应方也极少：例如，1929 年，只有 2.9% 的农户（仅仅 14 户）出租劳动力，他们当中平均每户大约只提供了一名劳动力。[2] 这种长期农业劳动力市场供求两端的不均衡，以及雇佣方远远超出于受雇方，有着两点非常重要的涵义。[3] 第一，本地的劳动力市场为那些外来的农民——可能来自更为穷困的农村，提供了受雇的机会。（陈一1935：31）第二，同一农村中只有少量家庭参与到了这一劳动力市场，表明可能存在有更好回报的可供选择的就业机会——这种机会

---

〔1〕 "经营性农场"在扬子江下游自晚明至清末可能存在了两个世纪，但是在 20 世纪初期的消失可能存在众多原因，高昂的监管成本、高工资成本以及工业和商业利益带来的较高的相对回报，是其中的主要原因。（曹兴穗 1996；Huang 1990）

〔2〕 在 1929 年调查的 485 户家庭中，只有 14 户（2.9%）有劳动力被雇佣作为长工，也就是平均每户大约仅有 0.03 人（14 除以 485）。

〔3〕 长工中雇佣方和受雇方之间的差异反映了这样一个明显的事实，即雇佣方拥有更大面积的农庄。

是在农业生产之外的。

形成剧烈反差的是，短工市场则非常活跃。1929 年，也是最为活跃的一年，将近一半（47.6%）的被调查家庭雇佣了短工。如果以所有类型的雇佣为统计对象，平均每个家庭每年雇工的天数为大约 19 天，这与满铁的结论非常相似。但是，如果我们仅仅统计那些雇佣了短期农业劳动力的家庭的话，平均雇佣日数则急剧增加到了 41 天，这是日本研究者发现的日数的一倍多。类似于我们在长工市 128 场中的发现，雇佣劳动力的家庭的百分比（48%）要远远超过被雇佣家庭的（23%），这意味着被调查村庄向外村人提供了就业机会。（表 6.2）

表 6.2 　无锡的农业劳动力市场

		1929 年	1936 年	1948 年
参与的家庭百分比				
短工市场	雇佣	47.6	37.7	38.8
	被雇佣	23.1	25.2	28.2
长工市场	雇佣	7.4	3.7	4.4
	被雇佣	2.9	2.9	1.7
长工市场中平均雇佣的人数				
	雇佣	0.12	0.06	0.06
	被雇佣	0.03	0.04	0.02
短工市场中平均雇佣的人数				
	雇佣	19.4	16.3	14.6
	被雇佣	11.2	11.3	12.3

资料来源：SSRI（1929，1958）。

非农业劳动力、养蚕业和人口迁移

农业劳动力大部分是季节性的，即局限于农忙季节，这一发现与对扬子江下游缺乏经营性农场的观察相一致。而且，超过80%的被调查家庭在1929年参与到了养蚕业，这一事实也与黄宗智的内卷化论证相一致。（表6.3）由于参与到养蚕业的主要是女性，整体上对长期农业劳动力需求的缺乏，以及无锡地区较小规模农庄的共同说明，如果可以选择的增加收入的机会严重缺乏的话，甚至男性工人也会处于严重的未充分就业的状态。

一个小农农庄典型的特点就是他们依赖于一种组合经济行为，即可分散风险，亦可实现收入最大化。民国时期，中国的农民——至少是位于扬子江下游的——没有例外，都是如此。为了增加收入，基于家庭可用资源（土地、劳动力和资金），相当比例的被调查村庄将他们的成员分配于从事除了耕作小型农庄和养蚕这类家庭副业之外的各种增加收入的活动。而长期的农业劳动力的工作可能并不容易获得，因为存在很多非农业的雇佣机会。例如，表6.3显示，大致一半的家庭拥有一个当地经济中的非农业的工作。换言之，大约两个家庭中就有一个家庭有一名成员从事这类工作，这意味着大约在20世纪20年代这样的工作机会已经如此的普遍。然而，尽管存在如此丰富的工作机会，但也只有极少数家庭拥有他们自己的家庭经营或者有成员拥有成为学校教师或者执业医师（成为"专业人士"）所必须具备的知识和技能。而且，如果我们考虑到大约28%的家庭至少有一位家庭成员外出务工的话，那么20世纪30年代无锡农村家庭中的很大一部分除了稻米或小麦的耕种以及养蚕业之外还拥有大量获得收入的机会。这一例子被家庭养蚕业的衰落——可能是对丝绸和蚕茧价格突然下降的反映——和移民数量的上升所证实。[1] 综合考虑，农民按照相对价格的变化重新分配他们家庭资源的证据说明，他们的行为遵从着经济理性的方式。

无锡农民对于本地和非农业工作的同时参与，在很大程度上可以归因于上海作为中国最大都市的迅速崛起，以及无锡成为扬子江下游地区另外一个正在发展的，排在上海之后居于第二位的城市。（曹兴穗 1996；科大卫 1989；高景月和严学熙 1987；张忠民 2002）20 世纪 30 年代，上海作为中国最为繁荣的城市的崛起，以及由此带来的大量工作机会吸引了江苏省的大量人口前来寻找工作机会。[2] 例如，很多来自江苏省南部（苏南）的人口，在工厂中工 *130* 作，或者在百货公司担任售货员，或者作为旅馆的服务员，来自江苏省北部的人口则在码头工作，或者成为人力车夫和女管家[3]。（张忠民 2002：第五章）其他成群前往繁荣城市的人则成为自己经营的裁缝、补鞋匠和小贩等。

---

〔1〕 养蚕业的全盛期出现在大约 20 世纪 10 年代。例如，1913 年，几乎所有无锡的农业家庭都参与到了养蚕业，其中大约分配了 30% 的可耕地用来种植桑树，桑叶是蚕的食物。（吴柏均 1995；张忠民 2002：第二章）1929 年，无锡县依然有 29.8% 的可耕地被用来种植桑树。（刘怀溥、张之毅力和楚雪瑾 1988：33）此后，带来丰厚利益的养蚕业发展到了顶峰，并且开始衰落到平均水平，同时大约到 20 世纪 30 年代早期，来自于养蚕业的净收入据说下降到了与稻米、小麦种植差不多的水平。而且，当蚕茧价格在 20 世纪 30 年代和 40 年代持续下降的时候（除了几个丰年之外），无锡东部的农民开始将他们的桑树地转化为稻田，并且相应地减少了他们投入的劳动力和肥料。（刘怀溥、张之毅力和楚雪瑾 1988：35 – 36；张忠民 2002：第二章）

〔2〕 由于人口的迁入，上海的人口从 19 世纪 40 年代的不到 50 万，增长到了 20 世纪 40 年代的超过 300 万。

〔3〕 刘怀溥、张之毅力和楚雪瑾（1988：32）。例如，悲叹无锡人无法与来自苏北地区的人在人力车夫这一职业中进行竞争。

表 6.3　无锡的非农业经济结构（包括家庭生产）

	1929	1936	1948
家庭成员参与下列活动的家庭数量百分比			
本地工资就业（非农业）	51.3	48.2	32.0
教育和医疗职业	1.6	1.6	0.5
家庭事业	0.2	0.6	0.7
小商业	11.1	11.3	8.9
养蚕业	81.0	72.6	60.9
家庭成员从事下列活动的家庭成员的平均数字			
本地工资就业（非农业）	0.58	0.54	0.36
教育和医疗职业	0.02	0.02	0.01
家庭事业	0.00	0.01	0.01
小商业	0.12	0.12	0.09
养蚕业	N/A	N/A	N/A

资料来源：SSRI（1929，1958）。

　　无锡也存在着相似的过程。尽管无锡的工资不如上海高，但是其在 20 世纪 20 年代从一座市镇发展成为一座中等规模的拥有现代纺织业、食品加工业和缫丝业的城市的过程中，也对非农业的职业产生了相似的影响。（吴柏均 1995）此外，扬子江下游的这一城市化过程也带来了很多自主经营的工作机会，如木匠、厨师、裁缝和理发师等。（满铁的调查，引自曹兴穗 1996）

　　总体而言，无论是无锡经济中的劳动力还是土地市场，在 20 世131 纪 20 年代和 30 年代，也就是在日本军队入侵从而导致经济崩溃之前，都运作得非常活跃。虽然，土地和其他资源在农户之间分配不平等，但土地和非农业劳动力的活跃运作却使得农业家庭可以重新有效地分配资源以符合他们各自自身的特点，因而减少了刺激他们行为内卷化的可能性。

为什么家庭参与到土地和劳动力市场?

没有经济单元可以自给自足以至于不需要通过贸易来提高他们的福利。例如,无论一个农业家庭如何的富有,如果没有足够的家庭劳动力来耕作所有土地的话,就需要雇佣工人。同样的,无论一个农业家庭拥有的土地如何的少,其成员依然能通过在其他家庭的农场中寻找工作机会来获益。这两种有着各自不同土地和劳动力资源的家庭,可以通过在市场中的劳动力交换来获益。原则上,一个家庭,类似于任何经济单元,面对着一系列获得收入的可能。例如,一个缺乏土地的家庭,可以通过租赁土地来满足其"额外"成员的消费需求,或者其可以在劳动力市场中出租劳动力,任何一个选择都有助于增加收入。即使是在复杂的包含有农业劳动之外的工作机会的经济中,这种经济规则也不会发生根本性的改变,只是会有更多的选择机会。除了可以在(1)通过租赁更多的土地进行耕作,(2)在其他人的土地上耕作之外,还可以选择从事农业之外的工作。

截至20世纪20年代晚期,无锡和上海的经济为长江下游的农民提供了大量可供选择的就业机会。正如在前一节提到的,已经有很多非农业的职业可供选择;实际上,他们甚至比长工更为稳定。我们将在这里讨论的问题是关于农村家庭作出经济决定的基础,也就是哪些因素决定了他们经济参与的选择(和制约),即这一分析的因变量。按照通常的经济推理,一个农村家庭将在它所拥有的土地和劳动力资源的基础上进行选择,后者也包括劳动力的特质。而且,为了区分不同类别劳动力的影响,我们将使用性别(男性和女性主要劳动力)和年龄("年幼"指的是低于一定工作年龄的依赖者;而"年老"则是到达了一个退休年龄）来进一步划分劳动力。[1]

　　经济回报不仅仅由劳动力的数量，而且也由劳动力的"质量"决定，对此经济学家通常用教育程度来衡量。尽管 SSRI 的调查没有测量每个家庭成员的教育程度，但是其中包含的信息足够可以计算家庭平均教育指数，由此可以衡量家庭成员大致所受的教育水平，并且这一数据可以用来估计教育带来的回报。（Kung，Lee，and Bai 2005）最后，我们在一系列解释变量中包含了家庭农业资产的可能影响，以使用耕牛作为代表，同时也控制市场的发展以及地理位置对家庭经济决策的影响。这一多重变量的回归分析结果显示在表6.4（土地和农业劳动力市场）和表6.5（非农业劳动力市场和家庭生产）中。

　　这一分析得出的一个重要结论就是，家庭人口结构和资源禀赋（这里指的是"人力资本"或者教育）是 20 世纪 30 年代无锡家庭经济抉择的决定性因素。在四个人口统计数据的变量中，男性劳动力的数量在家庭经济抉择中扮演着重要的角色。

　　例如，它不仅如预期的，正向影响了土地租赁的决定，即家庭中男性劳动力越多，那么家庭租赁土地的倾向越高，而且也代表着更多的典当行为——这是一种女性劳动力不产生重要影响的经济活动。男性劳动力对于典当的决定具有重要影响力的发现，说明家庭作出决定以使得"额外"的男性劳动力从事于农业生产——这一发现支持了先前的猜想，即典当的两个目的中的一个就是扩大农场经营（对于那些典入土地的人而言）。同样符合预期的发现是，有更多男性劳动力的家庭更不倾向于在农忙时节雇佣短工以帮助从事时

---

　　[1]　我们将些非劳动人口的家庭成员看成"依赖者"，大部分是因为他们更有可能是消费者，而不是家庭经济的支柱。然而，往往是在小农经济的情况下，这些作为"依赖者"的成员可能也通过家庭作出如何最好的利用他们的决定来为家庭收入作出贡献。

间紧迫的农活；取而代之的是，这些家庭更倾向于向其他农业家庭出租劳动力。[1] 最后，男性劳动力的数量同样对几乎所有的非农业劳动力市场的参与有正面影响，除了医药和教育职业。考虑到医药和教育职业需要高于平均水平的人力资本，因此这是一个合理的结果。

表 6.4　影响家庭参与土地和农业劳动力市场选择的因素

| | 土地市场 | | | | 农业劳动力市场 | | | |
| | 租 | | 典（信贷市场） | | 短工 | | 长工 | |
	入	出	入	出	入	出	入	出
家庭统计数据								
男性劳动力	1.616***	-2.383***	0.917**	0.333	0.974***	0.942***	0.261	0.177
	(6.31)	(6.95)	(2.33)	(0.94)	(5.36)	(4.67)	(0.70)	(0.58)
女性劳动力	0.537**	-0.194	0.025	0.338	0.568***	-0.443***	0.169	0.095
	(2.51)	(0.78)	(0.06)	(1.00)	(3.43)	(2.35)	(0.52)	(0.29)
年幼依赖者	2.086***	-3.213***	3.310**	2.192**	1.263**	0.277	2.345*	-2.387*
的比例#	(3.34)	(4.23)	(1.97)	(2.13)	(2.56)	(0.51)	(1.70)	(2.09)
年老依赖者的	1.614	-1.141	2.364	2.080	-0.094	-1.313	1.554	-3.289
比例##	(1.44)	(0.92)	(0.90)	(1.16)	(0.10)	(1.16)	(0.75)	(1.26)
家庭资源								
平均家庭教育	4.926***	5.767***	7.184**	0.230	2.501*	-1.844	3.839	-4.374
	(2.63)	(2.96)	(2.14)	(0.07)	(1.66)	(1.09)	(1.19)	(1.14)
统计数量	1 287	1 287	1 287	1 287	1 287	1 287	1 287	1 287

注释：括号内是 Z 的绝对值。在估计中，我们已经控制了农场规模、时间趋势、耕牛数量、与最近城镇的距离和市场中稻米交易百分比的影响。

* 10% 的重要度；** 5% 的重要度；*** 1% 的重要度。

14 岁以及 14 岁以下家庭成员的数量，除以家庭规模。

14 岁以及年老的不属于劳动力的家庭成员数量，除以家庭规模。

---

〔1〕 相反的发现，即那些有着更多女性劳动力的家庭倾向于雇佣劳动力进一步支持了这一推测，即雇佣劳动力的决定主要依赖于家庭劳动力资产的变化，尤其是健康的男性劳动力。

表 6.5 影响家庭选择非农业经济行为的因素

| 因变量 | 非农业劳动力市场 | | | | | 家庭副业 |
	本地工资	职业	家庭事业	小贸易	外出工作	养蚕业
家庭统计数据						
男性劳动力	0.842 ***	−0.972	1.616 **	0.727 **	0.512 ***	0.771 ***
	(4.84)	(0.98)	(2.36)	(2.38)	(4.12)	(4.43)
女性劳动力	0.730 ***	3.584 *	0.541	0.576 *	0.254 **	1.295 ***
	(4.32)	(1.66)	(1.07)	(1.90)	(1.99)	(6.99)
年幼依赖者的比例#	1.957 ***	8.096	4.208	1.501	7.646 ***	2.878 ***
	(3.83)	(1.20)	(1.58)	(1.26)	(12.13)	(5.77)
年老依赖者的比例##	1.373	−30.354	2.904	3.566	−0.808	2.483 ***
	(1.53)	(1.39)	(0.97)	(1.56)	(1.46)	(2.97)
家庭资源						
平均家庭教育	−0.515	39.890 *	0.785	−0.848	5.214 ***	0.891
	(0.33)	(1.86)	(0.18)	(0.21)	(4.55)	(0.66)
统计数量	1 287	1 287	1 287	1 287	1 287	1 287

注释：括号内是 Z 的绝对值。在估计中，我们已经控制了农场规模、时间趋势、耕牛数量、与最近城镇的距离和市场中稻米交易百分比的影响。

* 10% 的重要度；** 5% 的重要度；*** 1% 的重要度。

\# 14 岁以及 14 岁以下家庭成员数量，除以家庭规模。

\#\# 14 岁以及年老的不属于劳动力的家庭成员数量，除以家庭规模。

135　　女性劳动力，尽管在程度上与对应的男性劳动力存在差异，但也解释了家庭关于养蚕业和本地工资就业，以及意料之外的外出工作的经济决定。女性劳动力与家庭从事本地工资就业和外出非农业工作之间的正相关，强有力地说明妇女经济参与度超出了家庭养蚕业的范围。尤其是 20 世纪 30 年代无锡妇女参与到了外出务工的活动之中，这是一项新的需要认真对待的证据，因为这种外出务工所得到的收入要超出 SSRI 中所列的绝大部分其他种类的工作。（Kung，Lee，and Bai 2005）我们的发现也说明，由于男性在从事家庭经营中所获的利益要超过女性，因此女性在人力资本密集型的职业中更具代表性。然而我们应当强调，这两者的数量都是较少的——前者只存在于一个家庭，后者只存在于八个家庭，因而性别差异所带来的优势不应当被过度夸大。尽管女性的经济行为不同于男性，显示出一种基于性别的劳动力选择模式，实际上也是因为基于社会建构的对不同性别提供的不同经济机会。因而，两性对这些经济机会的反映虽然有区别，但都基于相同的理性方式，并结合起来使得可衡量的家庭收入的增加成为可能，即使不足以造成一种经济上的突破。

更加出乎意料的是"年幼依赖者"所扮演的角色。一些家庭租赁土地并且雇佣劳动力的一个重要原因就是，他们有着比其他家庭更多的年轻家庭成员需要供养。而且，这些家庭似乎也活跃于典当市场，这一发现比较难以进行解释。我们需要对土地典当进行更多的研究，以提升我们对于社会主义革命废止市场活动和剥夺私有土地之前的中国农村经济活动的理解。

第四，基于现有可用劳动力的数量，一个家庭所拥有的土地的数量同样也影响了土地租赁、雇佣农业劳动力以及很多非农业的经济决定。如同我们所预料的，土地和劳动力存在正相关——有着更多土地的家庭趋向于雇佣更多的农业劳动力，而较少租赁土地。更为有趣的发现是，那些有着较多土地的家庭与从事一项商业活动存在正相关，而且更倾向于从事养蚕业——后一项发现否定了之前的一种观点，即认为只有小农被迫从事这一获利不大的经济活动，因为正式的劳动力市场中存在着对妇女的歧视。取而代之的是，土地的缺乏迫使家庭从事本地的工资就业以及小商业，这两者与外出工作相比较为逊色，而且与养蚕业相比也是如此。[1] 一个最为有趣的发现就是关于土地所有权和典当之间的关系。

尽管有额外耕地的家庭更倾向于对外出租他们的部分土地以获得租金回报，但是他们最不可能的行为就是典当出他们的土地——这项发现支持了如下的观点，即典当是获得非正式信贷的一个重要方式，但是同样也带来长期的负面效应。

第五，在教育和土地租赁之间存在显著并且负相关的关系，说明耕作的回报要低于那些至少与某些非农业相关的活动，尤其是外出工作和专业化的就业——这两种活动与受教育程度具有正相关（且这一相关显著）。就像之前提到的，那些有外出工作家庭成员的家庭人均收入比大部分成员从事其他活动的家庭要高，这一发现与已经发现的外出工作需要较高的教育程度相一致。（Kung，Lee，and Bai 2005）

最后，我们发现农业资本尤其是役畜，和参与土地租赁市场的程度以及与此相关的雇佣长期农业劳动力的行为正相关，但是与本地的工资就业和小商业负相关。这一模式成为农户在资源分配过程进行农业或非农业的经济选择过程的基础。只有那些专门从事耕作的家庭会投资于农业资本，主要是通过获得更多的耕种资源，而那些选择非农业活动的家庭则正相反。

我们的分析对这样的假说提供了强有力的支持，即无锡的农业家庭采用符合经济理性原则的方式来分配他们的资源，尤其是劳动力资源。这种分配方式是否带来了最优的结果，我们将在下节中讨论。

---

〔1〕 从事养蚕业和外出务工的家庭人均收入分别是 1 027 斤和 1 570 斤糙米，同时那些从事本地工资就业和小商业的家庭人均收入则分别只有 986 斤和 756 斤，这样人均收入为 1 000 斤。

经济参与对收入与消费的影响

有一点需要说明，即虽然无锡的农业家庭采用了这种反映资源特征相对优势的资源分配方式，但是其分配策略的福利效应则又是另外一回事。可以认为，在较低的经济发展水平上，资源分配对于收入和消费的影响与经济存在更为直接的联系。我们希望探讨人均收入和消费是否可以通过家庭的经济选择来解释。为了 确保在不同的时点上，用以比较的收入是一致的，我们使用调查年份的相对价格指数将所有用货币表示的收入转化为等量的糙米（使用中国的重量单位"斤"）。[1] 关于家庭消费的数据，尽管可以找到，但较为有限，因为调查资料中仅仅列出了主食（稻米和小麦）的消费数量，却基本上没有关于肉类和日用品，如蛋类的消费数据——这一遗漏很有可能会降低我们观测到的富裕家庭的消费情况。

除了这一限制之外，相关的数据依然允许我们来衡量和比较家庭的热量摄取与家庭所选择的经济参与的关系。卡路里的比较主要是通过将稻米和小麦的消费数据转化为用常用单位表示的个人平均摄取的能量。[2]

除了与经济参与有关的收入和消费标准之外，我们也对其他可能影响支出的各种经济因素的影响进行控制。这些因素包括，农业资本（例如水泵）、用于家庭副业生产的资产资本（例如养蚕盘、

----

〔1〕 关于我们进行这一计算的方法的详细阐释，参见 Kung，Lee 和 Bai（2005）。

〔2〕 转换率基于美国农业部营养数据实验室（Nutrient Data Laboratory）提供的数据。以稻米为例，100 克有 360 卡路里，小麦 100 克则为 340 卡路里。

纺织机）、运营农场的规模，以及以年代作为变化的（例如1936年和1948年）时间趋势的影响。我们的结果在表6.6中进行了汇总。

最为重要的发现是，与稻麦耕种，即收入的主要来源（我们以之作为比较的基准）进行对比，租赁、本地就业、家庭商业、外出工作，以及养蚕业都对人均收入有正向影响。家庭对外出租剩余土地和进行一项家庭经营（额外资本的一项指标）对于收入的正面影响是明显的，这无需进一步详细阐释。这同样适用于那些家庭成员从事专业工作的少数家庭。较不明显的是本地就业的收入、外出务工和养蚕业对于人均收入的强烈正向影响。尽管我们难以准确衡量从事这些经济活动所能获得的边际效益，但是可靠的经验性证据说明，家庭成员中有从事这些劳动密集型活动的家庭比那些没有或者不能从这些就业机会中获利的家庭有更高的人均收入。

表6.6 市场（非农业）参与对收入和消费的影响

因变量		人均收入的对数	人均摄取能量的对数
土地和信贷市场			
租	入	−0.102 ***	0.020
		(2.95)	(1.16)
	出	0.288 ***	0.009
		(6.36)	(0.43)
典	入	−0.006	0.065
		(0.06)	(1.39)
	出	−0.128 ***	−0.002
		(2.85)	(0.11)
农业劳动力市场			
短工	入	0.017	−0.017
		(0.55)	(1.12)
	出	0.042	0.003
		(1.28)	(0.19)

因变量		人均收入的对数	人均摄取能量的对数
长工	入	0.024	0.049
		(0.32)	(1.35)
	出	0.070	0.199 ***
		(0.88)	(4.94)
非农业劳动力市场			
工资就业		0.165 ***	−0.000
		(5.56)	(0.00)
职业		0.162	0.049
		(1.27)	(0.79)
家庭商业		0.455 ***	0.157 *
		(2.37)	(1.68)
小商业		0.068	0.090 ***
		(1.36)	(3.63)
外出工作		0.213 ***	0.056 ***
		(7.70)	(4.17)
养蚕业		0.152 ***	0.061 ***
		(4.69)	(3.86)
样本数量		1 565	1 562

注释：括号中是 Z 统计数据的绝对值。在估算中，我们已经控制了家庭规模、家庭副业技术（养蚕盘和纺织机的数量）、耕作技术（水泵）、农场规模和时间趋势的影响。

*10% 的重要性；**5% 的重要性；***1% 的重要性。

典（出）是我们的发现中的一个重要例外。虽然典当与家庭收 139 入之间的负相关，初看起来可能反常，却也可以通过经济原因来进行阐释。在一定程度上，典当土地意味着家庭采用了一种铤而走险的方式来获得急需的信贷，在还款期中有着高额的利率，典当对借贷人的选择有着不利影响。或者，典当可能导致一些耕种面积较小的家庭将他们的土地典当给同乡（结果是他们获得了耕种权）。在另外的情况下，收入和典当之间的负相关，得以支持这样一个观点，

即典当是朝向"被迫出售土地"迈出的第一步。(Huang 1990)

至于经济参与对于消费的影响，那些对收入产生重要影响的经济活动并不一定对消费产生同样的影响。只有外出工作和养蚕业，以及程度更少的家庭经营，对两者都产生重要影响。由于在已有文献中养蚕业被认为是农产不得已的经济行为，其扮演的角色是负面的，我们这里特别要强调养蚕对家庭福利的重要性。(Bell 1999；Huang 1990)基于评估一种经济活动对于收入和消费而言的重要性的特定标准，我们的结论是，对于其他依赖于土地租赁和本地就业收入的家庭而言，外出工作和养蚕业是为无锡农民带来更好的经济福利的活动，因为前两种活动对于主食消费没有起到重要影响。最后，某些对家庭收入没有显著影响的经济活动却帮助提高了贫穷家庭的消费标准。例如，那些有成员从事小商贩活动的家庭人均收入非常之低——比平均数低了25%（Kung，Lee，and Bai 2005）——但至少这些人所摄入的卡路里得到了提高。

总结

为什么中国的经济，尤其是农业部门，在过去几个世纪中没有形成突破，这一宏大的问题一直吸引着学术的关注，同时历史学家如同以往地难以达成共识。然而，当在微观层面进行细密考察的时候，地方经济的表现可以被看到是相当繁荣的，同时在劳动力市场中有着可以观察到的理性行为。我们使用一套涵盖了一个地方很重要的 20 年的数据，这一地区的商业化被认为是很明显的，即扬子江下游的江南经济。我们发现农业家庭正在通过一种符合经济理性的方式来分配他们的资源，同时，同样重要的是，要素市场活跃并且存在竞争。这里，我们将要提出两个重要的关于农村家庭行为和市

140

场的观察。

首先，这一地方经济已经不仅仅拥有一个活跃的土地租赁市场，而且拥有以一种多元的非农业经济为背景的劳动力市场，其中包括外出务工。大量非农业收入的机会帮助那些有着剩余劳动力的家庭更好地使用他们的劳动力，并通过这种方式来增加他们的家庭收入。我们的证据，在其他地方已经提到，显示人均纯收入从 20 世纪 20 年代至 30 年代增加了 50%，此后由于战争和政治的动荡，从其顶峰下降了 10%。尽管我们的发现应当被谨慎对待，但我们看到了专业化和交换的扩展与人均收入增长之间存在着联系。这一发现非常重要，因为尽管存在土地所有权的不均等分配，但江南经济依然繁荣。这一区域中非农业部门的迅速扩展在这种收入增长过程中扮演了一个至关重要的角色。

其次，家庭的经济参与选择受制于土地、劳动力和资本等相关资源。例如，男性劳动力的数量对于一个家庭在土地租赁、典当以及从事非农业工作等方面起到了最为重要的决定作用（除了那些需要大量人力资本的工作）。此外，如我们的预期，女性劳动力的数量不仅可以解释一个家庭参与养蚕业的决定，同时也对本地的工资就业和外出非农就业产生影响。女性参与外出工作，显示她们中的很多人不仅仅局限于家庭经济生产，而且也如男性一样参与了高报酬的工作。

与劳动力一样，土地也是影响家庭分配决定的重要因素。其与家庭商业活动和养蚕业的正相关，说明社会中广泛的成员，包括富人参与到了养蚕业中。而另一方面，土地与本地工资就业和小商业的负相关，则说明缺乏土地的家庭参与了较低收入的活动。

至于经济参与的福利影响，大多数经济活动，包括本地的工资就业以及养蚕业，都极大提高了家庭收入。唯一的例外是典当，这一活动对于收入的负面影响说明，参与到典当关系中的家庭可能是受到不良环境所迫，这与通常的看法可能一致，即典当代表了朝向"亏本出售土地"迈出的第一步，但是仍需要更多的经验研究来确定这一观点。

然后，小商业扮演了重要的角色——这并不是一个普遍的家庭选择，如果其他选择存在的话。然而，小商贩对于家庭收入没有重要影响，但对于消费却有着正面影响。这说明，家庭境遇通过参与这种低收入的活动可以得到改善。同样重要的是，我们发现只有两种活动对于收入和消费都具有正面影响，即养蚕和外出工作。经验性证据强烈地反驳了所谓家庭参与养蚕活动的非理性。同时，劳动力的外出为江南地区是吸收农村剩余劳动力的"出口"提供了新的证据。这种对于劳动力的吸收在市场繁荣的扬子江下游地区甚至更为宏大。

因而，过去的一个世纪大部分地区经济欠发达的问题需要进行考量，即虽然没有良好的制度和政策环境，中国的市场和经济行为也运行良好，只是缺乏一个根本性的突破或者转型。更为重要的是，这种表现依然可以用经济理性进行说明。

香港棉纺厂的工人。摄于 1914 年。（巴黎外方传教会藏）

　　香港棉纺厂，坐落在香港岛铜锣湾的马球场与跑马场之间。1914年，沙尔德圣保禄女修会（St. Paul de Chartres）购买了房基地，并转赠给圣保禄女修道院。摄于1914年。（巴黎外方传教会藏）

　　坐落于香港岛薄扶林（Pokfulam）的巴黎外方教会的拿撒勒印刷厂（Nazareth Printing House），之前被称为杜格拉斯堡（Douglas Castle），为林伯（J. S. Lapraik）所有。印刷厂一直营业至1953年。摄于1896年。（巴黎外方传都会藏）

第二编

制度变迁的动力

第七章　香港新界的传统地权

松原健太郎

传统地权和土地交易的重要性，是评价 19 世纪晚期至 20 世纪早期中国生产性市场经济发展的一个存在疑问的方面。这一领域的早期研究，从整体上探索了这些土地所有的实践与经济之间的关系，并且提出不能将特定的土地所有模式——按照"自耕农"（ownercultivators）、"半自耕农"（part-owners）或"佃户"（tenants）界定——与经济的商业化程度或者财富的分配模式联系起来。（Rawski 1972；Faure 1989）

而且，如同通过地契对各种类型与土地有关的权利进行的分析，这种存在于当地社会群体中的多种多样的链接关系是非常明显的，同时这些群体并没有局限于一份特定地契的签署者。契约中建立的很多权利只有通过分析涉及其中的更广阔社会群体才能进行解释，而这些群体是契约中没有提到的。例如"找价"权，即传统上在售卖之后卖主仍向买主索取加价，就表明了交易中之前的所有者——位于买方和卖方周围的当地社区的内部——也就是卖方的角色，以某种担保方式向当前的所有者，也就是买方抵押了土地。（岸本美绪1997b）特定区域中与居住有关的各种权利，与基于扩展家庭也就是家族的当地群体的形式存在密切联系。（Faure 1986）在考察地权与市场和经济运作如何建立关系的时候，从勾勒出这些以家系为基础的社会群体在拥有财富和构建本地社区中的运作方式的一些基本特征入手，是非常有帮助的。这些社会过程是土地交易达成、执行和得到保障的社会背景。

148　　　清代中国主要的私人财产所有权单位是家庭。这种产权中的大部分附属于个人名下，与此同时，个人的名字则使用的是户主或者家长的名字，而财产则是以"同居共产"的形式由家庭群体所有。这一群体由户主（家长）、他的男性直系后代、这些男人的妻子们（妾）以及这些家庭成员中未出嫁的女儿构成。（滋贺秀三1967：50-58）在这一制度之下，家庭成员的所有收入都汇总到一个共用账户中，并且成员的所有开销也由同一共用账户支出。家庭中单一成员独立拥有的财产，尤其土地，极其有限。（滋贺秀三1967：507-550）

　　　这些形式的财产所有，按照滋贺秀三的观点，是宗法思想的结果之一，这涉及财产最终不属于个人（或者家庭群体）所有，而是在男性直系中延续的观点。然而，滋贺秀三仅局限于讨论财产的所有，而未能探索对这一思想更为直接的表达：祖产制度。祖产归于一位特定的祖先名下（祖），或者某一（祖传）的堂名下所有，而与家庭相分离。（Freedman 1966：51-52）在这种情况下，所有权将集中于特定的祖先，并且通常的规则是这些"共祖"（focal ancestor）的所有直系男性后代都可以从财产中获益。在一个直系群体中可以建立很多这样的实体，其中一些可能涵盖了全部地方化的后裔［如果共祖是"开基祖"（founding ancestor）的话］，同时其他的一些可能仅仅包括某一特定的分支或者这一群体中的一个扩展家庭

（如果所有权仅仅来源于一个更近的祖先的话）。指定一名管理者来管理一个特定祖或者堂的事务是一种常见习惯。不同于会分解的家庭，这些组织被认为是永恒的，虽然管理者会发生变化，但在世系延续中这种组织将会一直作为一个相同的实体存在。（松原健太郎2004）

祖产的所有被认为对于血统的整合和地方社会的构建有着特定的涵义。其可以提供世系群的背景材料，并且作为本地化家族统一或者分化的工具。（Freedman 1966；Faure 1986；Ebrey and Watson 1991）然而，本文的主要观点是，由于家系和世系并不是当地社区构成的唯一规则，所以祖产也不是仅有的超越于家庭之上的财产所有的唯一形式。主要通过聚焦于特定民间宗教组织进行组织的地域纽带，也是社会凝聚的重要方式之一。地域或者宗教组织同样可以拥有财产，并且可以参与土地交易。（Duara 1988；Faure and Siu 1995）而且，拥有财产的实体的合并可以发生在各种背景之下，包括市场管理、水利组织或者慈善事业。（Hase 2000）*149*

某一个人可以同时加入大量这种相互重叠的组织，同时各方之间的经济交换发生在彼此建立有多个层级关系的背景之下。这些关系涉及居住、对于资源的地域竞争、通婚、跨血统的联盟、仪式的凝聚力、长期的借贷，等等。同时，各方签订的大多数土地契约只体现出这些多样化关系的一小部分，土地交易作为经济的一部分，牢固地嵌入到这些社会关系之中。

考虑到这种关系的影响，各方作出的经济决定，不应当仅仅是基于市场的力量。在这种情况下，评估一个与土地有关的市场的运作是一件需要非常仔细处理的问题，并且本文将试图对此进行分析。与土地有关的特定权利，例如那些最初购买权或者那些与公用地的使用有关的权利，被明确地赋予了通过血统和地域定义的特定群体的成员。这些权利明确限定了与某块土地交易有关的社会（群体）范围，是一种普遍存在的情况：一份买卖契约最为通常的格式就是包含一个条款用来说明最初购买权，以及一些与某一块特定土地上可以做与不可做的决定有关的条款。在这种环境中，土地交易的社会和经济重要性显示出需要从涉及的有关社会群体的动力方面进行考虑才能得以理解。香港新界的历史材料提供了一个将土地交易放置在这些社会动力背景下考虑的机会。

非常丰富的档案文献使得土地契约可以与家谱、账簿和风水资料以及非常详细的按块划分的殖民地土地档案进行对照研究。[1] 而且，针对这一小区域的大量人类学研究也是非常有用的，因为这些研究重建的社会景观为理解环绕于土地交易周围的社会过程提供了新的视野和背景材料。在本文的后半部分，我将使用一份提交给香港法庭的与传统土地权有关的法律案件中的材料（这一案件在 20 世纪 90 年代进行了辩论），试图将特定形式的土地交易与涉及 20 世纪早期的血缘和宗教组织的社会背景联系起来。[2]

然而，在开始分析这一案例之前，我首先要考察不仅仅使用于香港这一案例，而且可以在清代整个中国观察到的土地交易的形式和术语。

---

〔1〕 中国保存下来了数量众多的土地契约，这些契约构成了试图理解传统中国土地交易以及相关社会背景的主要原始材料。然而，尽管（或者可能甚至因为）契约作为档案的重要性，提供了法律方面或者其他背景下的地权，因此它们不能被认为是完整的以及是实际交易和所有权组织方式的准确记录，而只不过是一个可以作为对现状进行描述性再现的政治条款而已。

〔2〕 在一个更为理论的层面上，本章将会显示土地交易通常更多的可以作为地方社会构建的多层过程中的一部分进行理解，而不是仅仅作为一种直接的商业交易。我将要试图避免简单的并置一种"内嵌"经济和一种市场经济，这是一种在二分法下赋予传统中国土地交易的特点（比较 Polanyi 1957）。取而代之，我将要考察土地交易的制度框架，这使得市场经济的不利和有利方面可以同时存在。

土地交易的一些基本形式

出售、抵押和租佃

关于地权和与土地有关的生产性市场经济机能之间关系的基本宗旨如下所述：允许存在"弱"土地权的制度，并且对同一块土地上存在竞争的不同权利之间缺乏明晰的界定，都更倾向于妨碍产生一种生产性的土地市场。在传统中国社会中，可转让与不可转让的产权共存于一块土地之上，而且这些权利之间没有明确的划分，而且这是一个强有力的趋势。这是台湾土地习惯法的一个方面，被认为体现了对经济发展的严重阻碍，并且在日据时期在将习惯法与殖民地法律制度整合的过程中得以明确地解决[1]。然而，亦有研究认为，一个土地市场已经在中国广大地区发挥着作用。例如，这种观点认为在江南地区，土地价格的波动很多时候是跟随在粮食价格之后，同时也存在允许各式各样的潜在买家寻求出售土地的制度。（岸本美绪 1997a：chap. 4；松原健太郎 2000b）

在一定程度上，清朝存在一种土地的"所有权"，其属于被称为"业主"的群体，并且这种所有权可以通过两种形式的"卖"进行转让。其中一种是"活"卖，另外一种则称为"绝"卖。活卖是一种可以赎回的卖出行为，也就是在一个设定好的年限之后，卖方可以按原价买回。因而，卖方收到一笔款项后，将业主的名义转让给了买方，同时在数年后，卖方可以支付相同数额的款项给最初的买方，然后重新成为业主。从买方的角度来看，交易具有同样的效

151

---

〔1〕 对参与"台湾私法"编纂的编纂者们的这种努力的总结，参见西英昭（2004）。

果，因为他投资成为业主，然后在购买的有效期内从他购买的土地上获得收益，并最终收回最初的投资[1]。另一种看待这种交易的方式就是买方借贷给卖方，而土地则作为担保，期间的收益相当于支付给买方的利息。

与此相反，绝卖则是将业主的权利进行转让，同时没有条款允许卖方可以赎回，而且与活卖相比，买方所需付出的金额更高。例如，绝卖的契约应当包含这样的词句"一卖百断，永无生端反悔，加划收赎等弊"[2]。绝卖类似于现代法律词汇中的"卖"，转让所有权，给予买方随意处理财产的权力，而卖方一旦进行了出售，就不再是利害关系人。

术语"卖"单独使用的话，仅仅指的是活卖而不是绝卖。在这种背景下，卖和典之间的差异，变得很不明确。在典的交易中，最初的所有者，即业主，成为抵押人，并且将财产的收益权转移给承受抵押人，也就是典主，当然他需要向抵押人支付一定的款项。

抵押有着固定的年限，并且在这一年限之后，抵押人在向承受抵押人支付最初的款项之后，将会重新获得财产。承受抵押人在此期间可以从土地上获得收益，这类似于从交易之初交付给抵押人的资金中获得的利息。在典和活卖中，财产的所有者都有效地获得了一份贷款，当然他需要在一个规定年限之后偿还，同时他的财产是得到保障的。在这两种情况下，如果最后无法偿还款项，那么将导

---

[1] 这一陈述以及本文中所使用的性别都是男性，但是在极少的情况下指的是女性。妇女在极为有限的情况下可以成为土地交易中的一方。然而，她们当然不能享受如同男性一样的权力，并且甚至当她们拥有土地的时候，通常也被认为是在儿子年幼的时候替他照看财产，或者直到家族中一名"指定"男性成员接管为止。

[2] Wo Hang Village 1860. 我非常感谢帕特里克·哈泽（Patrick Hase）向我指明了这一契约。在这里引用的文本是我直接从原始词句翻译的，并尽可能忠实于中文的语言结构。

致重新起草契约形成一种绝卖。（松原健太郎2000a）两种情况下，超出这一规定时间的来源于财产的收益，成为买方也就是承受抵押人的增益，因为他最初支付了资金。[1]

152如果土地税系统履行职责去追溯每份土地的所有者的话，活卖和典之间的差异就可能变得重要了。然而，清朝土地税的分配方式并没有将每次土地交易纳入考虑。其结果之一就是，土地税由一个特定的人或者家庭承担，但可能与实际的财产所有并不存在联系；因而，一份特定土地的获得是通过抵押还是活卖都不会反映在土地税负担中。（松原健太郎2004：chap. 1）

在清代中国各地的土地契约中都能看到卖、活卖、绝卖和典，而且契约呈现出了标准化的形式。（岸本美绪1993：793）对于清代土地交易的任何讨论都需要考虑这些特定术语的使用。

此外也有在拥有特定土地权的各方之间的租借协议，参与土地交易的各方包括业主或典主，也包括希望支付租金并且使用土地的一方。这类术语，批佃和招佃，适用于这些租佃交易。尽管承租人可能争取某些特定权利，但基本的术语意味着承租人的权利没有影响业主或典主的地位。

出售和抵押土地的限制

然而，在清代中国的土地交易中广泛使用着相同的术语，实际的土地契约揭示这些交易并不是在一个开放的环境中订立的，在开放的环境中，财产权将被转移给出价最高的一方。一份典型的契约应当包含如下这样的句子："先招兄叔（侄）人等，各无

---

〔1〕 实际上，寺田浩明（1989）将典和活卖都认为是同种交易方式的不同称呼，使用哪一术语依赖于交易发生的地理区域。

钱承典。后请得中人国秀，送与李三捷堂尝内，允肯承买。"（Wo Hang Village 1860）其中自然隐含的意思就是亲属比其他人拥有购买财产的优先权，同时这一权力可以通过这样的方式以免土地卖给家族之外的人，而且邻居和之前的所有者也可以拥有这样的权力。这一权力在土地出售时作为一个妨碍因素发挥着作用。（仁井田升 1991：359）

我们可能不会接受这样的宏观解释，即这些可以追溯到 8 世纪中期的优先权，是前近代的权力，在超过一千年的时间内逐渐被不断增长的处置自己财产的个人自由所侵蚀（仁井田升 1991：343 – 344）。无论如何，这种解释并不充分，不足以理解制度或者理解每个遵照（或忽略）这一习惯的经济决定的基本原理。为了
153 对此进行理解，需要重建家庭成员或邻居试图执行这些权力的社会环境。

还可以从另外一个词汇中得知另外一种所知范围不太广泛的限制，这一限制发现于一份 1836 年的绝卖契约中。这一契约，在设定了交易条款之后，陈述道"无准折等情"，不能用土地交易来偿付卖主所欠的欠账[1]。这一词汇被置于一系列可能阻止交易的因素以及确保这些因素并不存在的背景之下：发挥作用的条款是，亲戚没有被蒙蔽，财产并不属于一个更为广泛的继嗣群的共有财产。

"准折"的概念是一种"使无效"的习惯，与很多长期土地交易中的情况并不一致，在那些交易中土地被认为是一项借贷的担保，采用的是典或者可赎回的交易形式（活卖）。在这些情况中，典主或者买方逐渐获得更多的财产控制权，最终成为绝卖。（松原健太

---

〔1〕 这一契约保存在东京大学东洋文化研究所，引自岸本美绪（1993：772）。

郎 2000a）这一紧张状态与清代土地交易中能广泛看到的另外一个术语——"找价"存在疑问的特性有紧密联系。

找价是一种习惯，卖主可以在完成买卖之后，在最初的土地价格之外要求加价。这一习惯在那些卖是活卖的意思的地方是有意义的。一旦土地相当于已经支付的钱款总额，并且在这一钱款可能被偿还（在合同期满的时候赎回）情况下，那么买主可以通过这样的形式向卖主有效地借贷额外的资金，尽管"利率"（也就是来自于财产的租金，要除以支付给卖主的总额）可能会下降；这种形式的找价，如同之前提到的，通常导致一种绝卖。

岸本美绪观察到，在很多这样的例子中，支付的总额接近了绝卖的数额，两者表现出一定的一致性，反映了当时的平均土地价格。然而，她也注意到卖主通常会不断向买主要求加价，甚至是在绝卖完成之后。岸本美绪（1997b）试图解释这一现象，主要是将其归因于社会因素，例如买主需要之前的所有者在更为广泛的本地社区中持续保证他的土地所有权。这种解释，与一份绝卖契约中的典型词汇不一致，而且意味着存在一种制约，由此土地的卖主甚至在出售之后依然可以宣称土地为他所有。从市场的角度而言，这限制了买主将财产试图卖给其他人时的可选范围，因为他对于土地的权力依赖于最初的卖主。由于漏登，无论是可纳税的土地，还是交易本身，使得政府都需要依赖由非官方提交的证据来确定（或者保证）土地权。而且一项裁决的有效性，必须要得到双方的认同。（滋贺秀三 1984：252－255）换言之，在这里出现的景象就是，如果一方意图确保他的土地权，这些权力不得不主要通过非政府的背景来进行保证和担保，其中涉及参与授予土地权力的买卖交易中的中间方以及交易各方所处的地方社区。

154

香港新界的土地交易和社会建构

一田两主

一田两主的习惯为中国史学家所熟悉。通常，这种习惯意味着土地权分为"田面"和"田根"。原则上，田根的所有者收租和交纳土地税，同时田面所有者管理土地，而且田根的所有者无法剥夺田面所有者。田面所有者可以随意处置他的权力，而不需要田根所有者的同意。这一权力，加上田根的所有者无法将他剥夺，使得田面权成为一种所有权而不仅仅是租佃的权力。这种形式的所有权，由于多种原因让学者感兴趣。对于历史学家而言，感兴趣的是反映在土地所有方式中的"生产模式"；对于那些关心传统中国是否发展出了"现代所有权"的学者而言，一田两主显示出学者可能不会面对简单的地主—租佃关系，或者一种现代的所有权所体现的地主对土地不受约束的控制。这一学术成就的一个方面是这些历史学家（以及其他学者）已经逐渐试图将一田两主理解为一个单独的田面所有人与一个单独的田根所有者之间的一种组织方式，其中并没有涉及其他各方或者当地的社区。（仁井田升 1991：164 – 215；寺田浩明 1983）

另外一个学者一直对一田两主感兴趣的背景就是香港新界的财产权和社会形式。划分为田面和田根的土地权，在这一区域广泛存在，同时殖民地官员在英国统治开始时报告这种组织方式是当地土地所有中的核心问题。（Report 1900：1 – 41；Some Notes 1901）殖民地政府建立了土地法庭来处理这些问题。其结果是田面—田根所有权被有效地摧毁；然而，土地法庭在这些活动中创造的档案提供

155

给历史学家数量极为庞大的材料。通过这些档案和大量人类学的田野工作数据，研究者已经在新界发现很多一田两主的情况。他们的研究不仅仅考虑到了在土地契约中签字的个人，而且考虑到了直系亲属与乡村之间的关系，以及交税和税收的形式。（Watson 1977；Faure 1986；Palmer 1987）

彭文浩（Michael Palmer）已经勾勒了产生一田两主的五种社会过程：（1）皇家授予大量非耕地，受让人招募工人（最终成为田面所有者）来居住并耕种土地；（2）到来的外来移民，自己主动定居并且开垦一片荒地，然后与根深蒂固的宗族（成为田根的所有者）达成协议；（3）有势力的宗族中的成员发现土地税方面存在逃税（毫尤疑问有势力的宗族并没有拥有这些土地）的现象，然后强迫犯罪者放弃田根权；（4）非法的包税协议，被称为包揽；以及（5）大量的合同惯例——其中包括在那些卖方依然一直交税的地区进行的未登记土地交易，"永佃"如同"隐藏的买卖"或"真正的租佃关系"；以及在那些卖主将依然作为承租人保有土地的地方进行的交易。（Palmer 1987：13 – 32）

这种所有权的划分形式与在清代广泛使用的土地交易术语之间的关系——在本章最初的部分进行了描述——当然是非常复杂的。彭文浩描述的第（5）个过程明确指出了大量可以导致这种土地所有形式的交易。而且，在前四个过程中也是如此，如果田根与田面所有者之间的协议是书面的话，那么有理由假设一些土地交易的术语——抵押、买卖或者租赁——将会被使用。然而，田面与田根所有者之间的协议是如何表达的，这方面保存下来的材料极为有限。保存下来的授予（表面上似乎如此）田面权的契约，按照交易中使用的术语，可能可以分为两种类型。

第一种类型明确使用了"永"佃一词。存在一份 1733 年由上水廖氏发给大庵山的钟氏家族的著名契约。[1] 在这一契约中，钟毓兴被描述为承租人，也就是"佃人"，接受了租佃权以进行开荒和耕种土地。契约指明交纳的分期付款的头款是1两4钱4分，每年的租金是银钱500（这一数字不能够提高），钟毓兴的后代被允许永久开垦、耕种和控制这一土地，廖氏此后不会制造麻烦或者"反悔"这一交易。（Faure 1986：36 – 40）这一租佃的永久性质是非常明显的，其中也对允许钟氏做的事情进行了限制：在契约的末尾，其中有一个条款禁止钟氏"住远人私顶"，科大卫（1986：39 – 40）认为这一条款禁止了钟氏向可能挑战廖氏家族的其他大族（争夺所谓新界霸权的大族，其中包括廖氏自己）进行转让的权力。廖氏处理钟氏可能与其他本地居民之间产生的问题，而且显然希望在这一地区发挥他们的影响。在这一例子中，显现出当地的政治强加的给"田面所有者"土地权上的法律限制（在一定程度上，契约不能被认为有法律约束力）。

这种限制在第二种田面权授予的形式中表现得更为明显，其出现于一份来自大屿山贝澳村的契约中。[2] 碧沙陈的李氏宗族与张文昇签订了一份租佃契约，后者也被称为佃人，契约中的文字并没有体现出这是一份田面所有权的合约。租佃的时间规定为十年（第十年末将签署一份新的租约），同时承租人被禁止开垦新的土地，或者允许亲属或朋友生活在村庄中。这一契约可以被解释为实际上已经授予了田面权的原因是，张氏家族在村庄中永久居住，同时契约从18世纪到19世纪一直不断的世代更新。而且，李氏家族并没有成功地阻止张氏开垦新的土地，并且最终通过向

---

〔1〕　副本由 J. W. Hayes 保存，是由 Liu Yun-sham 给他的。
〔2〕　J. W. Hayes 拥有这份契约。

官员申诉挑战了他的权威（Faure, Luk, and Ng 1986：43）。这里，一田两主的习俗是由当地跨宗族的政治创造的，超越于契约中规定的（法律）限制。

土地契约条款无论是在名义还是在实质上，一田两主的习惯在新界以及华南的其他地方已经表现出根本上的相似性。然而，我们从新界所观察到的是契约中规定的正式条款与地方政治的实际动力之间的交互作用。寺田浩明（1983）从事与一田两主有关的土地交易的概念框架的研究，他认为与"活卖"和"绝卖"相似，也存在着"活"佃与"绝"佃，所有权的田面和田根的形式来源于这种绝佃。无论这种构想是否是寺田浩明的例子中的概念框架的合理重建，但新界的例子显示出一田两主的社会组织与作为其证明的正式术语之间的关系划分并不明晰。在相同的组织支持下，交易中可以使用不同的术语，同时不同的社会组织可以通过相同的租赁契约进行背书。书面契约并不是社会组织的准确反映，也不是一个特定交易具体条款的记录档案。

新界土地交易的社会环境

契约并没有涵盖所有的术语和条件或者社会组织，这并不意味着文本契约并不重要，或者新界在使用土地交易术语时没有内部的一致性。它所意味的是，土地交易的术语和文本契约在当地社会的动力中扮演着更为复杂的角色。这些动力包括类似于在田根所有权上大姓之间的争夺，后来的外来移民试图建立他们自己的地位并且挑战大姓的政治权威，以及各方通过土地交易获得物质基础的保障。（Faure 1986）

租佃契约中的一项"永久性"条款，鼓励租佃权和田面权的所有者投资于土地，通常此后不会由地主也就是田根所有者收回。契约因而为佃户的定居过程提供了便利。保护这块土地上的佃户对于田根所有者而言也是必需的（因而这一习惯被广泛使用），但是土地上独立群体的建立涉及政治上的风险。如同在大庵山契约中发现的条款，其中就规定土地权不能被转让给"住远人"，这一条款可能被用来减少外来群体侵蚀田根所有者的物质基础的风险。与此相反，如同大屿山的一份契约，将对张氏的定居造成障碍。在这些例子中，契约被用来寄托了制止或者阻止社会变化的希望，代价是降低了他们的佃户开垦和改良土地的激励机制。无论哪种方式，文本契约中的条款不一定会被遵守，同时合同的执行也不是清代司法系统的一个优点。

这种环境，也即在土地交易中所使用的术语与地方政治存在着复杂联系的地方，也存在着市场的影响。在以前对新界的农村账簿的分析中，我展示了农村社会背景中的土地交易是借贷、联姻和领土等长期关系的一部分。（松原健太郎2004：chap. 4，app. 6）换言之，土地交易趋向于发生在有限的已经建立了长期关系的群体中。

158 而且，科大卫关于居住权的研究认为，即使某人购买了新界的土地，除非购买者有居住权，否则他对土地的使用将会受到严格制约。尽管他可以获得租金收益，但是他将不能在居住于土地上的同时享有这一地区居民的所有权利。类似于此的因素将很快地限制了土地实际上可以出售的对象。

基于下列来自于新界的存档完好的例子，分析关于土地交易、书面契约以及领土权力的动态平衡的关系。

屯门陶氏家族的祖产

陶嘉仪祖及其家族

陶根浐（To Kan Chi）等人与斐文束（Pui Man Yau）等人的案件，围绕屯门陶氏家族展开，其宣称拥有一座道观和佛寺的实际所有权。这一案例有趣的地方在于陶家所使用的土地交易的传统形式，以及这些交易如何可以证明当前的所有权。（To Kan Chi and Others v. Pui Man Yau and Others 1992）

至少从明朝开始，陶氏家族就已经定居在屯门。这一家族的第三代成员之一就是陶嘉仪（To Ka-yi tso），据说他在 1454 年去世。陶嘉仪有四个儿子，其中三个儿子成为至今依然存在三房的始祖。[1] 因而，家族中所有男性成员都被认为是陶嘉仪的直系后代，并且有权拥有陶嘉仪名义下所有的祖产（被称为祖，意思等同于"祖先"）。这一财产包括 20 世纪 90 年代成为法律纠纷焦点的道观。[2]

道观有一位名为斐文束的住持，1989 年，他的前任去世时指定他担任了这一职位。住持的世系可以一直追溯到陈春亭（Chan Chunting），他于 1914 年从陶氏家族手中获得了特定的财产权。争论中的一个主要的问题在于 1914 年的交易中转让的财产权的准确性质：陶家是否是绝卖，并且允许陈春亭成为绝对的所有者，或者是否陶嘉仪祖拥有这一寺观。

---

〔1〕 按照记载，第四房已经从屯门迁走，其后代自 1880 年开始居住在大莆墟南坑。（Account Book 1880：4）这里提到的账簿的页码与法庭上使用的是相同的。

〔2〕 复杂性包括，寺观还拥有一座佛教寺院，其建立是因为第一任方丈皈依了佛教，但是道观一直发挥着功能；此处为了清楚起见，我将集中关注这座寺观。

转让发生在 1914 年，是由陶氏家族的成员签署的，并不是绝卖，法院也正式承认了这一点。这一案件涉及住持对物业的控制权。虽然出于非绝卖的交易，他的控制权却像拥有自己的生命一般，最终演变到他可以宣称拥有绝买无异的所有权。然而，当时引起争议的问题是在 1914 年交易之前，陶家对这物业到底有什么业权？

存在另外一个重要的文件，就是一本时间为 1880 年的账簿，其中记录了陶嘉仪祖拥有的祖产（被称为"尝产"）。这一账簿的名字是《陶五柳堂均派三房分理粮务尝产登记簿》（*An Account Book to Record the Fair Apportionment of the Shared Management of Grain Tax Obligations and Sacrificial Land among the Three Fongs of the To Ng Lau Tong*）[1]。"陶五柳堂"是陶嘉仪祖的堂名。（Account Book 1880：4）

祖产被分列于两个单独的标题之下。第一个标题"嘉仪祖所存产业有开列于后"（Account Book 1880：18）之下，列出了一系列的地名，附有应缴的租金和佃户。如果一片地产之上有不止一个佃户，那么也记录了这些佃户之间租金的具体分配方式。佃户中包括两个陶氏家族的成员以及其他一些外族，在某些情况下，指明了付款的详细情况。（Account Book 1880：18 – 23）这些地产的佃户被称为"佃人"，同时财产权表现为一种直接的地主—佃户的关系。

第二个标题之下的情况更为复杂，其中包括将要讨论的道观。其标题为"嘉仪祖所遗下典断出与人田园每年该收纳粮米银登记于后"[2]。（Account Book 1880：24）关于"典断"这一词语，法庭采纳的翻译是"assigned by mortgage for perpetuity"（通过抵押永久让

---

[1]《陶五柳堂均派三房分理粮务尝产登记簿》，在本文中被称为 1880 年账簿。法庭所认同的这一翻译方式是由鉴定人安东尼·迪克斯提交的。（To Kan Chi and Others v. Pui Man Yau and Others 1992：61）保存下来的这份文稿完成于 1884 年。

[2] 原始的中文标题为："嘉仪祖所遗下典断出与人田园每年该收纳粮米银登记于后"。

渡）。(To Kan Chi and Others v. Pui Man Yau and Others 1992：61 –
62）这应是典和断（断等同于绝）这两个术语值得注意的用法，尤
其是基于我们之前第一部分中的二分法，也就是活、典与绝、断之
间的陈述。然而，由于在账簿这一标题之下所列出的每一份财产都
或者指明是典受（承受抵押人通过抵押获得），或者指明是断（绝
卖给买主），但是从来没有两个词同时出现，因此这里提出的翻译
其意义更为丰富。

　　指称一个被抵押的财产的例子是："梁见禄，土名围份，租五
石九斗，每年米银钱五百九十文。今打兑过刘亚久，交米银钱三百
九十文，咱成之子，壬申交米银钱二百文……刘亚成、刘亚德兄围
份，每年米银钱四百八十文。"（Account Book 1880：30）在这一事
例中，陶嘉仪祖将土地抵押给见禄。土地产生的租金是五石九斗。
没有指明其中多少来源于最初的抵押，或其中多少是实际支付的。
因而，支付的银钱五百九十文的准确性质是不清楚的。然而，刘氏
一方，与梁见禄来自于同一个有墙村庄，被提到是实际支付方，陶
嘉仪祖的收益则是明确的。

　　被描述为"永久转让的土地（断田）"的例子，参见如下：

　　　　圣山青云观每年该断田米银七钱式分三房均派每房收银式
　　钱四分。将此米银内补长房米银钱七百尚余三房均收。（Ac-
　　count Book 1880：31）

这是一个古怪的条款，因为土地已经被永久性的转让，并为陶
嘉仪祖带来了一项年收入。一个可能的推论就是土地税是由陶嘉仪
祖负担的，同时买方需要向卖主支付这这一款项。现在已经难以知
道陶嘉仪祖的成员实际上是否为这片已经永久转让的土地支付税收，

尽管在这份账簿上我们可以看到陶嘉仪祖的税收负担。（Account Book 1880：3－17）这些记录中的一条列出了一个名下登记有税收负担的名字，即甲（税收登记的基本地方区划单位），在其之下进行了登记，并列出的负担的数额：其中没有关于每一条目所记录的每笔税收所对应的陶嘉仪祖地产的信息[1] 然而，非常清楚的是，161 基于某种推论可以认为，通过一些方法，陶嘉仪祖保留了为永久转让土地的进行支付的权力。

香港高等法院的解释

在陶氏家族和住持的法庭辩论中，法庭不得不决断1880年账簿中的术语"典断"和"断田"的涵义。如同之前提到的，"典断"的译文"assigned by mortgage for perpetuity"（通过抵押永久让渡）被法庭接受，同时"断田"则使用的是"perpetually transferred land"（永久转让的土地）这一翻译。陶氏家族一方按照血统继续保有寺观的所有权，同时首席检察官的论据就是陶氏家族一直维持着与青云观（Tsing Wan Kun）的关系。

法庭主要基于专家的证据，对此解释如下：

首先，不可撤销的永久性的交易，断卖或绝卖，与"可撤销的"交易是完全不同的。而且关于后者，他们被认为"类似于术语'典卖'，通常翻译为'mortgages'"（To Kan Chi and Others v. Pui Man Yau and Others 1992：71－72）。这种区分本身，以及典与

---

〔1〕 大致同一时期，相邻的香山县在交纳土地税中也可以发现相似的情况（时间大约要早20年）。在香山县的例子中，承担土地税的人名之下登记的是与实际活着的交税人毫不相干的人名。陶氏的例子也是如此，并不清楚类似于陶一举、陶友孙、陶文友这样的人名是否对应的是实际的人。税收同样也登记在祖先陶嘉仪名下，而他已经去世300年了。一个差异就是，在香山县的例子中，税收负担是按照亩数来计算的，而在屯门陶氏的记录中则用白银来计算。对于香山县例子的分析，参见松原健太郎。（2004：chap. 1）

可撤销的交易，也就是活卖之间的类比，在学者中得到了广泛的认同。

然而，法庭解释中的下一步似乎就不那么合理了：对于可撤销的交易提出了一种观点，也就是卖主保留的赎回的权力与田面和田根所有权的划分存在联系。

> 保留给卖者的可赎回的权力被广泛表达为"田根"，字面意思是"root of the land"，而购买者获得权力是"田面"，字面意思是"surface of the land"。可赎回的交易制度的结果因而创造了两种相互补充但相互独立的来源于土地的产权利益，而两者基本上以并不明晰的方式共存。购买者，也就是拥有田面权的一方，拥有耕种的专有权，但被要求应交给买方一笔足够的款项或者足够的粮食来支付税款。（To Kan Chi and Others v. Pui Man Yau and Others 1992：72）

对于导致了"各自产权利益"的过程的这一描述，与之前提到的任何关于一田两主（或者对田面和田根所有权的划分）的研究都不相同。如果卖主保留赎回土地的权力，买方的权力将会与田面所有者的权力存在非常大的区别，因为田面所有者应当享受不能从土 *162* 地上移除的永久性权力。（寺田浩明 1983）

而且，法庭的构想是将田根所有者认为是粮户，同时田面所有者被认为是佃户。从法庭的角度来看，这是一种有效的以田面和田根划分所有权的标准方式。然而，通过将可赎回的交易习惯与"典"的交易联系起来，法庭在术语方面产生了混淆：创造了"佃户"地位的交易，并不是一种可以赎回的交易，而应是通常被称为租佃的合同，其中使用的术语通常是"批"或"招"以及"佃"

而不是"典"和"卖"。[1] 后面这一系列的术语直接与"所有者"也就是业主相关,而前面的那些术语则不是。而且将"典"的特征归纳为是一种对于承受抵押人也就是典主而言,"拥有并享有获得的土地"的交易,这是非常不准确的。[2]

法庭似乎将之前错误的提法与鉴定证人安东尼·迪克斯(Anthony Dicks)的证言结合了起来,后者(相当合理地)认为典断的一个可能解释就是田面权。(To Kan Chi and Others v. Pui Man Yau and Others 1992:67–68)这一提法结果就是:(1)法庭赞同永久性交易的断与可赎回的交易(类似于典)之间的二分法;(2)划分为田面权和田根权的所有权被描述为通常出现于典的交易中;但是(3)术语断和断田有时指的是仅仅是田面权的转让,或换言之,是"典"的同义词。这一提法与法庭接受将术语"典断"解释为"通过抵押永久让渡"相一致。

然而,法庭对于前英国时代新界土地所有权状况与土地交易术语之间关系的解释更多的带有误导性质,其结论——陶氏家族对于青云观的拥有类似于田根所有者——似乎是合理的。这可以从这样的事实进行推断,即陶嘉仪已经放弃了特定的永久性的财产权(按照断的涵义),并且他们收租已经多年,这可能与税收有关。而且,尽管这需要依实际情况而定,但是殖民地政府却用对待分为田根权和田面权的产权的同样方式来对待这一产权。青云观的产权是1905年集体官契的标的物,这些产权登记在青云观名下(Lots 1,2,3,416 in DD 131)。土地法庭对待所有权分为田面和田根两部分的地产

---

〔1〕 主要注意,第一个"dian"是"佃",第二个"dian"是"典"。

〔2〕 清代《刑科题本》(Memorial notes to the throne from the Bureau of Punishment,1736—1795)汇集的279宗土地案件中,有54宗是与典当交易有关的。其中25宗中明确提到佃户并没有发生变化。(中国第一历史档案馆和中国社会科学院历史研究所1988)

的通常政策就是通过将田面所有者登记为官地承租人来摧毁这种所有权方式。（Wesley-Smith 1998：131－138）

　　然而，当某人接受这一地产地权基本上是田面权和田根权划分的时候，那么将会产生关于陶氏家族一方 1880 年账簿中采用的提法背后的问题。换言之，术语"断"如何被证明与田面权所有者的产生建立了联系？

土地所有与交易术语

　　要理解青云观产权初始交易的第一点就是原始的契约没有保存下来（或者在庭审过程中没有提交）。就像我们已经看到的，田面与田根的划分并不来源于签订了一张使用产生这些所有权的单一术语的契约。将事情变得更为复杂的是，称为田面—田根权的习惯，更可能反映了主佃之间的支配关系，而非契约赋予的权益。然而，我们已经看到的租佃契约创造了田面—田根权的例子，与青云观案例中使用的是不同的术语。我们难以知道契约（假设存在的话）中使用的词语，但是在 1880 年账目中使用的是将"断"（不可赎回的转让）与区别于直接永久卖断的附加条件相结合的一种方式。这些条件据我们所知非常有限。其中一个条件就是每年向陶氏交租。另外一个在狭义上与财产不存在直接关系，但确实有关的就是存在一种在每年元宵节时要求"免费斋菜"的权力。（To Kan Chi and Others v. Pui Man Yau and Others 1992：57－60）而且，按照同一份文件，通常在陶氏享受完素斋之后要支付"香油钱"（1992：65）。

　　在陶嘉仪祖与青云观之间的多层关系中，将土地权独立出来是非常困难的，因为土地交易中建立的权力包括宗教性质的和世俗的。而且，这种形式的产生并不是一份"断"的契约的直接结果，而是后来与陶氏家族有关的权力发展的结果。另外，使用"断"这一术语，代表着交易的一个方面，也即是陶嘉仪祖永久性地放弃了特定的权力。然而，陶嘉仪祖可以收租，将财产列入他们的账簿，并且在 1914 年向住持提交了一项授予。这种状况下，陶嘉仪祖在其中显然保持有特定的权力，可以被理解为是所有权，由此提出了一个关于术语"断"更为普遍性的问题：其代表的是哪些组织方式，以及不是哪些组织方式？

164

如果土地交易的实际情况是双方之间各种复杂关系平衡的结果，同时土地权的发展符合这些完全没有受到契约限制的关系，那么通过这些关系建立起来的土地权将会无限多样化。与各方通过社会关系和土地交易形成的土地权力的多样性相反，值得注意缺乏用于承保土地交易的文本规范。（岸本美绪 1993）附加于土地契约之上的相对较少的术语和典型的条件很可能来源于成文法。不管如何，这些术语已经足以勾勒出土地交易的情况，尽管术语可能并没有准确反映交易创造的实际组织方式的情况。内容有限的土地契约应将其中来源于法规的条款从契约中反映了各方之间长期关系的其他很多条款中分离出来。然而，如果完整的分离是不可能的话，那么多种多样的组织方式将需要与交易中的每一术语联系起来，并且在某些情况下，特定的组织方式似乎与所使用的术语的涵义背道而驰。

无论在陶氏家族的案件中对于很少使用的术语"断"的概括解释程度如何，都不足以理解土地交易与各方长期社会关系之间的关系。一项对于西贡海下村土地契约和账簿之间相互关系的研究揭示出，每一宗土地交易是如何构成了较长时间内的金融关系的一部分，甚至每一份土地契约都说明了契约签订当年的每一次交易。而且，可以进入这些金融关系的各方，都局限于海下村及其相邻的白沙澳附近地区的居民。交易各方通常有长期的通婚史，以及举行丧葬仪式和处理田根所有权的领土协定的历史。（松原健太郎 2004：chap. 4）由于缺乏详细的关于土地所有者的政府记录，以及一套用来可以使得参与各方服从的强制性法律制度（滋贺秀三 1984：149 - 197，252 - 255），每块土地的所有权不得不通过这些关系在创造、强化和赋予细微差别的社区背景中进行保障。

在各方的这些多层关系中，一种特定的社会平衡——由一种 *165* 共有的正式和不正式的制度、标准、价值等共同的文化内涵作为辅助——在复合的交换过程中被维持（这应当是土地交易的一种形式）。然而，一种不对称自然产生于这些与财产、权力和声望有关的交换之中。这种社会过程通常指与在新界之外的其他地区或中国被广泛的观察到的总收益有关[1]，并且一项对涉及土地的各方的社会关系粗略调查说明，土地交易实际上是这由这种背景造就的。

来自于新界的历史材料的优点之一正如我们在屯门陶氏家族案件中所看到的，它可以揭示用于交易的术语与操作中的实际土地权之间的差异。这使得我们可以深入研究法律（在某种程度上契约的内容可以被称为法律）与习惯之间更为复杂的交互关系，同时习惯可以在构成本地社区基础的社会群体的背景下进行理解。我现在将研究方向转到这样一个问题，即从新界得到的这些发现可以在清代的土地交易中应用到什么程度？

---

〔1〕 这种社会形式的一个范例可以在 Marcel Mauss（1923—1924）的一篇经典论文中找到。

清代的土地交易："绝"卖的限制

清代的土地交易

土地交易以及由此产生的争议，清代与此有关的立法是文献中涵盖相对较好的主题。（寺田浩明 1987；Jing 1994；Zelin, Gardella, and Ocko 2004）曾小萍所持的观点是："典"和"活卖"共同的特点都是"有条件出售"，赋予亲戚和邻居购买土地的优先权，其原因是"潜在地限制了财产权"（2004a：26）。有条件出售，按照她的观点，"可以将其起源追溯到一种共同的信仰，即保护从祖先继承来的遗产是后代的责任"，并且成为产权混乱的一个来源，通常导致诉讼和暴力。她将 1730 年和 1753 年的立法措施认为是试图"澄清并容忍"有条件出售，并防止诉讼，通过这些方式消除一次特定交易是否是"有条件"或可赎回交易的模棱两可，并且禁止可赎回交易中卖主加价的要求，更不用说赎回了。（Zelin 2004a：26 - 27；Jing 1994：68 - 70）

曾小萍的观察，在很大程度上有效，有以下特点：

166　　　首先，土地交易开始的前提是一种"绝对的"产权，通过绝卖的形式获得（一种理想状态），得到清代法律条款的支持。由此，之后是标准形式的出售，同时"有条件的"出售不得不"被包含在内"。然而，如同曾小萍注意到的，各方作为绝卖进行的实际交易——不能假设这些交易方理解了法律，更不用说在前提之下操作了——在完成一次不可撤销的绝卖之后，将不断涉及对于加价的要求。其甚至引用了一个例子，其中一方在绝卖之后，按照一种乡间俗例保留要求一次加价的权力，同时最终的判决包括保证这一加价（已经支付了一部分）应当全额支付[1]。另外一种可以应用于相同类别案件中的习惯就是在不可赎回的交易中的卖方可以保留当买方将这一地产卖给其他人的时候，获得"礼金"的权力（中国第一历史档案馆和中国社会科学院历史研究所1988，161件）。这些案例强调了惯例与曾小萍注意到的立法措施之间的紧张状态。这种紧张状态说明，如果研究者关注于交易各方对"绝卖"这类术语的认识，而不是他们对法律的认识的话，交易中术语"绝卖"的使用并没有排除附属于交易上的各种条件，这些条件足以使得交易不再成为一种绝卖。这由此产生了第二个问题：是哪种社会因素使得这些名义上的"绝"卖实际上是"有条件的"？

曾小萍提出的第二个特点与这一问题紧密相关。然而她并没有指出有条件出售的起源——即保护继承而来的祖产的责任——她的构想没有涉及当代的利益，而正是这种利益促使交易各方遵循这一古老的习惯。[2] 尽管非常难以评估之前提到的责任的意识对清代日常土地交易的影响程度，一种可能的说法就是遵循曾小萍自己对1730年立法改革的评估。她认为这一改革是对有条件买卖造成的过多诉讼的反应。（Zelin 2004a：26 – 27）1756年颁布的清代法典的条款涉及对后代偷售祖产的惩罚（被永久性地取消，而不是通过分家来继承祖产）。这可能很好地说明了这种更为直接违背了孝顺而 *167* 不仅仅是遗产转让的习惯是非常普遍的，以致需要进行立法。在这样的情况下，如果不受到严重威胁的话，18世纪中叶孝顺的意识和保护继承而来的祖产的责任将应当习惯性地被涵盖，总之，似乎还不足以将有条件出售的盛行归因于所谓的孝顺。

---

[1] 中国第一历史档案馆和中国社会科学院历史研究所（1988：208件，安徽淮宁县）。交易发生于1782年，找价是在1786年，发生在之前提到的立法之后。
[2] 例如，仁井田升（1991：484）将这种形式的买卖追溯到汉代。

无论有条件出售的起源是什么，非常清楚的是，从买和卖的视角来看，无论是有条件还是无条件出售都可以通过这样一种方式来进行，即卖方保留特定的财产权。这种权利包括在原来财产价格的基础上要求加价，并且在买者出售给第三方的时候获得一笔"礼金"。

卖方保留特定的财产权，甚至当财产是被不可赎回的卖出的时候，这构成了一种出现于陶嘉仪祖账簿中被称为"断"的交易的突出特点。陶嘉仪祖尽管通过"断"的交易转让了财产，但是保留了每年从青云观获得收益的权力，同时还有其他一些特权。而且，对已转让的财产特定权力的保留得到各方之间长期关系的保证，而不仅仅是在土地交易这一狭隘的背景之下。

因而，在清代中国，甚至绝卖的土地交易都通过一种允许卖主保留特定土地权利的方式进行。相反，在香港新界的案例中，一项绝卖（断）的交易按照一种相似的限制进行。这种共性只是争论对于新界案例的分析是否可以"解释"清代中国更广泛地域内观察到的土地交易特点的出发点。然而，这里的一项尝试将我们对于社会建构的了解与新界土地交易的形式联系了起来，这应当是恰当的。

新界的社会构建

之前的学者已经讨论了长期社会关系是如何在新界的村庄中建立起来的，以及他们如何影响了土地交易双方之间的这种关系。这些过程涉及定居和家族的构建；宗教基础上形成的领土关系，通常的目的是共同防卫；市场组织；以及地方政治中的权力和声望的崛起。（Faure 1986；Faure and Siu 1995）

然而，这些过程导致各种群体结合在一起，同时他们也经常挑动各方之间激烈竞争，时常导致暴力对抗或者家族之间的争斗。某方的定居和财富的积累可能意味着对另一方物质基础的侵蚀。在这 168种情况下，19世纪，这一区域的后来者在其中扮演着决定性角色的领土联盟的形式，似乎已经发展到了试图克服某一特定本地家族支配权的程度。（Faure 1986：126 – 127）这种双重关系，在这种关系中的新来者首先要被旧有的居民所接受——通常作为田面所有者，需要开垦土地——但是在那些新来者成为本地社会整体的一部分以及通常提高了原有居民的利益的同时，也最终可以挑战本土的那些集团，这些在新界中是非常常见的。而且，土地交易是这种政治过程中重要的部分。

在土地交易中可以发现一个例子，即之前描述过的发生在海下村的翁氏家族的例子，这一地区的后来者，借钱给本土居民，并且从本土居民村庄（白沙澳）中获得土地作为担保。这一土地最终由翁氏家族购买，他们逐渐在本土村庄内部以及周边地区积累地产。尽管，本地人在多年中与翁氏家族形成了各种纽带，但在这一地区中他们的权力与新来者相比不断衰落。20世纪早期，在海下村—白沙澳地区，可能的一个特点就是海下村的翁仕朝（Yung Sze-chiu）崛起成为这一地区的政治领袖（松原健太郎 2004：chaps. 3 – 4）。屯门陶氏家族和青云观住持之间的关系也可以放置于这种背景之下进行观察。尽管青云观的起源不甚清晰，但是这一寺观显然是陶氏家族表达声望的媒介，同时也是一个特定地区本土凝聚力的工具。陶氏在1843年的表格中被列为青云观最主要的捐献者；陶嘉仪的一份墓志铭认为他是青云观的建立者；元宵节在寺观中为陶氏家族单独举办的一项庆典代表着他们特殊的地位；同时他们作为山主的地位在1914年的授予中得以证实。（To Kan Chi and Others v. Pui Man Yau and Others 1992：45 – 58）任命一位住持来照管寺观，并且执行这些宗教仪式，是提高陶氏家族声望的措施。而且，只要这些职能被执行，陶氏家族与住持之间土地权的清晰划分应当就不是非常重要的问题。然而，如果住持对寺庙有着更多的控制的话，他就有能力挑战陶氏家族的主导权。

他对寺观产权的要求正体现了这样一种挑战。放置于某一特定本土社区的这种社会整合、新来者与土著之间的相互竞争的背景之下，就更容易理解无论是在新界还是在清代中国其他地区所观察到的土地交易的一些习惯。如果土著阻止他们的权力被新来者通过获取土地而遭到侵蚀，那么在购买地产时授予亲属以优先权无疑将会很好地为这一目的服务，尤其是当本土社会的方方面面都是通过家族纽带来构建的时候，如同新界的例子。如果，如同在海下村，这些购买通常是新来者提供的长期借贷的结果，那么禁止准折——购买作为担保的土地——将会阻止这样的购买。而且，如果这些土著不得不舍弃他们的产权，那么各种习惯—无论是合法进行的"有条件"出售，还是描述为"绝"卖的惯例，实际上都不是那么绝对的交易——允许之前的所有者保留他们（已经转让的）产权将会有利于他们的领土利益。

然而，这些提高了土著利益的习惯应当被定义为不利于新来者的定居、获得土地以及创造一种物质基础。这些后来者的利益应当也反映在了土地交易中，并且这些激励措施将会将卖主保留的土地权力限制在最低程度。

中国所有地区契约中的一个共同条款强调绝卖中"绝"的性质就是"永不回赎，亦无找贴枝节。此系两相允洽，各无反悔"，这应当完全符合新来的购买者的利益。换言之，"包容"有条件出售的利益应当是由交易各方自己掌握的而并不单独地为政府所有。

将土地交易的一些形式放置在新界观察到的社会动力的背景下

的这一尝试，至多是对这些习惯的一个有限解释。然而，其也说明"绝对"的土地权与通过"有条件"交易形成的各种限制之间的紧张状态与当地政治动力的循环模式是相一致的。这应当是将以往的解释，即必须将"绝对"土地权看成是一种政府利益以及将孝顺和保护继承来的祖产的责任作为有条件出售的基础，向前推进了一步。

结论：土地交易、社会结构和经济发展

本章开始部分讨论了传统地权如何与土地市场经济的发展产生关系。从本文以及之前其他论著中分析的新界的案例，我们发现土地交易是作为各方之间多层社会关系的一部分来进行的，并且深受家庭、领土、宗教和当地政治的影响。这些案例研究了与这些因素存在关联的社会过程、他们之中的家族构建、宗教组织、定居和领土竞争。清代广泛存在一些土地交易的制度，在这些社会过程的背景下是服务于特殊需要的；本章试图将正式和非正式的规则，或者调解土地交易的制度进行澄清。

作为各种社会关系中的一部分进行的（通常与这些社会关系密不可分）土地交易的一个纬度是受到限制了潜在参与者范围的因素影响下的交易，也就是保证某一特定社会范围之外的各方不能成为潜在的购买者。而且，允许转让土地的一方保留特定产权的制度是广泛运用的，由此形成了"弱"产权。这种情况反映了这样一个观点，即在经济被"嵌入到"社会结构中的地方，市场不可能完全发展，这是有可能的。[1] 然而，其并不足以说明经济因而是嵌入的。

---

[1] Polanyi（1957）是对这一观点的经典陈述。

被设计用于包容模糊产权所带来的争执以及有兴趣建立"较强"产权的各方由此试图确保绝卖的政府立法措施肯定是存在的。

此处需要进一步研究的过程就是，绝卖和土地权的观念——最终完全得到成文法的支持——以及通过习惯发展而来的标准之间的交互作用，这些习惯通常附带着这些产权有限制的或有时候被渐渐破坏的区域变量。对此可以作如下陈述。

首先，在国家法律和（私人）习惯之间并不存在简单的二分法。当私人群体彼此之间交易的时候，强产权是被渴望的，同时土地交易的传统术语有能力设定反映这一愿望的清晰的条款。然而，本地社会建构过程中在很长时间内建立的各方之间的力量平衡同样也使得这些条款被逐渐破坏。例如，尽管是一次绝卖，但允许保留特定权力的习惯做法使这样的情况得以发生。而且，清代的立法措施并没有通过明晰模糊的交易如何应当被判定为绝卖以及禁止绝卖之后找价这样的行为来支持强产权，法庭也同样支持类似于找价这样的本地习惯。（中国第一历史档案馆和中国社会科学院历史研究所 1988：208 件）

其次，更为重要的是，这种紧张状态并不代表着一种"嵌入的"习惯经济与一种市场导向的经济之间的二分法。然而，与强或弱产权有关的私人群体之间的紧张关系似乎是这些群体之间权力关系的一部分，政府所关注的更多是保持一种和平状态，而不是最终建立这些权力本身。在当地社会的构建中，试图确保一项交易的绝对性质的各方并不倾向于关注建立一个土地市场环境。例如，海下村的翁仕朝更关心的是为他自己和翁氏家族建立一个领土基础，并且他当然不会向外人出售他的地产。没有理由假设政府与私人团体有相同的动机来支持强产权，但是即使遏制财产纠纷有着经济意义，但是在一个建立于土地税收大部分基于明代的记录并且依赖于本地

社会群体运行基础上的制度中，难以看到政府希望将此作为一项经济措施来推进。(松原健太郎 2004)

因而清代中国的土地交易制度拥有对于市场经济发展有害以及相容的元素。然而，对于新界一些案例的一项研究提出这些元素共存于一个社会环境之中，在这一社会环境中，市场并不是私人团体之间以及他们与清政府的关系中所首要关注的。

第八章 近代中国企业的跨文化特色：
20 世纪初的香港经验

钟宝贤

殖民地时期的香港是一个多种文化和贸易体制接壤的"边陲社会"。通过使用中国和英国的商业制度，各种商人群体在他们商业投机的不同阶段进入香港。西方的商业法律和传统中国的商业习惯都汇聚于殖民地香港这"混合容器"之中。这里叙述的故事展现了20 世纪初华南的政治环境不稳定如何加速了这种混合过程。

公司法以及其向远东的移植

香港的历史故事早已通过多种方式和角度展现。其中一种诠释就是通过经济史的视角，追述其融汇东西方特色的商业传统如何形成。早自鸦片战争期间，中英国冲突之初，西方的商业法律便被移植到远东地区。例如，随着 1844 年英国《合股公司法》（*Joint Stock Companies Act*）的通过，英国商人被这新法律赋予了合法的渠道可自行集资组成公司，而不需要向皇室苦苦争取一个皇家许可状。1855 年，《有限责任法》（*Limited Liability Act*）开始执行。稍后新旧公司法令被整合成 1862 年的《英国公司法》（*English Companies Act*）。随着这次立法，成立有限公司成为普罗大众可以使用的法律工具。集资成立公司不再通过特许状或者议会（Parliament）授权，而是可直接通过按照公司法进行登记。这一制度性的变革为英国企 *173* 业家创造了丰富的机遇。因此，很多学者认为这些发展在 19 世纪中期之后极大地促进了英帝国内部的商业发展。（Hunt 1936；Roebuck 1995；Cillman and Eade 1995；Tigar and Levy 1977）后面的一章（苏基朗和李树元）将进一步详述这种模式对中国的影响。

随着西方帝国主义和殖民主义的崛起，股份公司的经营模式迅速散布到世界各地。到 19 世纪，公司法已经被移植到多个英国的殖民地。随着英国殖民统治在槟榔屿（Penang）、新加坡、香港先后建立，及设立了广州、上海租界后，在亚洲沿海地区缓慢地发展起一条商业走廊。如三大沿海都市新加坡、香港和上海便成为很多中西方商人寻觅机遇的边陲地带。在这一新加坡、香港、上海轴线上，西方商业法律逐渐在混合商业圈内广被应用。这些城市成为商业繁荣之地，这里的中国移民可以从金融市场获得资金以及他们商业活动所需要的市场信息。（Reid 1996）

在广州和上海租界，外国法律渐渐把这些城市转化为"经济特区"。在治外法权之下，这些租界的法律框架往往独立于清朝施法以外。这些新的商业制度，受到西方法律框架的保护，亦为中国商人带来新的商业机遇。如下所见，中国沿海地区的外国租界为中国商人提供了一个在政治危难时期的避难之处。他们利用香港或者其他沿海租界网络提供的法律保护，通过他们的家族和区域网络，调动资金来运营商业活动，建立市场连接并且保护旗下资产不受中国官员的骚扰。(Fairbank 1968；Hao 1986；Cohen 1970；Chung 1998：3 – 6，127 – 132) 本书中马德斌撰写的章节详细讨论了上海租界区的商业法律；本章则集中关注香港的情况。

香港传统的中国商业习惯

早在 19 世纪初，"company"（在广东话和官话中被翻译为"公司"）这个概念通过活跃于华南的西方传教士的翻译工作传入广州。[1] 1865 年在香港颁布的《公司条例》(*Companies Ordinance*) 是首部引入中国沿海地区的公司法，这是在 1862 年《英国公司法》颁布之后仅仅 3 年。引入之初，《公司条例》只被少量活跃在香港和上海的西方公司所使用；它在中国商业圈的影响力很小。大多华资商号都没有向当地官员登记，它们多倾向使用传统商号名称来运营。但是，这种运营方式无法向官员提供所有权信息，因此当商业纠纷出现时，便给官员执法带来了不少麻烦。这一习惯不仅在外籍人士而且在华人社会中也带来了混淆。香港殖民地官员注意到，在这芸芸陌生的中国习惯中有一种是在堂的名义下进行资金的调动。在香港的英国官员眼中，堂是由中国商人拥有的类似于公司控产的单位。对于中国商人来说使用一个或多个堂名来代表他们不同商业领域中的权益是非常普通的事情。此外，堂的股份又可以被堂名建立者的后代所继承，故其所有权也不易被清晰地定义为一个家庭或者单独的个人。(Hong Kong Government 1901) 虽然，堂的产权常常模糊不清，但对不少华商而言，以堂名控产也非常灵活。

据现存研究所见，"堂"的概念可以追溯到 16 世纪。在华南，

---

〔1〕 对术语"公司"发展历史的详细叙述，参见方流芳 (2002)。

中国字"堂"的涵义类近"祠堂"这一涵义代表的建筑物，但是在使用于经济活动时，其涵义便变得更灵活。到了16世纪，在官方以户籍为单位的税收账簿中，以堂名（例如祠堂的名称）做户籍登记是常见的。这些堂通常拥有旗下财产，被用作维持祖先祭拜之用（刘志伟1997；Choi 1995；松原健太郎2004）。[1]

　　这一习惯也可以在殖民地香港找到。由于其应用灵活多变，在华人圈中也广为流行。堂的制度在香港的新界和市区中都很容易找到。（参见Wong 1990）堂的灵活性允许其所有者进行不同的活动。在一宗1910年的判决中，香港法庭对堂的合法性提出了疑问。（Reuter, Brockelmann, and Co., Appellants, v. Tung Lok Tong 1910）英国法庭认为中国的堂并不是一个法人，因此无权提出诉讼或者被诉讼。在另外两宗香港法庭的案例中，堂的法律地位亦引起了争辩。法庭裁决，堂并不具备法人地位；（Tung Sang Wing Firm v. Chow Chun Kit 1910；Chow Cham v. Yuet Seem 1910）因此它不能得到香港法律的承认。堂不能进行财富的积累，不能转移或继承公司的股份。这些案例突出了英国法律施加于中国商业习惯上的强制性。其结果就是，在中国商业习惯法与英国法律之间浮现了一个灰色地带。骤眼看去，这一灰色地带为执法造成障碍又令商业交易增加了成本。但讽刺的是，对于很多中国商人（尤其是那些选择使用堂名投资的商人）而言，这一法律上的模棱两可和灵活性为他们逃避中国不稳定的政治环境提供了保护，而他们的营商基地通常都在中国（而不只在租界之内）。为了展示中国商人如何利用这种法律的灵活性，我们将检视香港的公司登记记录和他们所揭示的情况。

[1] 也可以参见北京中药店同仁堂的历史。（Cochran 2006：chap. 2）

东方遇到西方

殖民地香港是一个外来移民的社会，由多代的流动人口构成。不同华商群体通过使用东方和西方的制度，在香港建立起他们的事业。这种发展正好反映进香港的公司登记记录[1]中，这些记录可以被视为中国政治和经济不稳定的寒暑表。

自 1865 年公司法被引入香港之后，绝大多数依此法登记的公司是由外国人所拥有和管理的。按照今天可以看到的档案，1900 年之前大约有 5 家中国公司曾按此法，其中 4 家从事火灾或者海事方面的保险业务。这些公司是万安洋面保险、全安火险、宜安洋面兼火烛保险以及同安保险[2]。按照登记记录，这些公司皆有同一群创办者和股东，他们主要是来自广东省南海、番禺和潮州的移民。他们大多从事香港的南北行商业活动，也就是从事南洋和华北之间的商品进出口活动。他们当中更有一些是南北行公所的董事。他们在香港运营商业始于 19 世纪 60 年代，当时华南稳定的政治形势被太平天国起义所打破。从事火灾和海事保险（但是不涉及人寿保险）似乎是他们核心业务进出口活动延伸出来的副业（进出口活动通常涉及船运和仓储）。值得注意的是，这些商人中没有人在《公司条例》之下登记他们的核心业务（南北行）。保险业涉及的风险，尤其是

---

〔1〕 香港的很多政府记录，其中包括那些与公司登记有关的，在第二次世界大战期间被毁坏或者受损。本章所使用的公司登记记录是通过保存下来的记录修复的。

〔2〕 除了这四家保险公司之外，还登记有一家 Hong Kong and Kowloon Land and Loan Investment Co. Ltd（1899）。参见 Company Registration Records, Article of Association and Lists of Shareholders, Series 122, 123（HKRS 122, 123）; Company Registration Court, List of Companies Wound-up in Hong Kong: 1925–1965, Series 124（HKRS 124）; 也可以参见 Hong Kong Government, The Supreme Court of Hong Kong, probate jurisdiction, wills（HKRS 144）。

需要获得"有限责任"条款的保护，这有助解释他们的登记策略。基于他们从事南北行方面的共同背景，这些保险公司可被视为一个"联保"的群体（用以摊薄风险）。这些公司的名称中都有"安"字，应当不是一个巧合。

从 1900—1920 年，在《公司条例》下登记的华资公司数量显著增加。在登记记录中大约可以找到 22 家华资公司。这些企业从事汽船运输业、房地产业、西式银行和西式百货公司。它们大多由少量倡议者所创建，但是却吸引了数量众多的股东入股。按照登记记录，这些公司的创办者和股东主要来源于香山、四邑（指的是台山、恩平、开平、新会）。四邑和香山都以输出大量中国海外劳工而闻名（尤其是在加利福尼亚和澳大利亚发现了金矿之后）。这些公司创办者中，不少人是 19 世纪 90 年代从美国或澳大利亚回流的中国移民。他们返回中国主要是因为美国和澳大利亚的排外政策，这一政策始于 19 世纪 80 年代，主要针对中国移民。这些回流移民大多都返回了他们祖籍，但是也有部分选择定居在香港，因为那里有着丰富的商业机遇。相对于早前已扎根于香港的商人（如南北行商人），这群回流者被视为处于社会边缘的一个商人群体，更被视为是一群后来者。他们与家乡保持着密切的联系，并且成为抗洪、地方防御和修建新式学校的主要捐赠者。这些从海外归来的移民中最为著名的商人领袖便有马应彪和李煜堂。马应彪是香山人，从澳大利亚回流，李煜堂则是从美国回流的台山（属于四邑）人。他们 177 都于 19 世纪 90 年代在香港定居。

在华南，产生了一套新的词汇来描述这些海外的回流者。他们被称为"金山客"（"旧金山"指的是加利福尼亚，"新金山"指的是澳大利亚）。马应彪和李煜堂的名字出现于之前提到的多家 20 世纪头 20 年在港成立的公司的创办者名单中。这些回流商人自成一系，俨如香港华商圈内一组边缘群体。作为一群殖民地的"新来者"，他们结连起密切联系。认购记录显示采用公司法对这些筹集资金的方法带来的变化不大。从股东记录所见，这些公司仍十分依赖血缘和地缘网络来组成。据先施公司（Sincere Company，在香港成立的第一家西式百货公司）一名退休成员忆述，百货公司部分资金来源于建立者在香山的祖先祠堂（公司的建立者是马应彪）。至少在第二次世界大战爆发之前，先施公司一定数量的股息便是通过香山马氏家族的祠堂被定期送给指定的男性成员，因为很多堂在先施公司名下都被登记为股东（作者的与 Mr. L. S. Ma 的访谈，1992年8月2日）。马先生的陈述可以通过公司的认购清册得以证实。先施公司的部分股份确实以堂的名义被认购。

香港的公司法给这些公司提供了两种进行商业活动的新工具：有限责任的法律保护和连锁股份（interlocking shares）的管理模式。在缺乏股票市场作为融资渠道并且并不容易得到银行贷款的情况下，商业集资趋向依赖不同的商人群体联结网络。所有权同样也进行了连锁。在四邑人经营的业务中，例如，康年银行向康年人寿认购股份，而反过来康年人寿又是康年银行的主要认购者。这两个公司的主要创办者之一就是李煜堂，即之前提到的台山商人在香港的领导人物。通过姐妹公司之间的连锁股份，其结果就是联合股份公司用以创造资本，因为认购的股份并不需要全额支付。亦通过将风险分散到大量家族企业中从而规避了风险。通过这种方式，连锁投资可以说创造了一群联合企业。

由于在美国和澳大利亚的私人联系，很多金山客也在香港成立178 了将中国商品销往海外华人社区的贸易公司。这些公司被称为"金山庄"，用以把它们与南北行区分开来。它们提供大量服务，连接起海内外华人社区。金山除了从事中国货的交易之外，也参与广东、香港和海外华人社区的汇款业务。李煜堂旗下的金山庄便活跃于华南和北美华埠之间的汇款业务，值得注意的是他的金山庄并没有在香港的《公司条例》下登记。此举不应当归因于他缺乏法律知识；反之因为不做登记的话，这些公司就不需按《公司条例》要求公开他们的财务账目。我们用来判定这些汇款活动规模的线索非常少，按照雷麦（C. F. Remer）1930—1931 年的调查，汇款总额占到了从北美通过香港汇往中国的所有汇款中的大约 50%（即 27 270 万港币中的 13 680 万）。这一汇款网络对于台山商人维系在华南的商业和政治活动自然至关重要[1]。

香港政府很早便意识到这些从北美回流的台山商人在香港政圈中非常活跃。例如，香港的台山商人在华南抵制洋货的活动中尤其活跃。1904 年，他们是广州拒约会的创立者。他们在广东和香港发动了大规模的抵制美国货的活动，作为美国续颁《华工禁约》（Exclusion Treaty）的抗议。在排外运动中，一些台山商人抓住了危机提供的机会，自行联合投资于汽船运输和华南的铁路建设。他们投资汽船和铁路的决定绝非偶然。1905 年后，在"赎回路权"的口号之下，清政府开始收回赋予外国投资者的铁路特许权。赎回路权的观念很快被各省的商人群体所接纳，他们着手规划积累资金在各自省份中建造铁路。在很多省份，尤其是在那些如云南、广西等贫穷省份中，商人难以筹集足够的资金，也缺乏来自当地政府的资金以确保购回铁路。广东是商人能自己筹集足够的资金用于铁路建筑的少数几个省份之一。

1911 年 5 月，北京政府推行铁路国有化计划引至各省群起抵 *179*
制。各地保路会纷纷成立抵制铁路国有化政策，并宣告这是对各省

---

[1]　更多的细节，参见 Remer（1933）。

利益的侵害。在广东，铁路纠纷引发了动乱。1911 年 8 月，广东保路会在香港而不是在广州成立，主席之一就是李煜堂。身处香港，这些商人有安全保证，继续他们在华南的政治和经济活动。（Chung 1998：35 – 55，174 – 175）

中国南方的动乱和香港的安全港

从 1911 年开始，香港作为华南商人的政治庇护所的角色变得更明显。如下所见，这一发展也在香港的公司登记记录中留下了痕迹。1911 年 8 月，广州将军被刺杀，紧接着广东的大量政府军队相继叛逃。至少 57 支被称为"民军"的民间势力相互竞争、自封为革命军队并在广州及其周边地区汇集。1911 年清朝覆亡后，中国进入数十年的政治混乱和战争时期。由于北方政府和广州政府之间的尖锐对抗，两者都极度渴望经济资源来强化他们的军事力量。广州政府实际上是军阀的一个松散联盟，包括那些来自云南省和广西省的军阀（他们旗下的军队被广东人称为"客军"）。各派系军队不易控制，抢劫和征用私人财物非常猖獗。但是为了维护这一脆弱的政权，广州政府也需要控制资源来满足那些军队首领的需要。其结果之一就是，广州的金融系统持续恶化。（Chung 1998：99 – 126）广州政府也需要依赖"商人的捐献"来维持其统治。那些从美国回流的台山商人是其中重要的捐献者。作为回报，他们当中不少人都被任命为政府的高级官员。香港总督梅含理爵士（Sir Henry May）尤其关心李煜堂控制下的广州政府的财政库。总督梅含理观察到在 1912年，财政库"的管理非常糟糕。实际上是空的……香港华人社区提供了 2 000 000—3 000 000 美元的资金——已经被支出（或盗用），但没有保留任何账目记录。此后，推出更具破坏性的策略就是诉诸发行没有任何储备保证的货币"（引自 Chung 1998：45）。总督梅含理估计，在 1912 年 8 月，广州政府贬值的货币（其面值大约 100 万美元）将会流通到香港。他解释到，不受欢迎的广州货币能在香港流通，不仅仅是来自广州政府的压力，而且是受到香港所谓爱国团体的恫吓。这些团体被一些"有利益冲突"又具影响力的华人所控制。总督梅含理将矛头指向居港的台山人。（Chung 1998：45）

180

1923 年，广州政府正式执行市区的土地登记法令。所有由家族、寺庙和祠堂（其中很多由"堂"所掌握）控制的共有物业被宣布为公产或官产，能出示"红契"（盖有官印的契约，即由清政府承认的地契）的例外。但是在 20 世纪 20 年代之前，土地所有者转让物业时寻求政府官员认可，这是非常少见的。很多广州的地产所有权仅仅由私人合同（例如，买家和卖家签订的合同，没有政府的背书）来说明法律地位。（Chung 1998：93 – 95）。通过这一政策，广东政府试图将隐匿在私人手中数量庞大的土地充公来增加财政收入。这些掌握在民间组织，如寺庙、行会、祠堂和宗教机构手中的产业，由于易于辨认，成为这一政策最易攻击的目标。其结果是，很多产业所有者寻求变通的方式来隐瞒旗下财产。很多堂产的所有者试图结算他们的不动产，并把资金转移到香港。广州各支不受控的军队对堂产的劫掠，以及广东政府对堂产的没收，使得大量堂产所有者迁到了香港（Chung 1998：103 – 106）。[1]

与广州的政治变动同步，1923—1934 年间在香港由华人注册成立的公司迅速增加。按照现存的香港档案，这一时期，约有 49 家中国公司在香港的公司法之下进行登记。能在记录中确认的这 49 家合

---

〔1〕 黄大仙祠的历史也可以反映这一发展过程。其中的细节，参见 Lang 和 Ragvald (1993)。

股公司中，有 27 家将自己登记为从事信贷、抵押和土地投资。这些注册公司中，部分仍采用"堂"作为公司名字，例如曾忠信堂有限公司、岑余庆堂有限公司和余安礼堂有限公司。这 27 家公司有下列特点：第一，每家公司的注册董事和股东有着同一姓氏及籍贯；其中一些甚至登记地址都相同。第二，尽管股东的居住地址分散在香港、华南、东南亚和北美各地，但是所有董事都将自己登记为香港居民。第三，这些公司全都参与土地投资和抵押。台山人在这现象中起了非常重要的作用；按照公司登记记录，这些股东中很多人都将籍贯登记为台山县。

为了理解这些公司是如何运作，我们应检示下列材料以及反省其揭示的内容。于 1930 年注册的台山侨港陈氏联合有限公司。在公司的文件宣称，其主要商业活动是抵押和房地产，"公司成立的目的"包括"为投资、重售或买卖而收购土地、房屋及其他具有租务和附属利益的物业；从事重订、售卖及交易属于永久业权及租赁业权的土地租务；为土地、房屋或其他物业（及附属其中的利益）提供垫款；以及一般地从事有关土地、楼房及其他物业（不论动产或不动产）的交易、售卖、租赁及交换等商业活动"。公司的资本是30 200 美元，分为 6 040 股，每股的面值是 5 美元。股东的名单显示，公司有 40 位股东；他们全部来自同一地区：台山。其中 7 位居住在台山，28 位居住在香港。所有 7 位董事都居住在香港，他们都有着相同的姓氏（即陈姓）。[1]

值得注意的是，其股东名单中包括了显眼的陈程学祖，这是建立在陈程学名下的堂（他也是最大股东，握有 600 份股权）。我们

---

〔1〕 许元英（2000）的论文对于世纪之交，移民到美国的台山商人与他们留在广东的亲戚之间的密切联系进行了详尽描述。进一步的研究可能会揭示 20 世纪 20 年代之后，香港台山县的堂与他们美国老乡之间的关系。

没有证据证明，这堂是由他的直系后代建立或者管理，但我们能肯定的是陈程学是台山人移民北美历史中的一位名人。台山移民很有理由要记住他的名字。陈程学是 19 世纪 60 年代最早移民到加利福尼亚的华人之一。1868 年，他已经在西雅图创建了一家杂货商店，即华昌公司。陈程学在华昌的伙伴包括陈宜禧，他于 1905 年返回台山，并且修建了那里最早的铁路之一，新宁铁路。陈程学的名字出现在以上股东名单之中，很可能有助公司在华南台山人圈子中竖立较高的知名度[1]。

我们试将陈程学的故事放置在更广阔的政治背景中。许元英（Madeleine Hsu），在她的著作《黄金梦、家之梦：美国与华南之间的跨国主义和移民》（*Dreaming of Gold*，*Dreaming of Home*：*Transnationalism and Migration between the United States and South China*）中，对移民到美国的台山商人与华南乡亲之间的密切联系进行了详尽的描述。这里讨论的公司登记记录揭示，香港显然是这故事中"加州之梦"与"英雄凯旋"两章节之间遗失的一环。在以下章节中，让我们讨论华南台山人故事中较少"英雄"色彩的一面，并观察其中所揭示的内容。

法律上的模棱两可：冲突

除了提供英国法律保护外，香港亦为跨界的投机活动提供了一个政治上的安全庇护所。从香港的公司登记记录所见，在 1924 — 1934 年间，大量华人在香港注册成立公司，参与土地投资和抵押活动。这一发展并不是偶然。为了理解这一故事，我们必须进一步详

---

[1] 关于北美台山人开办公司的历史，参见许元英（2000：chap. 6）。

细介绍之前提到的广东在 1911 年的混乱状况和 1923 年广州政府的土地政策。

从 1911 年开始，随着清政府覆亡，多支相互竞争的军队派系首领开始拍卖他们在广州各地霸占的物业。讽刺的是，这一趋势刺激了广州的房地产市场。从 1919 年开始，这一趋势变得更明显，当时孙中山的儿子孙科被任命为广州市市长。作为一位渴望发挥其政治影响力的理想主义者，孙科制定了一个城市重建发展计划，并且开始拆除广州城的老城墙。很多公共和政府建筑也被拆毁。1923 年，这一趋势得到了额外的推动力，这一年广州政府正式执行了一项土地登记条例。据此，所有由家族、寺庙和会馆控制又没法出示红契的公共物业都被宣布为公产或官产。其结果就是广州政府控制了大量被没收的公共物业。为了把物业变现，政府开始进行拍卖。这拍卖活动吸引资金涌入（其中一些通过香港）房地产市场，并在广州创造了一个地产市场的浮华期。1923 年，英国官方调查称"在过去几个月中，通过在公开市场拍卖土地引发了物价的明显提高，并且导致了房地产市场投机的泡沫"。一名外国记者也记录"土地和股票市场的繁荣是 1923 年最为重要的事件……资金过于充裕，投机大盛"（*China Weekly Review*, 7 February 1924）。正值地产市场繁荣，不是每项被没收的产业都被公开拍卖。那些与官员有联系的人物（例如台山商人）便往往可操纵供应，同时以最低的价格获得最好的物业（Chung 1998：93 – 95）。下列事件展现了这一发展。

1920 年，广州的旧城墙被拆除，广州政府推行城市重建发展计划的时候，很多公共或被没收的产业纷纷被拍卖。同年，一群香港的台山商人与他们在台山的老乡合作，向广州政府申请购买 3 块土地。这一请求提交时是以"台山会馆"的名义。购入的物业前身曾是一家警察局、警察训练学校及一所监狱。为了鼓励台山的同乡认购，多位台山名人（富裕的海外台山商人，例如陈程学和李煜堂）应邀充当合资的发起人并发出"邀股通知书"。此外，所有认购者都可以将他们祖先灵牌放置在一个重修的堂中。祖先灵牌的数量和大小按照出资比例分配。通常分为三个等级：60、100 和 119 美元。认购超过 20 000 美元者将可以有权命名一个礼堂。总共有 629 位台山人捐资，最终汇集了大约 100 万广东银元。（《台山公会月刊》1933）这笔款项被存放在台山人在香港开办的西式银行中。

由于广州政局不稳，相关土地契约及管理文件都由居住在香港的台山人保存。到 1931 年，物业的价值已经大幅飙升。香港的台山股东进行投票，决定出售物业（套现利润），结果引发台山人爆发了内部争议。然而，居在台山和广州的股东，坚持保留物业作为慈善用途，因为台山和广州的同乡将这合股组织看成是一个堂，传统上它应是永久性的，并且名义上不可以被后人瓜分。与此相反，香港的台山人认为这合股组织是一家"股份公司"，港方成员作为大股东，有权在价格理想情况下出售物业，这属商业决定。身处香港并且手中握有土地契约的在港台山股东享有多重优势，压倒他们在华南的同乡。但是，台山和广州的台山股东，通过获得广州政军界人士的支持进行回击，向香港的台山人施加强大的政治压力。最终，后者被迫放弃他们的套利计划。（《台山公会月刊》1933）

这一案例的有趣之处并不在于两组台山人之间发生的商业纠纷。这一案例的重要性在于它凸显了华南"堂"与"公司"之间的模糊关系。我们发现，到 20 世纪初，中国的堂可能有着双重定义——它可以是一个传统中国的堂，同时也是一家西式的公司。对于部分的堂成员而言，通过在条约港注册成公司以获得外国法律的保护是非常普通的事情。堂的创办者将他们自己视为在香港（或其他条约港）居住的外籍人士，这也并不罕见。华南的政治局势驱使华商另觅能保护他们商业活动的空间，香港的商业法律似乎为这些堂的所有者提供了一种选择。香港已经成为他们在战乱中国投资的安全港。通过在香港将他们的投资登记于公司法之下，商人试图保护旗下商业活动免受政治不稳的影响以及逃避来自中国政府的干涉。这些华商相信香港的殖民政权能给他们提供所需的政治和法律保护。

这里讨论的两组台山人之间的争议只是因为特殊环境保存下来的例子。即使如此，它揭示了很多便利华南商人派系进行跨界投机的条件。香港殖民地身份为活跃在华南的商人进行跨界投机提供了很好的避风港。但是，这一法律的保护是有限制的。正如以上的例子所展示，这保护并不能超越于香港的政治边界之外。在华南，尤其是在 20 世纪 20 年代和 30 年代，政治现实通常要比制度提控的保护发挥更大的影响力。

结论

185   表面上，在 19 世纪 60 年代移植到香港的西式公司法应会促使中国商业制度转型，最终导致中国传统经济组织模式的消弭。本章讨论的内容却展示了西式商业法律和中国商业传统如何汇聚并在商人参与华南跨界投机活动中扮演了至关重要的角色。通过考察香港的公司登记记录，本章追溯了西式企业模式是如何从英国扩散并在香港落地生根。这些模式的发展道路被这一时期华南特殊的历史结构所制约和塑造。然而，这种转型并不能视为一种英式的制度直接取代了中国传统模式。而较准确的描述是中国传统的商业习惯在这一混合过程中主动地调节回应。

第九章 1904—1929 年中国的企业法制建设：制度和法律的创新与延续

苏基朗 李树元

20 世纪早期，中国试图引进两种西方制度——公司法和股份有限公司的公司形式［在这里被称为"企业模式"（Corporation Model）或者简称为"企业"（Corporation）］。这些制度对中国经济现代化的重要性，已是众所周知的事。本章将考察与企业模式有关的公司法的发展。

企业模式通常被认为是现代商业史中所有权与经营权分离的基础。这一企业模式最初在西方发达起来，尤其是 19 世纪之后的美国和英国。它落实了今天所谓"开放公司"（an open corporation），或者被称为伯利－米恩斯（Berle-Means）类型公司的公司模型。（Berle and Means 1932）它也被广泛认为是一种现代商业实践，建基在一套相应的由中立的政府第三方调解机制之上，而这一调解机制则表现在法治下的公司治理框架。这里有一个内在假设，即法律和模式之间有密切的关系（Easterbrook and Fischel 1991）。此中，法律是一个前提条件，也是后者的诱因；这是一个经济、历史等学科，以及包括中国在内的地区研究中，常见的一种观点。（La Porta et al. 1998，2000；Bebchuk 1999；Black 2001a，2001b；Gugler，Mueller，and Yurtoglu 2001）

然而，科大卫（Faure 1996：265，277 – 278）曾经观察到，主要来源于英美的法律和商业经验以及由此推论出来的这一理论假设，可能并不一定适用于其他文化环境的历史背景下的具体经验例证。我们通过追寻1904 — 1929 年中国公司法的立法轨迹来对这一问题进行探索，当时不同的统一政权先后颁布了三个版本的中国公司法。我们感兴趣的是变化的驱动者，从立法的层面观察在历史上他们如何影响了人们对企业模式的认识。由于公司法的立法涉及问题太多，我们将本章的实证讨论集中于与公司治理相关的领域，尤其是董事责任、利益冲突以及股东权力。

我们的方法是探寻谁在立法发展过程中做了什么以及他们为什么做了那些事情。我们关注企业模式的理想类型与影响了制度变迁发展的立法改革者和官员的思想和行为之间的相互作用。（North 1991，2005；Roe 1994，2000）我们对立法者和其他重要人物的历史性分析，描述了立法过程和在一个不断发展的法律环境中反映了法律和制度变迁的新法律。以法制史的观点出发，我们并没有将这些立法想象为一个像人一样的"国家"行动者，为了落实某些价值或应付某些困难而制造出来的。[1]

下一节将简述我们所研究时期内，与理想类型，或者企业模式直接相关的公司法律和历史背景。我们考察导致制度变迁的过程，

---

〔1〕 相似地，但集中于单一立法的问题，Verma 和 Gray（2009）也使用一个立法过程的分析，即基于三个阶段（来源、传播和反映）分析了印度1956 年《公司法》（*Companies Act*）的颁布，结论是在所有三个阶段，法律受到了印度社会、文化背景和政治进程的极大影响。

以及这些过程造成的制度变迁和与公司法实际演变相对应的激励结构。以下各小节，将分析与我们所选领域——公司治理——有关的企业模式的法律改革条款、变化的推动者以及 1904 年、1914 年和 1929 年三次公司法改革尝试的立法措施。结论中简短的分析了变动中的公司法与企业模式之间的关系。

1904—1929 年的中国公司法

19 世纪 50 年代，与外国公司在新开放的条约港开始运营的同时，出现了西方风格的联合股份公司，同时吸引了大量中国的私人投资。这些股份公司从海外和中国内部筹集的资本，使得他们在新市场中扩展迅速。一种新的公司形式就是股份公司。或为了中国人的投资，或为了市场，中国官员在 19 世纪 70 年代和 80 年代便借用与那些股份公司相似的惯例来与外国公司竞争。1898 年以后，政府政策更加鼓励和奖赏那些成功地运营商业或者开办工厂的人，尤其是建立现代公司的人。官方数据显示在 1904 年公司律即将出台之际，共有 135 家公司，资本总额接近 1 900 000 元。在这一西式公司日益繁荣以及推广这套制度的官方政策的背景之下，自强运动中的重要中国官员，如张之洞、刘坤一均要求制定一部公司法来进一步发展工业，如航运和制造业中的大型中国公司。

当时的人已经认识到需要立法达到这些目标，从而赋予中国商人与外国商人竞争的优势（李玉和熊秋良 1995：95 - 98；Kirby 1995：44 - 47；谢振民 2000：803 - 804）。因而，尽管在中国制定一部公司法反映了当时中国商人组织公司的新习惯（Faure 1996），新的法律也必须在股东有限责任方面作出一些努力，但这对中国商业传统而言，毕竟是新的东西，也是外来的。事实上，中国的投资者乐意投资外国企业，但是却不愿意对中国企业做同样的事情。这导致一部分人相信需要新的法律来改变这样的行为。将中国人的资本吸引到中国的股份有限公司，或许就是促成出台新公司法的实际原因。

中国股份有限公司的理念与困境

前述当时一个流行的观点，认为股份有限公司是中国经济现代化所不能缺少的制度条件。这一观点在晚清和民国时期的杰出思想家中非常普遍，并且得到了 20 世纪下半叶进行中国研究的学者们的赞同。例如，20 世纪初中国最有影响力知识分子和政治家之一的梁启超，撰写了一篇关于中国企业的论文。梁启超清晰地表明了只有通过促进新兴企业才能终结中国的贫穷：（1）才能从公共或者开放的资本市场筹集巨额资金，（2）也才容易扩展他们的运营，并且（3）通过更为民主和参与性更普及的决策机制来进行管理。梁启超进一步提出，他所欣赏的所谓的现代企业模式就是股份有限公司，这是一个在当时中国众人皆知的模型。

与梁启超同时代的伍廷芳，对股份有限公司有以下一段论说：

189　　吾中国人夙以能商闻，独规一业，或数人合资，其成效常大著。然以言大计划，如合资大公司等，则尚有待乎学习，此不足奇也。合资集股之公司，在西方以为常，而中国则互市以前未之见也。自通商以后，香港上海各埠，渐有纯为华股之集资公司，然总理之者，未得西方整齐划一之管理法，故以组织之秩序而论，即以无经验者观之，亦可见其不足之点，而必须有俟乎改良也……股份公司等，中国犹在幼稚时代……（伍廷芳 1914：149 – 150）

80 年后，也就是 1995 年，柯伟林（William Kirby）再次提出了同样的问题，也就是学界所称的"柯伟林之谜"（Rose and Bowen 1998；方流芳 2002）：为什么过去一个世纪中国的公司法没有达成他们主要的任务，也就是将西式公司打造成中国企业的主流模式，由此促进经济的发展？柯伟林所指的西方模式就是股份有限公司。张忠民（2002）在关于中国公司制度史的研究中，论述了类似的议题。

然而，从梁启超那个时代开始直至张忠民，中国公司采用股份有限公司模式的不太多。梁启超感慨地认为，尽管清政府已经努力地在 1904 年颁布了公司律，后来成立的各色公司超过 1 000 家，但是在 1910 年梁启超撰写那篇论文的时候，情况远远不能让人满意。主要原因有两点：首先，对于那些试图成立公司的人而言，障碍还是不少。其次，那些采取成立公司方式的人之中，大部分失败并破产。为了处理这些问题，梁启超提出了以下综合性的建议：（1）为了建立配合的法规，应建立一个立宪政府；（2）培养民众的公共精神；并且（3）建立一个配套的制度框架，包括股票交易所及现代银行系统等来支持商业企业。

在讨论中国缓慢的经济现代化的问题时，柯伟林怀疑企业模式本质上是否永远不能成为中国企业的主导形式。柯伟林（1995）同样承认这一考虑也得参照 20 世纪最后数十年中国企业的经济成效来考虑，因为后者仍可能支持中国现代企业的股份有限公司化。类似于柯伟林，张忠民（2002）同样也提出巨大的文化和政治障碍阻挠了百年来中国公司的改进。

关于中国公司法律和股份有限公司发展的问题

首先，在中国的背景下，应当如何通过依法规范股份有限公司？

企业模式在汇集资金方面有着巨大的潜力。这种公司形式使得各类投资者可以将他们的存款安心进行没有人事关系的投资。总体而言，资金来源变得非常巨大，由此可以支持一个不断扩张和资本主义式的大规模企业。但是，为什么人们会大量投资在一个与他们毫无人事关系的企业？答案就是，人们有两层信心：首先，公司将有可观的盈利，并且对其股票的投资收获高于其他投资；其次，公司的管理层将会保护那些与公司不存在任何个人关系的投资者的利益。在中国传统中，商业投资的信任主要依赖于人事关系网和关系。（Hamilton 1991）发展非人事的投资，需要一个新的额外的信用保证，即使传统式投资所依赖的个人信用还有些作用，这层新的保证变得十分重要。（Cochran 2000；Sheehan 2003）如果没有传统的制度可以依赖，企业家便只能依靠国家或者行政机构来增强投资者的信任和信心。因而，需要一些机制来让投资者确信对管理者或者公司董事有充分的第三方监管，可以保护他们的利益。中国的公司法制度需要处理股份有限公司这方面的投资信心问题。但是，股东如何获得授权来控制董事或者监督公司的重要决定，从而安心投资呢？

191

第二个关于企业模式的问题，是在公司制定决策时对资金进行有效管理。一个公司的表现依赖于从公众征集的资金，确保投资于最佳商机，并通过这种方式为股东赚取最大的回报，并且能保证足够的存留以扩张公司的运营。同时，一家公司必须由专家进行理性和专业的管理。资金必须交给最能干的人以获得最大的回报，避免业余投资者的低效管理。

在这两点基础上，我们可以进一步探问三部中国公司法的<u>立法</u>过程是什么，以及他们如何回应上述的与股份有限公司有关的问题？我们的分析框架集中于这些法律的四个方面：（1）董事的报酬和披露；(2) 董事的责任（不诚实的行为和疏忽）；(3) 公司决定向董事借贷所涉及的利益冲突；以及 (4) 股东的权力和全体股东大会的权力。这四个法律元素将作为我们讨论公司法处理股东问题的一个规范性理论框架。

1904 年的《公司律》

中国晚清的立法过程已经在很多关于中国公司法的论著中提到。（如李玉 2002）这里仍可以澄清一下这一过程，因为只保留下一份原始材料，很多学者都引用过。在新史料出现之前，我们仍得仔细审阅这份档案，下面是这份档案的全文：

《商部奏拟订商律先将公司一门缮册呈览恭候钦定折》

窃臣载振于光绪二十九年三月二十五日奉上谕：通商惠工，为古今经国之要政，急应加意讲求，著派载振、袁世凯、伍廷芳，先订商律，作为则例等，因钦此。仰见朝廷慎重商政，力图振兴之至意。维时伍廷芳在上海会议商约，臣载振曾与函商，先将各国商律择要译录，以备参考之资。旋于七月十六日奉旨设立商部。伍廷芳复承简命，捕（补?）授臣部侍郎，于八月间来京。臣等与之公同筹议，当以编辑商律，门类繁伙，实非克期所能告成，而目前要图，莫如筹办各项公司，力祛曩日涣散之弊，庶商务日有起色，不至坐失利权，则公司条例，亟应先为妥订，俾商人有所遵循，而臣部遇事维持，设法保护，亦可按照定章核办。是以赶速先拟商律之公司一门，并于卷首冠以商人通例，于脱稿后函寄直隶督臣袁世凯，会商在案，嗣准军机处交片内开。十一月十一日奉上谕：袁世凯差务太繁，请开去各项兼差一折，商务商律，现已设有商部，即著责成该部详议妥订等，因钦此，并准该督咨同前因自应钦遵办理。兹将商律卷首之商人通例九条，暨公司律一百三十一条，缮具清册，恭呈御览。如蒙俞允，即作为钦定之本。应由臣部刊刻颁行。此外各门商律，仍由臣等次第拟订，奏明办理。现在伍廷芳奉旨调补外务部侍郎。臣等深悉该侍郎久历外洋，于律学最为娴熟，嗣后筹议商律一切事宜，仍随时与该侍郎会商，以期周妥。谨奏。光绪二十九年十二月初五日奉旨依议。钦此。（商务印书馆 1909：10.1a/b）

这里描述的立法过程是中国帝国晚期的标准：起草一部法律是一个中央政府部门的责任，并且要以帝国诏令的形式颁布法令。然而，这一文本所显示的变化驱动者，似乎没有很多人重视。很多研究假设这是三位受命官员的合作产物。细读文本，这一法律的唯一起草者就是伍廷芳。载振对这一方面所知甚少，袁世凯甚至置身事外。伍廷芳遂作为这一过程中唯一的变化驱动者，应当受到比以往更多的关注。

这一立法受到了来自同时代的如梁启超（1910）等人以及后来研究这部法律的人的大量批评（李玉和熊秋良 1995：107），但是除了岛田正郎（1980：36）和科大卫（2000：87）之外，很少有人在讨论中国的这一公司法时，进一步注意到伍廷芳的法律背景。伍廷芳是自强运动和晚清政府中中国西方法律的顶尖权威之一。学者只是当将伍廷芳作为一名改革者时才注意到这一情况。（Pomeratz-Zhang 1992）他的法律背景中至关重要的因素就是 19 世纪 80 年代他在伦敦中殿律师学院（Middle Temple Inn）获得了英国执业诉讼律师资格。当第一次被邀请加入中国政府时，他是大英帝国一名普通法的诉讼律师。婉拒了这一邀请后，于 19 世纪 80 年代后期在香港从事普通法的工作，并且成为一位与当时香港总督有密切联系的立法局议员。在他成为李鸿章的幕僚以及后来被任命为驻美国和秘鲁特使之前，他有着多年的普通法实践。他理解英国法律和西方的商业习惯，以及他在《通商条约》(*Treaty of Commerce*) 谈判中的角色，在那次谈判中他面对着英国代表团一位重量级的对手，凡此种种，足使他掌握西方列强法律方面的第一手知识。前引他对股份有限公司的评价透露出当他必须向载振提出关于商业法律的建议时，会有什么想法。其他清廷官员，即使外语非常流利，但对西方法律的理解可能仍未足以完成立法的巨任。因此，我们有理由相信伍廷芳在短短几个月的时间内，亲自起草了 131 项条款的《公司律》。

明治日本于 1899 年正式颁布的完整的商法（含会社法，即公司法）（法例全书 1974），可能对伍廷芳起草《公司律》有一定的影响（张铭新和王玉洁 2003：150 – 151）。然而，即使伍廷芳手中掌握有日本的公司法，这次清朝政府的立法活动，仍不是翻译日本法令。若比较清末《公司律》与 1899 年日本公司法的文本，也不见太多的证据说明两者之间存在很强的宗谱联系，甚至是在具体的用字方面也是如此。例如，伍廷芳没有使用日本法律中惯用的关于"stock"的术语，也就是"株式"，而采用了更为常用的中国术语"股份"。至少一位公司法专家 1907 年仍在关于商业的官方报纸——《工商官报》上使用"株式"而不是"股份"（杨志洵 1907）。伍廷芳选择的第二个译语也说明他没有受到日本法律的太多影响。他没有使用日语的"会社"来翻译"company"，而是使用常用的中国术语"公司"。最为明显的差异就是关于"公司"的定义，清《公司律》的定义为"凡凑集资本共营贸易者名为公司"（第一条），但是日本法令的定义则是"本条例所称公司，谓以商行为为业而设立的团体"（第四十二条）。这一关于"公司"的法律定义上存在的重要差异，往后在关于 1914 年立法的讨论中将再出现，1914年的立法比伍廷芳更多地借鉴了日本的法令。总之，伍廷芳有着很强大的英美普通法背景。因此，更为可能的是至少他的一些主要法理思想应该是从英美的商业法体系中移植的，而不是来源于欧洲大陆的民法体系。这在与企业模式有关的部分，显得尤其突出，因为其形式不仅普遍存在于美国，而且也普遍存在于英国。

我们现在按照前述的理论框架考虑 1904 年的《公司律》（商务印书馆 1909：10.2a – 11a）。

（1）董事的报酬和披露：第 66 条规定，除非在公司章程中明确指明，否则董事的薪酬将由全体股东大会来决定。这一条款制定了一个关于赔偿的开放政策，以及当合约起草时没有具体规定赔偿措施时，授权股东参与讨论的政策。

（2）董事的责任（不诚实的行为和疏忽）：第 17 条规定股份有限公司的创办人员不应向其他股东隐瞒不合理的私人利益，以防欺诈（利益冲突），并且这些成员所有与公司有关的个人利益必须首先得到全体股东大会的批准。此外，董事未经全体股东大会批准，不能参与那些和公司业务相关的商业活动（第 74 条）；他们不能将公司的股本用于任何公司章程规定之外的其他目的（第 75 条）。法律（第 76 条）也要求如果生意失败，使公司资金低于公布的公司资金 50% 的话，董事须召开全体股东大会。董事有责任提供及披露一份含收支平衡表的年报、一份交易报告、一份关于任何损失的年报，此外还有派发股息和留存股息的建议，股本、存货清单和固定资产的账目，以及借贷交易的情况（第 109 条）。至少要有两名从全体股东大会选举出的股东负责审核公司披露的信息（第 108 条）。还有一个条款（第 126 条）列出了对 11 种董事不当行为的惩罚。董事如果没有遵守信息披露的要求，或者没有披露真相，罚款最多500元（第126条第2款），其中尤其包括年报、创立章程、每次全体股东大会的会议记录等（第126条第9款）；当股本低于原始股本50%的时候，没有召开全体股东大会（第126条第10款）；或者违反了第17条，也就是禁止创办人不合理的利益冲突（第126条第11款）。更多的罚款，上至5 000元，是针对违反第75条的，即将公司财产用于未经公司授权的其他目的（第127条）。那些涉及盗用或欺诈的，将被罚款10 000元，并且入狱1—36个月（第129条）。

（3）披露重要公司决定中的利益冲突，尤其是关于公司对董事的借贷：只是在第17条款中规定了属于公司创办董事的利益冲突。没有关于董事利益冲突的特定条款，尽管有一些关于滥用公司资源的管理规定。那些规定清晰表明了股份有限公司的一个重要方面，也是与其他私人中国公司运作存在差异之处：原则上在没有得到股东的正式同意之前，禁止使用公司的资源。

（4）股东的权力以及全体股东大会的权力：《公司律》一项主要发展就是在条文中，引入了股份公司有限责任的规定（第29条）。有限责任免除了股东付出股价之外的经济责任。法律也清楚订明，无论官私身份（第35条）以及国籍（第44条及第57条），股东享有受到这一法律保护的平等权利。这些地位平等的条款，可 *195* 能考虑到之前中国的合资企业产生的争论和问题往往涉及政府和社会精英。官员和民众不平等的地位，显然阻碍了对这些企业的某些潜在投资。另外一个考虑就是，外国人投资于中国股份有限公司可能带来的争议。在条约港治外法权的规定之下，这引起了复杂的法律问题。

这些问题体现了那些阻碍中国私人投资和外国资本投资于中国股份有限公司的重要问题。股东被授予特定的权力来监管他们的董事，主要是通过全体股东大会。第 39 条承认在开放市场中股份的可转让性，当然是在不违背公司规定的情况下。原则上，每一股份代表一张投票权。法律授予一家公司，按照其章程，决定那些掌有超过 10 股的股东是否应当行使递减的投票权，例如，在基本的 10 股的 10 个投票权之外，每 10 或 20 股只有一个投票权（第 100 条）。除了决定是否增加股本或者与另外一家公司合并之外，没有关于哪些公司决策需要得到全体股东大会同意的特别规定（第 103 条）。也没有一项特定的条款要求董事会执行全体股东大会的所有决定。除非董事违犯了第 126 至 130 条的规定，否则如果董事违犯了全体股东大会作出的任何决定，在法律中没有提到任何股东控告董事的权力。股东，通过多数票，可以决定重要的公司事务；例如选举或者罢免董事（第 62 条及第 72 条）；董事的报酬（第 66 条）；对于年报的批准，其中包括所有账目和收支平衡表以及股息（第 48 条）；合并或发行新股票（第 103 条）；对公司章程和成立合同的修订（第 114 条）等等（也可以参见第 98 至 106 条）。尽管授予全体股东大会决定股息的权力，但官方要求利润的 5% 要保留下来，作为公司的发展基金之用。当利润的 5% 超过了股本的 25% 的话，股东可以在全体股东大会中决定额外的利润应当继续保存在这一账项中，或是作为股息进行分派（第 112 条）。

如同之前讨论的，中国第一部公司法是为吸引更多的中国人投资中国的股份有限公司而设计的，其方式是通过制定对公司董事的新规定来提高中国投资者的信心。它的颁布确实获得了一定的成功。在此后几年中，有 265 家公司登记，其中 154 家（58%）是股份有限公司（刘玉和熊秋良 1995：103 - 104）。尽管这些公司通常优势有限，但是正如柯伟林（Kirby 1995：48）所生动表述的，其中有着新兴中国大型企业的典型案例。最为值得注意的是 18 家铁路公司和 40 家矿业工业的建立，同时从 1905—1908 年公共投资的总额达到了 74 000 000 元。（姜伟 2000：39）其中一些公司在他们的工业领域中成为佼佼者，但进展仍十分缓慢。在试图向中国资本市场的股东推销股份有限公司的同时，伍廷芳依然需要维持股份有限公司对于企业家的吸引力，因而不可能引入太多的管理上的约束。

1904 年之前，中国没有股份有限公司的传统。管理层和股东的利益时有矛盾，要同时充分顾及双方的要求，不免令推广有限公司模式成为艰巨的任务。因此，当无论是从管理者还是投资者的角度，在第一部公司法中看到缺陷并不奇怪。即使如此，这次立法仍是适时之举，并且开启了以法律来规范股份有限公司的进程。并且这一立法框架通过系统化的公司法提高了规范和便利股份有限公司运行的能力。在这方面，伍廷芳以及他的英国普通法的背景，对于公司管理规则的变迁无疑作出了重要的贡献。此外，《公司律》的有待周全正是伍廷芳英国普通法背景所致，因为普通法很多细节都有待日后法庭用案例法来补充和完善。这类立法与力求周全而巨细无遗的欧陆法系立法期待有相当的落差。问题出在当时中国法庭系统尚在草创阶段，无力承担普通法法庭的立法任务。

1914 年的《公司条例》

1904 年的《公司律》，目的是推进西方模式的股份有限公司。正如刚才提到的，超过 150 家以股份有限公司为模式的公司在此后几年进入中国资本市场。然而，不久之后，《公司律》和其他商业法被认为存在严重缺陷，需要迅速进行修订。（张忠民 2002：70 - 71）例如，很多关于股东与董事在股东会议上冲突的新闻报道，尤其是集中于铁路和矿业公司。[1] 这些问题很多涉及执行的情况，但在法律改革上厘清一些基础问题，或有助于减少纠纷，例如全体股东大会和董事的权力。修订法律馆作出了回应，并且邀请了一些日本法律专家，其中包括志田钾太郎，来为编纂一部新的公司法做准备。然而，修订法律馆后来提交给政府的法律草案中并没有包括公司法（王宠惠1926：1－3）。同时，中国的商界社团则多次主动在建构新游戏规则中发挥自己的影响。1904年《公司律》规定的公司登记程序要求，如果当地设有商会的话，一家新的公司应当通过当地的商会向工商部登记。商会开始直接涉及法律的执行。实际上，在条约港，尤其是在上海，商人和他们的商会到1900年已经在政治舞台上变得越来越具有影响力。

这一新的利益群体强烈地感到，已经发布的1904年的《商业律》很少征求他们的意见，并且不适合中国商业活动的实际情况。这一群体努力地游说政府，要求进行法律的修订以满足商界的需要。例如，上海商会受到上海商务总会和上海商学会的支持，于1907年年底在上海组织了一场关于商业法的会议。这次会议十分成功：有来自全国各地85个商会的143位代表。会议作出的一项决议就是组织一个关于公司法的预备咨询委员会，为政府制定一套立法草案。1909年在上海召开了第二次会议（《申报》12月21日，2：2－3；12月22日，2：2；12月23日，2：2）。会议代表支持一项新的公司法草案，这份草案由他们之前委托的法律专家制定；草案附录了一份对每一建议条款的原因进行说明的文件。这一附录文件现在保

---

〔1〕《申报》中记载了这方面的一些例子，展示了问题的种类。关于执行总裁的选举和对公司支出的监督方面的例子，可以参见《申报》对于广东铁路公司的报导（1909年11月9日，3：2；1910年1月6日，2：2）。关于股东挑战董事权威方面的例子，参见1908年12月2日，3：2。关于财产纠纷，参见1909年11月9日，3：4。

存了下来。（张家镇等 2003：211 – 435）这一草案综合了当时欧洲和美国正在实施的公司法的法律概念和原则。这一比较性的研究非常类似于另外一位日本法律专家松本烝治（1904 — 1905）的工作。上海商会的草案后来于 1911 年末被清政府接受，并且为今后的立法进行进一步的修订。（李玉和熊秋良 1995：107；张家镇等 2003：2）

当时知识分子中的改良主义者认为 1904 年的《公司律》不足以使得中国的企业现代化（例如，梁启超 1910）。在他们之中有著名的知识分子和企业家张謇（Chu 1965）。张謇是一个自力更生的企业家，在缺乏来源于中国资本市场的资金的情况下奋斗多年之后，在扬子江下游地区拥有众多企业（ZJZJL 1965：vol. 4，pp. 1 a – b）。张謇的第一手经验使得他确信对于中国企业家而言，资本市场真的非常重要（虞晓波 2003：164）。当袁世凯邀请张謇参加新建立的中华民国的内阁而担任农商总长的时候，张謇将这一邀请看成是进行公司法领域改革的机会，因此接受了袁世凯的邀请。他在 1913 年 11 月 8 日向议会作的就职演讲中，提出了四项优先需要考 ¹⁹⁸ 虑的事情：制定商业法律（包括公司法）；改革资本市场（银行和金融系统的改革）；税收改革；以及为促进重要工业的发展提供激励以作为风险管理措施（张孝若 1930：181 – 185；沈家五 1987：12）。

公司法的修订很可能在张謇的工作日程中居于非常高的优先位置。但是哪些因素对张謇的公司法的模型造成影响？我们不可能期待张謇所掌握的西方法律知识要超过伍廷芳，但是张謇所提出的公司法很大程度上是清朝末年清政府同意但未施行的公司法草案（也存在一些例外的情况，例如对于"公司"的定义，这将在后文中讨论）。这一草案基本上采纳了 1909 年上海商界提交的公司法草案。这一改革的精神源于商人和他们的商会，并受到日本强烈的影响。

其他直接的挑战就是如何提高投资者的信心和投资。1914 年 1 月 13 日，总统袁世凯命令发布了一部新的公司法。新的《公司条例》取代了之前的《公司律》。1914 年法律的编排表明了股份有限公司的重要性，条例的条款总数增加到了 251 条。在 251 条中，有关股份有限公司的第 132 条被归于一个章节（第四章）之下，这代表超过 50% 的条例都与股份有限公司有关。条例的其余条款主要是关于其他三类公司的：无限公司、两合公司和股份两合公司，这些超出了我们讨论范围。（张忠民 2002：73 – 74；谢振民 2000：804 – 806）。

最后，1914 年条例第一条对术语"公司"的定义与 1899 年日本公司法（第 42 条）一项条款相一致。将一家"公司"定义为"以商行为为业而设立之团体"。实际上，这样一个定义与上海商界最初提交的定义，即"以商业或别种营利事为业之团体"存在差异（张家镇等 2003：90）。这一分歧的重要性就是出现在 1899 年日本法令（第 263 至 264 条）和 1914 年的中国商法原则（第 1 条）中的"商行为"被狭隘的解释为只包括一系列的经济行为，而没有提到以营利为目的的其他事业，如捕鱼、采矿、种植、林业和耕作等等[1]。由此，这些属于后者的企业就不能登记为公司，而只能登记为"公司法施行细则"（第 1 条第 2 款；商务编译所 1924：1165）中规定的组织，后者也颁布于 1914 年。虽然有这些企业可以登记为股份有限公司的特殊条款，但没有赋予他们完全的公司的法律地位，由此没有为这些领域的从业者创造太大的注册热情，这点是可以理解的。这方面的差异或归因于法律起草者过分热衷模仿日本。无论如何，1914 年公司条例这一界定"公司"的策略，似乎不能向中国的商界有效地

---

[1] 经济行为可包括贸易、租赁、轻工业和制造业，供电和供水，出版和印刷，银行、货币兑换、放债、信贷、服务业、酒店、仓储、保险、交通运输、委托、代理和中介，等等。

推广股份有限公司。

下面列出了与公司管理有关的一些关于股份有限公司的条款（参见商务编译所 1924：1153 – 1165）：

（1）董事的薪酬及其披露：关于董事薪酬管理方面的规定没有改变，也即如果没有在公司章程中规定的话，那么将由全体股东大会决定；这是需要对股东公开的信息。（第 154 条）

（2）董事的责任（不诚实和疏忽）：除非在公司的章程中有明确规定，一名董事的责任是由全体股东大会中的大多数股东决定的。（第 157 条）一名董事代表公司时有规定的职责和事权，他须对此负有责任。（第 158 条）这一新规定更好的确定了董事的权责。每一位董事可以代表公司与其他团体进行交易（第 158 条），并且因为董事一方的疏忽或失职所造成的任何损失，公司都免予承担责任（第 33 条）。这一新的条款将董事的疏忽作为公司的一种法律辩护，这是非常重要的，由此公司可以不承担疏忽的董事进行交易所造成的伤害。这同样让股东安心，不用承担董事可能犯错所带来的损害。最后，第 163 条第 1 款规定董事保证公司及其股东的利益。其要求董事"于公司业务应遵照章程妥慎经理。如违背此义务，致公司受损时，对于公司应负赔偿之责"（第 163 条第 1 款）。在中国公司法的历史上这是首次通过条款，对董事进行了严格的规限，由此极大地提高了投资者对股份有限公司模式的信心。因为，1904 年法令颁布后出现的高调破产和错误管理丑闻，是当时重要人物如梁启超等（1910：268 – 269）认为的迫切需要关注的问题。

由于 1914 年《公司条例》的很多倡议者是商界的领袖，他们 ²⁰⁰ 大都是董事，因此第 163 条的第二部分为董事提供了一个免责的后门。据此规定，如果董事的行为在全体股东大会上得到了股东的批准或者支持，那么董事可以免除因为违犯法律或者公司规定所带来的责任。这一情况唯一的条件，就是董事必须已经在全体股东大会上表示了反对，或者已经告知了监察人他或者她不同意这一决定，监察人则是由全体股东大会选出的股东。

董事的其他责任，例如，在年报中披露公司的财务信息，当股本低于50%的时候召开全体股东大会，基本上保留了1904年《公司律》的内容（第178至182条）。在董事可以豁免因为疏忽带来的责任之前，这些报告和账目必须得到全体股东大会的批准（第182条），当然那些报告和账目不应含有欺诈信息。

（3）公司主要决策中利益冲突的披露，尤其是关于公司向董事借贷的决定：第162条引入了一项新的规定，即在董事代表第三方与他们自己的公司交易之前，必须获得监察人的同意。这一内部交易的规定是现代公司管理领域关于董事利益冲突的规定中最为常见的形式。这一原则提高了董事的问责和透明程度。

（4）股东的权力和全体股东大会的权力：股东挑战管理的权力在这一次法令中被提高了。两项条款（第164至165条）在关于诉讼问题方面，明定了作为一个群体的公司股东与作为另外一个群体的董事，双方可以对立。这明确表明了法律起草者对于管理者和投资者之间可能产生诉讼的关注。由于出现了很多涉及董事欺诈或者疏忽的丑闻，减弱了投资者对股份有限公司的信心，因此设计了这些规定，以便限制董事管理错误。

之前，我们提到董事的职责是由全体股东大会和公司章程规定的，而章程应得到了全体股东大会的批准。一些新措施授予了股东权利，创造更为安全的投资环境。全体股东大会依然是进行任何公司章程修订以及发行新的公司股票的批准机构（第199至205条），除非现在的股东拥有优先购买权，也就是优先购买新发行的股票的权利（第203条）。1914年条例中也有这样一个条款（第145条）

是关于主要股东的投票权的。第 145 条将主要股东定义为任何拥有超过公司 10 份股票的股东。这一条款同样要求主要股东的投票权应当在公司章程中进行规定。然而，在关于这些规定的具体内容方面没有特别的要求，因此削弱了第 145 条的作用。

1914 年条例引入了两项 1904 年法令中没有的新措施来吸引投资：公司债（第 190 至 198 条）和代名人股份或不记名股票（第 131 条、第 139 条第 2 款、第 140 条第 2 款，以及第 145 条第 4 款）。尽管这两个新元素并不在我们的分析框架之中，但是他们对于管理者或者董事而言是具有吸引力的企业工具。发行公司债是从资本市场获得额外资金的一种便利方式，同时不需要发行额外的股票或者从金融借贷机构借款。更为重要的是，股份有限公司是 1914 年法令定义的三类公司中唯一允许发行这类债券的公司形式。代名人股票允许一名股东秘密拥有数量不限的股票。股票最终的受益者不用暴露他们的身份，除非他们需要增加在全体股东大会中的投票权。若要投票，他们可将不记名股票转化为登记在自己名下的股票，而这需要在全体股东大会召开至少 5 天前进行。这一代名人股份制度让主要股东，通常是董事或者其他管理方，可以隐瞒他们的股票权，但在全体股东大会出现敌意情况下，他们亦可将这些股票转化为投票权。

如同之前注意到的，1904 年法令颁布之后的商业欺诈和疏忽被当时的很多杰出人物所关注，并且弱化了公众对于股份有限公司的信心。然而，这却促成了政府 1914 年条例的颁布。新法令的主要内容绝大部分来源于商界，尤其是上海的商界。此外法律专家，尤其是那些理解西方法律的专家的出现（徐家力 1998），也为 1914 年的立法作出了贡献。

而且，新的立法是由张謇引入的，而他对这套制度的评价有权威性，公众容易接受。（Köll 2003：124 – 131）进一步，1913 年和 1914 年担任司法总长的梁启超也一心一意地推行法律系统的改革。

尽管我们不能确定梁启超在《公司条例》制定中的角色，但新法律诞生于袁世凯的内阁，而当时政府的氛围是支持这法律的。（Xu 2008：chap. 2）

新的法律强化管理规定和赋予股东更多保护他们自身利益的法律上的权力，借以巩固投资者的信心。此外，绝大多数被引入的新条款，清晰地阐明了公司的组织，其中包括各方的权利和责任的界线。新的法律目的在鼓励企业家组建股份有限公司。

柯伟林怀疑 1914 年立法对于在中国推进公司模式作用可能不大。他对其效力的怀疑，主要基于以下几点：第一，正如郭泰纳夫（A. M. Kotenev）在 1925 年观察到的，大理院在 1914—1923 年间仅仅处理了 5 件关于股份有限公司的诉讼；第二，登记注册实施不当，允许很多未经注册的公司使用着"股份有限公司"的名称；第三，对地方政府的畏惧，可能是造成中国企业没有兴趣登记的主要原因；最后，大的企业，例如荣氏企业和南洋兄弟烟草股份有限公司尽管登记注册为股份有限公司，但依然是家族企业。柯伟林的结论就是，甚至在中国资本主义"最有活力和不受阻碍的发展"的"黄金时期"，中国的商界依然拒绝拥抱在同时代西方国家盛行的股份有限公司，尽管立法者想方设法推广这种模式。（Kirby 1995：49 – 51）

张忠民（2002：75 – 76，254 – 256）则提出了一个较为正面的观点，他从现存的 1914 年《公司条例》颁布之后登记的股份有限公司统计数据得出一个结论，即新的法律促使更多的公司组建成为股份有限公司。姜伟也注意到，在 9 年之中成立了 757 家新的有限责任公司，总的投资金额超过了 433 000 000 元，是之前 200 年间登记的股份有限公司投资总数的大致 7.7 倍。他进一步强调从公众手中筹集了大量资金的大型公司，如永安的郭氏家族，经营着多种多样的商业，其中包括一家百货公司和纺织企业，地域则从香港到上海，它在1918年组建为一家股份有限公司之后，公共投资达到了5 000 000元。（姜伟2000：40；Chan 1995）而且，郭泰纳夫的数字可能并不能表现整个图景。一本出版于1934年的公司法的教科书，引用了至少8宗高等法院在1914—1919年间判决的案件，所有8宗案件都涉及股份有限公司。（朱鸿达1934：66，71，79，85，106，124）这本教科书进一步证实，直至20世纪30年代末，大多数经过登记的公司都是按照股份有限公司组成的。（朱鸿达1934：63）柯伟林指出，那些选择组建"公司"的，实际上从来没有从家族网络公司转化为真正的Berle-Means公司。但是，我们要提出一个不同的问题：1914年的立法是否意图鼓励中国的企业家使用股份有限公司的形式从中国的资本市场来获得非人事关系的投资？或者，换一种问法，中国的投资者对新的公司模式的反应是否就是向这些企业投入他们的积蓄，尽管他们知道，正如新法律所表达的，他们的股票 203
所有权并不赋予他们管理公司的权力？

对于这两个问题，我们的答案都是肯定的。立法的意图正是如此，同时商界对于这一可供选择的融资渠道的反应是积极的。采用公司模式的企业确有所增加。1914年的立法可能已经为股份有限公司在中国的发展铺垫好了坚实的道路，同时尽一切努力来解决投资者和管理者的利益分歧。

1929年的《公司法》

柯伟林对于由国民党政权颁布的1929年公司法的普遍观点给予了一个精简的总结。这一观点将1929年的立法视为反资本家的立法，因为其强加给私人企业，尤其是股份有限公司和他们管理者的是更为严厉并带有惩罚性的规定。国民党基于他们国父孙中山"节制私人资本"的原则，重新审查了《公司条例》，并且通过对1914年公司法的重要修订，出台了一部新的公司法。例如，1929年公司法的第129条，通过将大股东的投票权限制在最多不超过总票数的20%，而不论他们所持有的实际股份多少，由此削减了主要股东的决策权力。更为重要的是，新的法律重新界定了一家公司的目的。1914年《公司条例》对一家公司的定义是一个"以商行为为业而设立之团体"，1929年的法律中将公司正式界定为"法人"，并且是"以营利为目的而设立之团体"。柯伟林认为1929年的法律实际上阻碍了商人的商业活动，而不是鼓励他们。（Kirby 1995：51－52）

谢振民（2000：803－814）研究了国民党政府在其建立统治之后的立法过程，他对于1929年公司法立法的复杂过程，做了更为详细的叙述。1928年7月，由工商部成立了一个关于工业和商业法律的委员会来为工商业活动提供一个法律框架。审议委员会有三个议程：第一，制定符合国民党指导原则的公司法；第二，应付中国公司数目的快速增长带来的问题；第三，应用1904年以来积累的经验。新的立法提议被迅速准备完成，并提交给行政院。此后，经由204 国民党最高决策制定机构中央政治委员会通过。

国民党政府的立法院在1929年1月指定五名成员组成了商法起草委员会，这一委员会被授权起草法令，而且不需要遵从较早的来源于工商部审议委员会的建议。起草委员会指定卫挺生起草一部新的公司法，他在同年3月7日至7月17日组织会议编纂《公司法原则草案》（32点）。这一草案由立法院主席胡汉民提交给第190次中央委员会，时间是8月。这次会议要求孔祥熙、李文范来审议草案。这两人进行了修订，并且提交给第191次会议，中央委员会在这次会议上决议接受这一修订后的草案，其后又被送回立法院。在这一阶段，草案包含了 36 个条目。其在立法院的第 41 次会议上进行了报告，并且送回起草委员会的五位成员进行下一步工作。

经由胡汉民，起草委员会和中央委员会交换了意见，对送回的草案中的一点进行了修订。在按照如此漫长的程序，并且获得中央委员会的认可之后，才由卫挺生开始撰写公司法的第一部草稿。接着是超过 10 次的密集会议，也请来外国专家协助。从 11 月末至 12 月 4 日，委员会完成了公司法的草稿，包括 6 章 234 条。作为立法院的主席，胡汉民召开了一个会议，请来所有商法、民法的起草者，连同工商部部长孔祥熙以及他的副部长，一起再次审查法律草案。在这次审查结束之后，只做了一处修订。草案随即提交立法院，立法院经过三次审读的立法过程之后，除了一个与股份有限公司无关的条款外，通过了整部草案。新制定的公司法由国民党政府于 1929 年 12 月 26 日颁布，其于 1930 年 7 月 1 日生效。1929 年公司法的最终版本包含有 6 章 233 条。（谢振民 2000：806 – 811）

1929 年法律的颁布过程有些值得注意的事情：首先，过程漫长，详尽且一丝不苟；其次，动员了很多专家，其中包括当时顶尖的经济学家马寅初；最后，得到了有影响力的人物，如部长孔祥熙的支持，他在国民党中拥有政治影响力，同时还代表着上海商界的利益。由于在这一立法过程中付出了这么多的努力，因此我们有理由期待新的法律将要体现出一个革命性的全新面貌。然而，就股份有限公司而言，这一套新的公司法与之前法律其实有延续性。这一点可以通过细致地将 1914 年与 1929 年法律进行逐条对比体现出来。虽然存在一些措辞上的改变，但主要是为了更清楚地进行表达；大部分措词都保留了下来。1914 年《公司条例》中关于股份有限公司的有 132 个条款，其中 127 个条款与 1929 年法律中所关注的基本一致。一些新的条款被引入来阐释之前的规定。一些条款被分割成不同的条款，同时一些条款则被删除。除少数例外，在立法原则方面没有大改动。那些与我们讨论最相关的有以下几项：（也可以参见张忠民 2002：79－80）

（1）不记名股票不能超过股票总数的33%。（第118条，这条是新的）

（2）一名股东的投票权不能超过总投票权的20%。（第129条，这条是新的）

（3）持有总股本5%以上的股东可以要求召开特别股东大会。（第133条，低于1914年法令中10%的门槛）

（4）应当至少有5名董事（第138条），并且如果董事的数目降至原来人数的66%以下，那么需要召开一次特别股东大会。（第143条，这是新的）

（5）如果公司遭受的损失超过了总股本的33%，就应当召开一次特别股东大会。（第147条，低于1914年规定的50%的门槛）

（6）1929年的《公司法》删除了1914年公司法中的一项要求（第162条），即董事只能在监察人同意的情况下与公司做生意。

（7）被删除的1914年法令中的另外一项要求，就是董事应当"妥慎经理"。取而代之的是，1929年的立法中要求董事不仅要遵守公司的章程，而且要"董事之执行业务应依照章程及股东会之决议"。（第148条）

（8）第170条要求将10%的利润保留作为公司的准备基金，1914年法令中的要求则至多是5%。而且，对这一储备金的限制从等于公司总股本的50%降低到了25%。

（9）第175条允许持有已发行股票5%的股东请求法庭派遣一名检查员来调查他们公司的运作。而1914年法令中的规定是10%。

（10）在罚款的部分，一个新条款中列出了四种犯罪情况，所受处罚从一年监禁到 2 000 元的罚款不等。最后一项犯罪就是挪用 *206* 公司的财物用于超出公司章程规定的公司运营内容的投机行为。这条规定也出现于 1904 年的《公司律》中，但没有列入 1914 年的《公司条例》。入狱的处罚以及较高的罚款说明对于管理者侵占股东利益的行为进行了更为严格的控制。

1929 年这一立法过程的结果，并没有从本质上脱离 1914 年的《公司条例》。大多数重要的变化反映了对管理者进一步严格约束，以及便利投资者监督管理的要求。从这一角度而言，1929 年的《公司法》是一份有利投资者的法令，遵循着 1914 年中国公司法相同的道路前进，而这条道路可能也受到国民党意识形态的强化。而且，由于 1929 年法令中规定的股份有限公司的框架，基本上与 1914 年法令中的相似，因此就本质而言，1914 年法律改革偏离 1904 年法律的程度，还要超过 1929 年法律改革 1914 年法律的程度。

1929 年立法中有三条新的条款值得注意。首先，不记名股票最多不超过已发行股份总数的 33%。这一新的上限必定反映了一些公司发行了过多的不记名股票所产生的问题。当存在过多的已发行的不记名股票时，股东参与公司事务的动机也必须降低。其次，任何个人股东都不能拥有超过 20% 的投票权，似乎是对大股东权益的一种压制。然而，对投票的限制在以户为产权单位两千年以上的中国社会，影响应当不大。一个主要股东很容易找到足够的亲戚，为他拥有股份。通过这种方式，主要股东可以绕开这一规定，并且在全体股东大会中保持对公司的控制。因而，所谓的控制效果只是一种表面现象，而不是实际情况。低于 20% 投票权的立法目的，只是反映了政府希望保护小股东的原则；然而，此外没有任何一项条款表达出这种限制主要股东的动机。更为重要的是，《公司法原则草案》

32 项原则中的一项断然宣称，主要的股东应当拥有更多的合法权利，因为他们自然比小股东更关心公司的长期财务前景，而后者关心的主要是短期分红和利息收入，而非公司长远的利益。最后，针对非法挪用公司资源的新惩罚措施，尤其是挪用公司资产于其他方面的投机，也反映了政府希望控制因管理失当而造成公司丑闻的愿望。这一条款有助于减少投资者的恐惧，并且减少他们投资于股份有限公司的风险。

1929 年立法中关于"公司"的新定义也值得关注。在第 1 条，一家公司的法律定义是一个营利的组织。与 1914 年《公司条例》的严格定义，即将一家"公司"定义为一个成立以执行"商行为"的组织（第 1 条）相比，现在的定义回归到了 20 世纪初上海商人团体的建议。对公司宗旨内涵的扩展，使得股份有限公司模式对企业家而言更为具有魅力，尤其是矿业和重工业，鼓励他们正式登记为股份有限公司。为这些企业筹集投资变得更为容易。一位当时的公司法专家将这部法律看成是为解决这一问题而进行的一个技术性调整（朱鸿达 1934：3；cf. Kirby 1995：52）。实际上，对 1914 年条例中公司定义的重新界定和拓宽的活动，早在国民党建立之前就已经开始。事情可以追溯到至少 1916 年一些法学家提交的公司法草案（法律编查会 1916：1），而这仅仅是在 1914 年公司法生效两年之后。

1929 年法律的起草者基本上遵从 1914 年的立法。我们不可能对起草者的思考进行一项全面的调查。然而，其中至少一位主要的起草者马寅初，是当时最具有影响力的经济学家。按照马寅初出版于 1925 年的著作，中国公司正在公开市场上出售他们的股票，并且吸引了大量之前与公司毫无关系的股东。主要的问题就是那些股东感兴趣的仅仅是每年能获得最大的分红，但对公司的长期前景却毫不关心。这类型股东的动机，促使管理者隐瞒公司的实际利润，而这又催生了违法的管理行为，例如内部交易。最终，很多公司变得惯于隐瞒他们的实际收支平衡表，同时投资者也开始不信任他们公司的主要股东和管理层。

总体而言，马寅初似乎是倚重商界的，对投资者的投机行为有所保留。他并不相信大多数股东的意愿主导的管理，将能增加企业诚信并且带来生意的成功。相反的，马寅初倾向于由少数主要股东控制的股份有限公司（1925：263 – 269；also 82 – 86）。如同之前提到的，《公司法原则草案》包括了承认大股东合法权利和利益的原则。这一原则符合马寅初在 20 世纪 20 年代所撰写的论著，这些论著建议保护进行管理的董事，同时避免无人事关系的小股东短线的、投机的、不负责任的投票。在马寅初的思想中，少数股东可能合谋 *208* 夺取全体股东大会的控制权，并且推翻主要股东的决定。在某种意义上，这反映了金融资本主义正在蓬勃发展，但是没有一个成熟的资本市场机制。中国金融资本主义脉络里，20 世纪 20 年代新组成的中国的股份有限公司面临着很多非人事关系投资的问题，以及由此而来的企业管理失败，原因包括小股东的投机取向和非专业的对公司决策的干预。这一发展带来的现象，我们称为的“企业的多数人专政”的现象。

要评估 1929 年《公司法》对中国式股份有限公司的影响并不容易，主要原因是 20 世纪 30 年代日本对中国东北地区的入侵。在 1929 年公司法颁布之后不久，日本开始对中国发动一系列的军事入侵。国民党也开始着手进行国有企业的计划。执行公司法法令的法律环境，在 1937 年中日正式宣战之后进一步恶化。对在动荡岁月中挣扎求存中国企业而言，大环境是不稳定的，公司模式也无例外地失去其作为一种致富手段的吸引力。我们无法猜测，如果 20 世纪

30 年代日本没有入侵中国的话，中国的经济将会如何。然而，我们知道中日战争对于中国股份有限公司模式的发展具有极大的破坏性冲击。与西方股份有限公司模式在第二次世界大战之前的 20 世纪 20 年代与 30 年代，得以在较和平的环境下顺利发展相比，可中国没有这种福气。[1]（Pollard 1992：111 – 112；Hannah 1980：1983；Lee 2002）

结论

1904—1929 年公司法立法发展轨迹，尤其是界定董事和股东权利与责任的条款，显示了前后相继的政权确有诚意推进股份有限公司。立法的任务也就是如何平衡董事（或者商人）和股东的利益。需要让前者感到采用这一公司模式比更为习见的如私人公司或者合伙等传统模式更有好处。同时也得让股东（大小投资者等）觉得投资虽非建基于人事关系之上，但仍可以得到公司法规的保护。这一挑战十分艰巨，并且存在内在矛盾。每次法律改革都无法找到完美的解决方法。然而，大体上，每次立法都对之前环境或者立法中产生的危机和问题进行了实质性的回应，并且显示出明确的改进。固然，中国在那几十年内的确没有涌现大量的股份有限公司，也见不到商界对这新游戏的热情拥抱。尽管这种模式被认为是 20 世纪早期美国和欧洲很多企业成功的原因，它并没有在中国扎根。虽然如此，我们却不能归因于这些前后相继的公司法缺乏这方面的诚意。我们的论据就是，这些法律不仅具有立法的真正意图，而且他们实际上与当时的舆论意见一致。部分商界事实上也采用了股份有限公司模式。按照法律和模式之间的关

---

[1] 也可以参见 *The Economist*，11 September 1937（78：4907），p. 508。

系，我们的研究显示出，法律便利和推进了模式在中国的发展，尽管没有导致大量股份有限公司的成立。这意味着，成文法本身并不是引起在中国广泛采用这一模式的先决条件，也不是充分的诱因。

这么说来，问题关键在于规模的大小：为什么没有大量成立公司？对此，我们的答案就是应当归因于结构问题而不是法律本身，这超出了本章的讨论范畴。我们可以做到的是在这里列出一些今后值得进一步探索的问题。

首先，没有涌现大量的股份有限公司，可能很大程度上是因为补充的和非正规的制度约束，不足以支持正规的制度（也就是法律）约束。例如，同一时期可以看到中国社会在政治理念、社会价值和商业道德方面的普遍解体。然而，中国社会没有了这些价值的主导作用，传统文化对市场行为的约束便大为削弱，导致个人利益最大化思想广泛流行，第一章（苏基朗）对此已有讨论，其并没有新的行为规范，足以控制非人事关系的投资行为。因而，这些公司中信任的问题常会激化，并且成为一个公司或社会危机。这毫无疑问阻碍了这一模式的普及。

其次，在这些动荡岁月中，由于当时中国缺乏一个有效的中央政权，法律的施行难免变得缺乏效率，缺乏执行效力。因而，对于中国式股份有限公司以及与其相关的公司法的问题，并不是为什么这么多的法律失效，或者法律应当如何令这种公司模式更加普及。我们的问题是政治秩序可以如何稳定到一定程度，让政府可以执行这一法令，并且保护公司的参与者。

中国企业家对新的股份有限公司这种组织模式的反应，从他们的文化心态来说，可谓相当理性。在第一部公司法公布之前的 19 世纪末他们已经看到采用股份有限公司模式的好处。他们对于这一模式的踌躇和有限度的使用，可以归因于正规制度的约束力不足，以 ²¹⁰

及缺乏作为补充的非正规制度的配套。也可以说，他们不使用这种模式，倒不一定因为传统文化阻碍他们作出理性的公司管治抉择。需要对私人财产进行有效保护，以防政权的非法占有，可能在这种组织性的商业决定中发挥了一些作用（Rose and Bowen 1998），但是"掠夺型国家"（Predatory State）的因素，在政治不稳定的中国，对于除了股份有限公司之外其他公司的组织形式，同样有着不利的影响。中国企业家只在营商环境有利时才采纳股份有限公司的模式。这种商业理性，可以见于条约港经济。在此空间，法律及文化规范，较中国其他地区更有利于成立股份有限公司。我们也确可以见到更多的股份有限公司。这一点在第一章已有论述，此处不赘。

参考文献

白吉尔著．上海史：走向现代之路．王菊，赵念国译．上海：上海社会科学院出版社，2005．

蔡育天，桑荣林，陆文达．上海道契（卷1）．上海：上海古籍出版社，1997．

曹幸穗．旧中国苏南农家经济研究．北京：中央编译出版社，1996．

常之英，刘祖干．潍县志稿．1941，未出版．

陈翰笙，薛暮桥，秦柳方．解放前后无锡、保定农村经济（1929—1957）．1958年8月版，北京：农业部农村经济管理干部学院，1988年重印．

陈惠雄．近代中国家庭棉纺织业的多元分解．历史研究，1990，2：116-130．

陈一．无锡农村之现状．农行月刊，1935，2.4：31-34．

陈曾年，张仲礼．沙逊集团在旧中国．北京：人民出版社，1985．

陈真，姚洛主编．中国近代工业史资料（4卷）．北京：生活·读书·新知三联书店，1957-1961．

川野重任著，林英彦翻译．日据时代台湾米谷经济论．台北：台湾银行，1969．

丛翰香主编．近代冀鲁豫乡村．北京：中国社会科学院出版社，1995．

调查潍县、昌乐、益都、临淄、周村织机数目及经济状况报告．山东实业公报（4，调查），1931．

杜恂诚．金融业．汪敬虞主编：中国近代经济史（1895—1927）．北京：人民出版社，2000．

杜恂诚．民族资本主义与旧中国政府（1840—1937）．上海：上海社会科学院出版社，1991．

法律编查会．公司法草案（1916）．王宠惠．法律草案汇编（卷1）．北平：修订法律馆，1926．

樊卫国．激活与长生：上海现代经济兴起至若干分析（1870—1941）．上海：上海
　　人民出版社，2002.

范毅军．近代中国的米市：安徽及其贸易中心芜湖的个案研究（1877—1937）．中
　　研院经济研究所主编．第二次中国近代经济史会议．台北："中研院"经济研
　　究所，1989：687－739.

方流芳．试解薛福成与柯比的中国公司之谜．梁治平主编．法治在中国：制度、话
　　语与实践．北京：政法大学出版社，2002.

费成康．中国租界史．上海：上海社会科学院出版社，1992.

高景岳，严学熙．近代无锡蚕丝业资料选辑．南京：江苏人民古籍出版社，1987.

公英．山东潍县之金融业．工商半月刊，1934，6.2：65－74.

公英．山东之钱庄业．工商半月刊，1935，7.6：87.

龚骏．中国新工业发展史大纲．台北：华世出版社，1933.

郭秀峰．山东潍县土布业概况 III．纺织时报，1935，1219：4275－4276.

国立中央研究院社会科学研究所．江苏无锡农民地主经济调查（1929）．Mimeo，
　　1930.

国民政府主计处统计局．中华民国统计提要．上海：国民政府主计处统计局，
　　1935.

韩松亭．介绍山东潍县布纱产销情形．纺织周刊，1933，3.25：789.

侯仁之．续天下郡国利病书：山东之部．1941，未出版．

黄汉民．近代上海工业的不均衡性和演化轨迹．张仲礼．近代上海城市研究．上
　　海：上海人民出版社，1990.

黄永豪．市场与国家：湖南省湘潭与长沙米谷市场个案研究（1894—1919）．香港
　　科技大学博士学位论文，2001.

继顾．面粉业调查：国货调查第六号．东方杂志，1925，22.22：54－59.

姜伟．论股份有限公司制度在清末民初的演进．南京师范大学学报（哲学社会科
　　学版），2000，1：36－43.

胶济铁路管理局车务处编，胶济铁路经济调查报告总编．文献（第三册）．青岛：
　　胶济铁路管理局车务处，1934.

金城银行总经理处汉口调查分部编．汉口之粉麦市场．汉口：金城银行总经理处
　　汉口调查分部，1938.

李华兴主编．民国教育史．上海：上海教育出版社，1997.

李泰初．有关中国近代对外贸易若干问题之商榷．珠海学报，1964：174－287.

李玉．晚清公司制度建设研究．北京：人民出版社，2002.

李玉，熊秋良．论清末的公司法．近代史研究，1995，2：95－107.

李育民．中国废约史．北京：中华书局，2005.

梁启超．敬告国中之谈实业者，1910．上海市档案馆．旧上海的证券交易所档案选
　　编．上海：上海古籍出版社，1992.

林刚．1927—1937 年中国法制现代化之研究．中国经济史研究，2002，2：17－33.

林咏荣．清末民初中国法制现代化之研究．台北：台湾大学法学院，1973.

刘大钧．上海工业化研究．上海：商务印书馆，1937.

刘东侯等编．潍县志（卷1）．台北：台湾学生书局．1937 年初版，1968 年重印.

刘怀溥，张之毅，储雪瑾．江苏省无锡县近三十年来无锡农村经济调查报告
　　（1929—1957）．陈翰笙，薛暮桥，秦柳方．解放前后无锡、保定农村经济
　　（1929—1957）．北京：农业部农村经济管理干部学院，1988.

刘志伟．在国家与社会之间：明清广东里甲赋役制度研究．广州：中山大学出版
　　社，1997.

龙厂．山东潍县之农村副业．千家驹．中国农村经济论文集．上海：中华书局，
　　1936.

罗澍伟．近代天津城市史．北京：中国社会科学出版社，1993.

罗苏文．石库门：寻常之人家．上海：上海人民出版社，1991.

罗志如．统计表中之上海．南京：国立中央研究院社会科学研究所，1932.

马俊亚．混合与发展：江南地区传统社会经济的现代演变（1900—1950）．北京：
　　社会科学文献出版社，2003.

马学强．从传统到近代：江南城镇土地产权制度研究．上海：上海社会科学院出
　　版社，2002.

马寅初．马寅初演讲集（第二辑）．上海：商务印书馆，1925.

茂新福新申新总公司编．茂新福新申新总公司卅周年纪念册．上海：茂新福新申
　　新总公司，1929.

彭南生．半工业化——近代中国乡村手工业的发展与社会变迁．北京：中华书局，
　　2007.

彭南生．论近代手工业与民族机器工业的互补关系．中国经济史研究，1999，2：
　　77－85.

彭南生．中国早期工业进程中的二元模式．史学月刊，2001，1：60－66，142.

彭南生．中间经济：传统与现代之间的中国近代手工业（1840—1936）．北京：高
　　等教育出版社，2002.

普益地产公司．地产月刊，1932，7.55.

钱承绪．视察山东潍县销纱报告．纺织时报，1934，1071：3061.

丘瑾璋、徐公肃．上海公共租界制度．上海：中国科学公司，1933 年初版；上海

公共租界史稿. 上海：上海人民出版社，1980 年重印.

荣德生. 乐农自订行年纪事. 上海：荣德生，1943.

山东潍县之布业. 纺织时报，1933，1006：2510.

山东潍县之经济近况. 中外经济周刊，1926：187.

山东潍县之织布业. 工商半月刊，1934，6.1：91–103.

商务编译所编. 最新编订民国法令大全. 上海：商务印书馆，1924.

商务印书馆编纂. 大清光绪新法律. 1909.

上海房地产管理局. 上海里弄民居. 上海：上海建筑工业出版社，1993.

上海房地产志编辑委员会. 上海房地产志. 上海：上海社会科学院出版社，1999.

上海米业及近两年洋米进口之调查. 工商半月刊，1930，2.19：1–12.

上海商业储蓄银行调查部编. 米. 上海：商业储蓄银行调查部，1931.

上海商业储蓄银行调查部编. 小麦及面粉. 上海：商业储蓄银行调查部，1932.

上海社会科学院经济研究所编. 荣家企业史料（2 册）. 上海：上海人民出版社，
  1980.

上海市地政局. 上海市地政. 1947，未出版.

上海市工商行政管理局、上海市第一机电工业局、机器工业史料组编. 上海民族
  机器工业（2 册）. 北京：中华书局，1979.

上海市虹口区人民政府. 虹口区地名志. 上海：百家出版社，1989.

上海市黄浦区人民政府. 黄浦区地名志. 上海：上海社会科学院出版社，1989.

上海市粮食局，上海市工商行政管理局和上海社会科学院经济研究所经济史研究
  室编. 中国近代面粉工业史. 北京：中华书局，1987.

上海市普陀区人民政府. 普陀区地名志. 上海：学林出版社，1989.

上海市杨树浦区人民政府. 杨树浦区地名志. 上海：学林出版社，1989.

上海通信社. 上海研究资料. 上海：上海书店，1930 初版，1984 年重印.

上海之米业调查. 工商半月刊，1929，1.24：1–17.

上海之米业调查. 工商半月刊，1930，2.19：1–27.

社会经济调查所编. 南京粮食调查. 上海：社会经济调查所，1935.

社会经济调查所编. 上海麦粉市场调查. 上海：社会经济调查所，1935.

社会经济调查所编. 无锡米市调查. 社会经济月报，1936，3.7：43–65.

社会经济调查所编. 浙江粮食调查. 上海：社会经济调查所，1935.

申报（缩微胶片）. 上海图书馆.

申新纺织总管理处档案. 上海：上海市档案馆，Q193–1–526.

沈家五编. 张謇农工商总长任期经济资料选编. 南京：南京大学出版社，1987.

沈祖炜. 房地产产业和近代城市建设. 张仲礼. 近代上海城市研究. 上海：上海人

民出版社，1990.

沈祖炜．近代东南沿海城市房地产业的若干特点．张仲礼．城市进步企业发展和中国现代化（1840—1949）．上海：上海人民出版社，1994.

实业部国际贸易局编．中国实业志：全国实业调查报告之三：山东省（丁）．上海：实业部国际贸易局，1934.

实业部国际贸易局编．中国实业志：全国实业调查报告之三：山东省（乙）．上海：实业部国际贸易局，1934.

实业部国际贸易局编．中国实业志：全国实业调查报告之一：江苏．上海：实业部国际贸易局，1933.

实业部中国经济年鉴编纂委员会编．中国经济年鉴．上海：商务印书馆，1934.

实业部中国经济年鉴编纂委员会编．中国经济年鉴续编．上海：商务印书馆，1935.

苏基朗．有法无天？严复译《天演论》对20世纪初中国法律的影响．清华法学，2012，6.5：1－24.

苏基朗、苏寿富美．公司法一体化前传——以明治商法及晚清民初公司立法的董事诚信问责条款为中心．清华大学商法研究中心编．经济全球化中的公司治理与公司法一体化走向．北京：清华大学商法研究中心，即将出版.

苏云峰．中国现代化的区域研究：湖北省（1860—1916）．第2版．台北："中研院"近代史研究所，1987.

孙慧．试论上海公共租界的领事公堂．马长林．租界里的上海．上海：上海社会科学院出版社，2003.

孙晓村，林熙春．长江下游五大米市米谷供需之研究．中山文化教育馆季刊，1935，2.2：547－566.

孙晓村，羊冀成．镇江米市调查．社会经济月报，1936，3.9：21－45.

孙毓棠编．中国近代工业史资料．北京：科学出版社，1957.

台山公会月刊．广州，1933.

汤志钧编．近代上海大事纪．上海：上海辞书出版社，1989.

陶五柳堂均派三房分粮务常产登记簿．撰写于1884年，未出版.

天津史研究会．天津史．东京：东方书店，1999.

外务部．外务部议覆山东济南等处请开商埠折．东方杂志，1904，5：1204－1205.

汪敬虞．中国近代工业史资料（第二辑第一部分）．北京：科学出版社，1957.

王宠惠编．法律草案汇编．北平：修订法律馆，1926.

王泛森．近代中国的线性历史观：以社会进化论为中心的讨论．新史学，2008，19.2：1－46.

王泛森．中国近代思想与学术的谱系．台北：联经出版事业股份有限公司，2003．

王建朗．中国废除不平等条约的历程．南昌：江西人民出版社，2000．

王涌编．中国四大米市．桂林：漓江出版社，1990．

王子健．中国土布业之前途．千家驹．中国农村经济论文集．上海：中华书局，
    1936．

巫宝三编．中国国民所得（2册）．上海：中华书局，1947．

吴柏均．中国经济发展的区域研究．上海：上海远东出版社，1995．

吴半农．河北乡村视察印象记．千家驹．中国农村经济论文集．上海：中华书局，
    1936．

吴承洛．近世中国实业通志（2卷）．上海：商务印书馆，1919．

吴正．皖中稻米产销之调查．1936，未出版．

吴知．高阳之土布工业．方显廷．中国经济研究．长沙：商务印书馆，1938．

吴知．乡村织布工业的一个研究．上海：商务印书馆，1936．

夏晋麟编．上海公共租界制度．阮笃成．租界制度与上海公共租界．上海：上海书
    店，1992．

谢振民编．中华民国立法史（上下册）．北京：中国政法大学出版社，2000．

熊月之等编．上海通史（8册）．上海：上海人民出版社，1999．

徐家力．中华民国律师制度．北京：中国政法大学出版社，1998．

徐新吾，黄汉民．上海近代工业史．上海：上海社会科学院出版社，1998．

许宏胜，胡敏义．芜湖米市：芜湖米市述略．北京：中国展望出版社，1988．

许维雍，黄汉民．荣家企业发展史．北京：人民出版社，1985．

严谔声．上海商事惯例．1933，未出版．

严晦明．山东潍县的乡村棉织业．天津益世报，1937年2月27日．

严中平．定县手工棉纺织业之生产制度．社会科学杂志，1937，8.3．

严中平．手工棉纺织业问题．中山文化教育馆季刊，1937，4.3．

严中平．中国棉纺织史稿（1289—1937）．北京：科学出版社，1955．

严中平等．中国近代经济史统计资料选辑．北京：科学出版社，1955．

杨大金．现代中国实业志（上下册）．长沙：商务印书馆，1938．

杨联陞．中国文化中包、保、报之意义．香港：香港中文大学出版社，1987．

杨志洵．公司类别说．商务官报，1907，13：1a–4b．

姚庆三，昂觉民．上海米市调查．社会经济月报，1935，2.1：1–53．

叶弼俊．叶光大堂世守书．香港：油印本，1939．

叶汉明．成长与滞化：抗战前山东潍县纱布商的例子．严昌洪．经济发展与社会变
    迁．武汉：华中师范大学出版社，2002．

叶汉明. 青岛开港对山东腹地的影响：以 20 世纪初潍县为例. 复旦大学历史地理
　　研究中心. 港口—腹地和中国现代化进程. 济南：齐鲁书社，2005.

叶汉明. 十九世纪末潍县的社会经济变迁：山东经济重心东移对地方社会的影响.
　　叶显恩. 清代区域社会经济研究. 北京：中华书局，1992.

余英时. 儒家伦理与商人精神. 桂林：广西师范大学出版社，2004.

虞和平. 张謇——中国早期现代化的先驱. 长春：吉林人民出版社，2004.

虞晓波. 比较与审视："南通模式"与"无锡模式"研究. 合肥：安徽教育出版
　　社，2001.

张家镇等编. 中国商事习惯与商事立法理由书. 北京：中国政法大学出版社，
　　2003.

张明育. 潍县织布业之今昔. 经建通讯，1947，33.

张铭新、王玉洁. 略论清末《公司律》的产生及特点. 法学评论，2003，3：148 -
　　152.

张孝若. 南通张季直先生传记. 上海：中华书局，1930.

张怡祖. 张季子九录. 台北：文海出版社，1965.

张忠民. 艰难的变迁：近代中国公司制度演变. 上海：社会科学研究所，2002.

张仲礼编. 近代上海城市研究. 上海：上海人民出版社，1990.

赵津. 中国城市房地产业史论（1840—1949）. 天津：南开大学出版社，1994.

郑友揆. 我国海关贸易统计编制方法及其内容之沿革考. 社会科学杂志，1934，
　　5.3：264 - 296.

中国第一历史档案馆和中国社会科学院历史研究所编. 清代土地占有关系与佃农
　　抗租斗争. 北京：中华书局，1988.

中国近代纺织史编委会. 中国近代纺织史（上下卷）. 北京：中国纺织出版社，
　　1997.

中国科学院经济研究所、中央工商行政管理局和资本主义经济改造研究室编. 旧
　　中国机制面粉工业统计资料. 北京：中华书局，1966.

中国科学院上海经济研究所和上海社会科学院经济研究所. 上海解放前后物价资
　　料汇编. 上海：上海人民出版社，1958.

中国人民政治协商会议上海市委员会. 旧上海的房地产经营. 上海：上海人民出
　　版社，1989.

中国社会科学院社会科学研究所. 江苏无锡农民地主经济调查（1936，1948）.
　　Mimeo，1958.

周石山. 岳州长沙自主开埠与湖南近代经济. 长沙：湖南人民出版社，2001.

朱邦兴编. 上海产业与上海职工. 香港：远东出版社，1939.

朱鸿达编. 现行十大工商法详解汇编. 上海：世界书局，1934.

朱孔甫. 安徽米市调查. 社会经济月报，1937，4.3：6 – 45.

邹依仁. 旧上海人口变迁的研究. 上海：上海人民出版社，1980.

阿部武司. 日本にぉけゐ产地棉织物の开展. 东京：东京大学出版会，1989.

安原美佐雄. 支那の工业と原料（第一卷第二册）. 上海：上海日本人实业协会，1919.

岸本美绪. 明清契约文书. 滋贺秀三. 中国法制史：基本资料の研究. 东京：东京大学出版社，1993.

岸本美绪. 明清时代にぉけゐ"找价回赎"问题. 中国：社会と文化，1997，12：263 – 293.

岸本美绪. 清代中国の物价经济と变动. 东京：研文出版，1997.

滨下武志. 中国近代经济史研究：清末海关财政と开港场市场圈. 东京：汲古书院，1989.

滨正雄. 山东省潍县地方の机业について. 东亚，1935，8.6：78 – 93.

岛田正郎. 清末にぉけゐ近代的法典の编纂. 东京：创文社，1980.

东亚同文会. 支那经济全书（第8辑）. 东京：东亚同文会，1908.

东亚同文会. 支那经济全书（第11辑）. 东京：东亚同文会，1908.

东亚研究所. 上海外国人土地所有者名簿. 东京：东亚研究所，1941.

法例全书. 1974. 内阁官书房编，从1867年至明治时期末. 1945年由原书房重印，共45册. 1899年的公司法在第32册2（1899年3月7日）的新公司法（法典48）条下，第二部分，第11—51页，第42—262条款.

根岸佶编. 清国商业综览. 东京：丸善株式会社，1908.

沟口敏行、梅村又次编. 旧日本殖民地经济统计：推计と分析. 东京：东洋经济新报社，1988.

后藤文治. 潍县にぉけゐ线庄业 I. 满铁调查月报，1943，23.6：87 – 127.

后藤文治. 潍县にぉけゐ线庄业 III. 满铁调查月报. 1943，23.8：35 – 81.

甲斐重良. 山东省经济调查资料（二）：山东にぉけゐ工业の发展. 大连：南满洲铁道株式会社，1935.

堀内清熊、富永一雄. 山东省潍县にぉけゐ织布业の变迁. 满铁调查月报. 1942，22.1：51 – 61.

南满洲铁道株式会社北支经济调查所. 潍县土布业调查书. N. p. 1942.

南满洲铁道株式会社调查部. 北支那の农业と经济（下卷）. 东京：日本评论社，1942.

南满洲铁道株式会社调查部. 上海における不动产惯性调查その1. 1943.

南满洲铁道株式会社调查部. 上海における不动产惯性调查その2. 1943.

南满洲铁道株式会社上海事务所调查部. 上海中心地区にぉける不动产调查答案. 1942 – 1943.

仁井田升. 中国法制史研究—土地法・取引法"补订版". 东京：东京大学出版社，1991.

山上金男. 山东省经济调查资料（一）：山东商业经济の发展とその破局的机构. 大连：南满洲铁路株式会社，1935.

寺田浩明. 清代中期の典规制にみえる期限の意味について. 岛田正郎博士颂寿纪念论集编委会. 东洋法史の探求：岛田正郎博士颂寿纪念论集. 东京：汲古书院，1987.

寺田浩明. 田面田底惯行の法的性格—概念的检讨を中心にして. 东洋文化研究所纪要，1983，93：33 – 131.

寺田浩明. 中国近世における自然の领有. シリーズ世界史への问い. 东京：岩波书店，1989.

松崎雄二郎著，舒贻上译. 日本人的山东开发计划. 济南：山东新报社，1947.

松树伸. 上海：都市と建筑（1842—1949）. 东京：PARCO，1991.

松元烝治. 钦定大清商律. 法学协会杂志，1904—1905，22 – kan 10/11 – gō，1/4/5/7 – gō.

松原健太郎. "宗族"と"族产"をめぐる传统中国社会—香港地域の诸事例に立脚した构造分析2. 法学协会杂志，2000，117.7：66 – 130.

松原健太郎. 契约・法・惯习：伝统中国にぉける土地取引の一侧面. 滨下武志、辛岛升编. 支配の地域史. 东京：山川出版社，2000.

天野元之助. 山东省经济调查资料（三）：山东农业经济论. 大连：南满洲铁道株式会社，1936.

天野元之助. 支那农村杂记. 东京：生活者，1942.

天野元之助. 支那农业经济论（卷1）. 东京：改造社，1940.

西川俊作和阿部武司编. 产业化の时代（第一册）. 东京：岩波书店，1990.

西英昭. 土地をめぐる"旧惯"と"台湾私法"の营为. 东京大学法学院论文，2004.

支那问题研究所. 山东省にぉける棉纱布の生产贩卖. 支那问题研究所所报，1937，5：51.

植田捷雄. 支那における租界の研究. 东京：严松堂书店，1941.

滋贺秀三. 清代中国の法と裁判. 东京：创文社，1984.

Alston, Lee J. , Thráinn Eggertsson, and Douglass C. North, eds. 1996. *Empirical Studies in Institutional Change.* Cambridge: Cambridge University Press.

Barker, Randolph, Radha Sinha, and Beth Rose. 1982. *The Chinese Agricultural Economy.* Boulder, Colo. : Westview Press.

Bebchuk, L. A. 1999. "A Rent-Protection Theory of Corporate Ownership and Control. " National Bureau of Economic Research Working Paper 7203.

Bell, Lynda S. 1999. *One Industry, Two Chinas: Silk Filatures and Peasant-Family Production in Wuxi County,* 1865 – 1937. Stanford, Calif. : Stanford University Press.

Bergère, Marie-Claire. 1981. " 'The Other China': Shanghai from 1919 to 1949. " In *Shanghai: Revolution and Development in an Asian Metropolis,* edited by Christopher Howe, 1 – 34. Cambridge: Cambridge University Press.

Bergère, Marie-Claire. 1989a. *The Golden Age of the Chinese Bourgeoisie,* 1911 – 1937. Cambridge: Cambridge University Press.

Bergère, Marie-Claire. 1989b. "The Consequences of the Post First World War Depression for the China Treaty-port Economy, 1921 – 23. " In *The Economies of Africa and Asia in the Inter-War Depression,* edited by Ian Brown, 221 – 252. London: Routledge.

Berle, A. A. , and G. C. Means. 1932. *The Modern Corporation and Private Property.* New York: Macmillan.

Bernhart, Kathryn, and Philip C. C. Huang. 1994. *Civil Law in Qing and Republican China.* Stanford, Calif. : Stanford University Press.

Betta, Chiara. 1997. "Silas Aaron Hardoon (1851 – 1931): Marginality and Adaptation in Shanghai. " Ph. D. dissertation, School of Oriental and African Studies, University of London.

Black, B. 2001a. "Does Corporate Governance Matter? A Crude Test Using Russian Data. " *University of Pennsylvania Law Review,* 149: 2131 – 2150.

Black, B. 2001b. "The Corporate Governance Behavior and Market Value of Russian Firms. " *Emerging Markets Review,* 2: 89 – 108.

Brandt, Loren, and Barbara Sands. 1992. "Land Concentration and Income Distribution in Republican China. " In *Chinese History in Economic Perspective,* edited by Thomas G. Rawski and Lillian M. Li, 179 – 206. Berkeley: University of California Press.

Brandt, Loren. 1987. "Farm Household Behavior, Factor Markets, and the Distributive Consequences of Commercialization in Early Twentieth-Century China. " *Journal of Economic History,* 47. 3: 1 – 27.

Brandt, Loren. 1989. *Commercialization and Agricultural Development: Central and Eastern China*, 1870 – 1937. Cambridge: Cambridge University Press.

Brandt, Loren. 2000. "Reflections on China's Late 19th and Early 20th-Century Economy." In *Reappraising Republican China*, edited by Frederic Wakeman Jr. and Richard Louis Edmunds, 28 – 54. Oxford: Oxford University Press.

Braverman, Harry. 1974. *Labor and Monopoly Capital: The Degradation of Work in the Twentieth Century*. New York: Monthly Review Press.

Brinton, Mary C., and Victor Nee, eds. 1998. *The New Institutionalism in Sociology*. Stanford, Calif.: Stanford University Press.

Brook, Timothy. 1998. *The Confusions of Pleasure: Commerce and Culture in Ming China*. Berkeley and Los Angeles: University of California Press.

Buck, David. 1978. *Urban Changes in China: Politics and Development in Tsinan, Shantung*, 1890 – 1949. Madison: University of Wisconsin Press.

Buck, John L. 1930. *Chinese Farm Economy*. Chicago: University of Chicago Press.

Buck, John L. 1937. *Land Utilization in China*. Chicago: University of Chicago Press.

Buoye, Thomas M. 2000. *Manslaughter, Markets, and Moral Economy: Violent Disputes over Property Rights in Eighteenth-Century China*. Cambridge: Cambridge University Press.

Carr, Carolle, and Ramon H. Myers. 1973. "The Agricultural Transformation of Taiwan: The Case of Ponlai Rice, 1922 – 42." In *Technical Change in Asian Agriculture*, edited by R. T. Shand, 28 – 79. Canberra: Australian National University Press.

Chan, Kai-yiu, and Yeh-chien Wang. 2003. "China's Grain Trade Networks in the Interwar Years, 1918 – 1936." *Journal of Modern History Institute*, Academia Sinica 39: 153 – 223.

Cassel, Pär. 2011. *Grounds of Judgment: Extraterritoriality and Imperial Power in Nineteenth-Century China and Japan*. New York: Oxford University Press.

Chan, Kai-yiu. 1992. "Big Business Financing in Modern China: A Case Study of the Flour Milling and Cott on Textile Enterprises of the Rong Brothers, 1901 – 1936." M. Phil. thesis, Chinese University of Hong Kong.

Chan, Kai-yiu. 2002. "Rice, Flour, and Urban Food Consumption in Pre-War China, 1912 – 1936." Paper presented at the Annual Conference of the Association of Business Historians, hosted by the Centre for International Business History, University of Reading, U. K. 28 – 29 June.

Chan, Kai-yiu. 2006. *Business Expansion and Structural Change in Pre-War China: Liu*

Hangsheng and His Enterprises, 1920 – 1937. Hong Kong: Hong Kong University Press.

Chan, Wellington K. K. 1977. *Merchants, Mandarins, and Modern Enterprise in Late Qing China*. Cambridge, Mass. : Harvard Council on East Asian Studies.

Chan, Wellington K. K. 1995. "The Origins and Early Years of the Wing On Company Group in Australia, Fuji, Hong Kong, and Shanghai: Organization and Strategy of a New Enterprise. " In *Chinese Business Enterprise in Asia*, edited by R. Ampalavanar, 80 – 95. London: Routledge.

Chandler Jr. , Alfred D. 1962. *Strategy and Structure: Chapters in the History of the American Industrial Enterprise*. Cambridge, Mass. : MIT Press.

Chandler Jr. , Alfred D. 1977. *The Visible Hand: The Managerial Revolution in American Business*. Cambridge, Mass. : Belknap Press of Harvard University Press.

Chandler Jr. , Alfred D. 1990. *Scale and Scope: The Dynamics of Industrial Capitalism*. Cambridge, Mass. : Belknap Press of Harvard University Press.

Chang, John K. 1969. *Industrial Development in Pre-Communist China: A Quantitative Analysis*. Chicago: Aldine Publishing.

Chao, Kang. 1975. "The Growth of a Modern Cott on Textile Industry and the Competition with Handicraft s. " In *China's Modern Economy in Historical Perspective*, edited by Dwight H. Perkins, 167 – 201. Stanford, Calif. : Stanford University Press.

Chao, Kang. 1977. *The Development of Cotton Textile Production in China*. Cambridge, Mass. : East Asian Research Center, Harvard University.

Chen, Hanseng. 1939. *Industrial Capital and Chinese Peasant: A Study of the Livelihood of Chinese Tobacco Cultivators*. Shanghai: Kelly and Walsh.

Chen, Yixin. 2002. "New Views of the Agricultural Economy of Republican China: A Review Article. " *Journal of Twentieth-Century China*, 28. 1: 83 – 106.

Cheng, Linsun. 2003. *Banking in Modern China: Entrepreneurs, Professional Managers, and the Development of Chinese Banks*, 1897 – 1937. Cambridge: Cambridge University Press.

Cheng, Siok-Hwa. 1968. *The Rice Industry of Burma*, 1852 – 1940. Kuala Lumpur: University of Malaya Press.

Chiang, Kai-shek. 1947. *China's Destiny*. With notes and commentary by Philip Jaffe. New York: Roy Publishers.

"Chinese Flour Industry, 1930. " *Chinese Economic Journal*, 1931, 8. 2: 106 – 112.

Choi, Chi-cheung. 1995. "Competition among Brothers: The Kin Tye Lung Company and Its Associate Companies. " In *Chinese Business Enterprise in Asia*, edited by Raj Brown, 96 – 114. London: Routledge.

Chow Cham v. Yuet Seem. 1910. *Hong Kong Law Report*, 5: 233 – 237.

Chow, Tse-tsung. 1967. *The May Fourth Movement: Intellectual Revolution in Modern China*. Stanford, Calif. : Stanford University Press.

Chu, Samuel C. 1965. *Reformer in Modern China: Chang Chien*, 1853 – 1926. New York: Columbia University Press.

Chung, Stephanie Po-yin. 1998. *Chinese Business Groups in Hong Kong and Political Changes in South China*, 1900 – 1925. London: Macmillan.

Cillman, M. , and T. Eade. 1995. "The Development of the Corporation in England, with Emphasis on Limited Liability. " *International Journal of Social Economics*, 22. 4: 20 – 33.

Coase, R. H. 1988. *The Firm, the Market, and the Law*. Chicago: University of Chicago Press.

Coble Jr. , Parks. 1980. *The Shanghai Capitalists and the Nationalist Government*, 1927 – 1937. Cambridge, Mass. : Harvard University Press.

Coble Jr. , Parks. 2003. *Chinese Capitalists in Japan's New Order: The Occupied Lower Yangzi*, 1937 – 1945. Berkeley and Los Angeles: University of California Press.

Cochran, Sherman, David Strand, and Wen-hsin Yeh, eds. 2007. *Cities in Motion: Interior, Coast, and Diaspora in Transnational China*. China Research Monograph 62. Berkeley: Institute of East Asian Studies, University of California, Berkeley.

Cochran, Sherman. 1970. "Japan's Capture of China's Market for Imported Cotton Textiles before World War I: The Role of Mitsui Trading Company. " In *China's Market Economy in Transition*, edited by Yungsan Lee and Ts'ui-jung Liu, 385 – 417. Taipei: Academia Sinica.

Cochran, Sherman. 1980. *Big Business in China: Sino-Foreign Rivalry in the Cigarette Industry*, 1890 – 1930. Cambridge, Mass. : Harvard University Press.

Cochran, Sherman. 2000. *Encountering Chinese Networks: Western, Japanese, and Chinese Corporations in China*, 1880 – 1937. Berkeley and Los Angeles: University of California Press.

Cochran, Sherman. 2006. *Chinese Medicine Men: Consumer Culture in China and Southeast Asia*. Cambridge, Mass. : Harvard University Press.

Cohen, Paul A. 1970. "A New Class in China's Treaty Ports: The Rise of the Compradore-Merchants. " *Business History Review* 44. 4: 446 – 459.

Cohen, Paul A. 1987. *Between Tradition and Modernity: Wang T'ao and Reform in Late Ch'ing China.* Cambridge, Mass. : Harvard University Press.

Cohen, Paul A. 1997. *Discovering History in China: American Historical Writing on the Recent Chinese Past.* 2nd ed. New York: Columbia University Press.

Cohen, Paul A. 2003. *China Unbound: Evolving Perspectives on the Chinese Past.* London: RoutledgeCurzon.

Conner, Alison W. 2007. "Chinese Lawyers on the Silver Screen." In *Cinema, Law, and the State in Asia*, edited by Mark Sidel and Corey Creekmur, 195 – 211. New York: Palgrave Macmillan.

Cushman, Jennifer. 1991. *Family and State: The Formation of a Sino-Thai Tin-Mining Dynasty*, 1797 – 1932. Oxford: Oxford University Press.

DeLong, J. Bradford, and Andrei Shleifer. 1993. "Princes and Merchants: City Growth before the Industrial Revolution." *Journal of Law and Economics* 36: 671 – 702.

Dernberger, Robert F. 1975. "The Role of the Foreigner in China's Economic Development, 1840 – 1949." In *China's Modern Economy in Historical Perspective*, edited by Dwight H. Perkins, 19 – 48. Stanford, Calif. : Stanford University Press.

Dikötter, Frank. 2007. *Things Modern: Material Culture and Everyday Life in China.* London: Hurst and Company.

Dirlik, Arif. 1994. *Aft er the Revolution: Waking to Global Capitalism.* Hanover, N. H. : Wesleyan University Press.

Dirlik, Arif. 1997. *The Postcolonial Aura: Third World Criticism in the Age of Global Capitalism.* Boulder, Colo. : Westview.

Dirlik, Arif. 1999. *The Origins of Chinese Communism.* New York: Oxford University Press.

Dittrich, Scott R. , and Ramon H. Myers. 1971. "Resource Allocation in Traditional Agriculture: Republican China, 1937 – 1940." *Journal of Political Economy* 79. 4: 887 – 896.

Dray-Novey, Alison. 2007. "The Twilight of the Being Gendarmerie, 1900 – 1924." *Modern China*, 33. 3: 349 – 376.

Duara, Prasenjit. 1988. *Culture, Power, and the State: Rural North China*, 1900 – 1942. Stanford, Calif. : Stanford University Press.

Dumont, Louis. 1977. *From Mandeville to Marx: The Genesis and Triumph of Economic Ideology.* Chicago: University of Chicago Press.

Easterbrook, F. H. , and Fischel, D. R. 1991. *The Economic Structure of Corporate*

Law. Cambridge, Mass. ; Harvard University Press.

Eatwell, John, Murray Milgate, and Peter Newman, ed. 1987. *The New Palgrave: Allocation, Information, and Markets.* New York: W. W. Norton.

Ebrey, Patricia Buckley, and Rubie S. Watson, eds. 1991. *Marriage and Inequality in Chinese Society.* Berkeley: University of California Press.

"Economic Conditions in Eastern Shantung. " 1926. *The Chinese Economic Monthly* 3. 12: 530 – 540.

Elder, Chris, ed. 1999. *China's Treaty Ports: Half Love and Half Hate.* New York: Oxford University Press.

Elvin, Mark. 1973. *The Patt ern of the Chinese Past: A Social and Economic Interpretation.* Stanford, Calif. ; Stanford University Press.

Elvin, Mark. 1996. *Another History: Essays on China from a European Perspective.* Honolulu: University of Hawai'i Press.

Eng, Robert Y. 1986. *Economic Imperialism in China: Silk Production and Exports, 1861 – 1932.* Berkeley: University of California Press.

Epstein, S. R. 2000. *Freedom and Growth: The Rise of State and Markets in Europe, 1300 – 1750.* London: Routledge.

Esherick, Joseph, ed. 2000. *Remaking the Chinese City: Modernity and National Identity, 1900 – 1950.* Honolulu: University of Hawai'i Press.

Fairbank, John King, and Albert Feuerwerker, eds. 1986. *The Cambridge History of China*, vol. 13, *Republican China*, 1912 – 1949, part 2. Cambridge: Cambridge University Press.

Fairbank, John King, and Kwang-ching Liu, eds. 1980. *The Cambridge History of China*, vol. 11, *Late Ch'ing*, 1800 – 1911, part 2. Cambridge: Cambridge University Press.

Fairbank, John King, ed. 1978. *The Cambridge History of China*, vol. 10, *Late Ch'ing*, 1800 – 1911, part 1. Cambridge: Cambridge University Press.

Fairbank, John King, ed. 1983. *The Cambridge History of China*, vol. 12, *Republican China*, 1912 – 1949, part 1. Cambridge: Cambridge University Press.

Fairbank, John King. 1964. *Trade and Diplomacy on the China Coast: The Opening of the Treaty Ports*, 1842 – 1854. Stanford, Calif. ; Stanford University Press.

Fairbank, John King. 1968. *The Chinese World Order: Traditional China's Foreign Relations.* Cambridge, Mass. ; Harvard University Press.

Fairbank, John King. 1992. *China: A New History.* Cambridge, Mass. ; Belknap Press of Harvard University Press.

Fang, Huirong. 2003. "Land Pawning Practices in Republican China: Theory and Reality. " Ph. D. dissertation, Hong Kong University of Science and Technology.

Farmer, B. H. 1986. "Perspectives on the 'Green Revolution'in South Asia. " *Modern Asian Studies*, 20. 1: 175 – 199.

Faure, David, and Helen F. Siu, eds. 1995. *Down to Earth: The Territorial Bond in South China.* Stanford, Calif. : Stanford University Press.

Faure, David, Bernard Luk, and Alice Ng, eds. 1986. *The Historical Inscriptions of Hong Kong.* Vol. 1. Hong Kong Museum of History.

Faure, David. 1986. *The Structure of Chinese Rural Society: Lineage and Village in the Eastern New Territories, Hong Kong.* New York: Oxford University Press.

Faure, David. 1989. *The Rural Economy of Pre-Liberation China, Trade Expansion, and Peasant Livelihood in Jiangsu and Guangdong, 1870 to 1937.* Hong Kong: Oxford University Press.

Faure, David. 1994. "China and Capitalism, Business Enterprise in Modern China. " Occasional Paper 1. Hong Kong University of Science and Technology.

Faure, David. 1995. "The Lineage as Business Company: Patronage versus Law in the Development of Chinese Business. " In *Chinese Business Enterprise, Critical Perspectives on Business and Management*, edited by Raj Brown, 1: 82 – 106. London: Routledge.

Faure, David. 1996. "Company Law and the Emergence of the Modern Firm. " In *Chinese Business Enterprise*, edited by R. Ampalavanar, 4: 263 – 281. London: Routledge.

Faure, David. 2000. "The Mackay Treaty of 1902 and Its Impact on Chinese Business. " *Asia Pacific Business Review* 7. 2: 81 – 92.

Faure, David. 2007. *Emperor and Ancestor: State and Lineage in South China.* Stanford, Calif. : Stanford University Press.

Fay, Peter Ward. 1975. *The Opium War*, 1840 – 1842. Chapel Hill: University of North Carolina Press.

Feetham, Richard. 1931. *Report of the Hon. Richard Feetham, C. M. G. to the Shanghai Municipal Council.* Shanghai: North-China Daily News and Herald.

Feuerwerker, Albert. 1983. "The Foreign Presence in China. " In *The Cambridge History of China*, vol. 12, *Republican China*, 1912 – 1949, edited by John King Fairbank, part 1, pp. 128 – 207. Cambridge: Cambridge University Press.

Feuerwerker, Albert. 1984. "The State and the Economy in Late Imperial China." *Theory and Society* 13: 297 – 326.

Fligstein, Neil. 2005. "States, Markets, and Economic Growth." In *The Economic Sociology of Capitalism*, edited by Victor Nee and Richard Swedberg, 199 – 243. Princeton, N. J. : Princeton University Press.

Fong, H. D. 1936. "The Growth and Decline of Rural Industrial Enterprise in North China: A Case Study of the Cott on Handloom Weaving Industry in Paoti." *Nankai Social and Economic Quarterly* 8. 4: 694.

Freedman, Maurice. 1966. Chinese Lineage and Society: Fukien and Kwangtung. London: Athlone.

Gardella, Robert. 1994. *Harvesting Mountains: Fujian and the China Tea Trade*, 1757 – 1937. Berkeley: University of California Press.

Gerth, Karl. 2003. *China Made: Consumer Culture and the Creation of the Nation*. Cambridge, Mass. : Harvard University Asia Center.

Greif, Avner. 2006. *Institutions and the Path to the Modern Economy: Lessons from Medieval Trade*. Cambridge: Cambridge University Press.

Grove, Linda. 2006. *A Chinese Economic Revolution: Rural Entrepreneurship in the Twentieth Century*. Lanham, Md. : Rowman and Littlefield.

Gugler, K. , D. C. Mueller, and B. B. Yurtoglu. 2001. "Corporate Governance, Capital Market Discipline, and the Returns on Investment. " Working paper. Department of Economics, University of Vienna.

Hamilton, Gary G. , ed. 1991. *Business Networks and Economic Development in East and Southeast Asia*. Hong Kong: Centre of Asian Studies, University of Hong Kong.

Hannah, L. 1980. "Visible and Invisible Hands in Great Britain. " In *Managerial Hierarchies: Comparative Perspectives on the Rise of the Modern Industrial Enterprise*, edited by A. D. Chandler Jr. and H. Daems, 41 – 76. Cambridge, Mass. : Harvard University Press.

Hannah, L. 1983. *The Rise of the Corporate Economy*. 2nd ed. London: Methuen.

Hao, Yen-p'ing. 1970. *The Comprador in Nineteenth Century China: Bridge between East and West*. Cambridge, Mass. : Harvard University Press.

Hao, Yen-p'ing. 1986. *The Commercial Revolution in Nineteenth-Century China: The Rise of Sino-Western Mercantile Capitalism*. Berkeley: University of California Press.

Harris, Ron. 2003. "The Encounters of Economic History and Legal History. " *Law and History Review* 21. 2: 347 – 366.

Hase, Patrick. 2000. "The Clan and the Customary Law: Tso and Tong in the New Territories." *Nagoya University Journal of Law and Politics* 182: 211 – 268.

Haskell, Thomas L., and Richard F. Teichgraeber III, eds. 1993. *The Culture of the Market: Historical Essays.* Cambridge: Cambridge University Press.

Hicks, John Richard. 1969. *A Theory of Economic History.* London: Oxford University Press.

HKRS (Hong Kong Record Series) 121, 122, 123. Hong Kong Government, Company Registration Court, articles of association and lists of shareholders.

HKRS 124. Hong Kong Government, Company Registration list of companies wound-up in Hong Kong, 1925 – 1965.

HKRS 144. Hong Kong Government, The Supreme Court of Hong Kong, Probate Jurisdiction, Wills.

Hommel, Rudolf P. 1937. *China at Work: An Illustrated Record of the Primitive Industries of China's Masses, Whose Life Is Toil, and Thus an Account of Chinese Civilization.* New York: John Day.

Hong Kong Government. 1901. *Report on the Committee on Registration of Chinese Partners.* Hong Kong: Hong Kong Government.

Hou, Chi-ming, and Tzong-shian Yu, eds. 1977. *Modern Chinese Economic History.* Taipei: Institute of Economics, Academia Sinica.

Hou, Chi-ming. 1965. *Foreign Investment and Economic Development in China, 1840 – 1937.* Cambridge, Mass. : Harvard University Press.

Hsu, Madeline Yuan-yin. 2000. *Dreaming of Gold, Dreaming of Home: Transationalism and Migration between the United States and South China, 1882 – 1943.* Stanford, Calif. : Stanford University Press.

Huang, Philip C. C. 1985. *The Peasant Economy and Social Change in North China.* Stanford, Calif. : Stanford University Press.

Huang, Philip C. C. 1990. *The Peasant Family and Rural Development in the Yangzi Delta, 1350 – 1988.* Stanford, Calif. : Stanford University Press.

Hunt, Bishop Carleton. 1936. *The Development of the Business Corporation in England, 1800 – 1867.* Cambridge, Mass. : Harvard University Press.

Ingram, James C. 1971. *Economic Change in Thailand, 1850 – 1970.* Stanford, Calif. : Stanford University Press.

Inspectorate General of the Chinese Maritime Customs. 1873. *Returns of Trade at the Treaty Ports in China for the Year* 1872. Part 1. Shanghai: Inspector General of Customs.

Inspectorate General of the Chinese Maritime Customs. 1915 – 1935. *Foreign Trade of China*, 1914 – 34. Shanghai: Offi ce of the Inspectorate General of the Chinese Maritime Customs.

Jamieson, George. 1921. *Chinese Family and Commercial Law.* Shanghai: Kelly and Walsh.

Jing, Junjian. 1994. "Legislation Related to the Civil Economy in the Qing Dynasty. " In *Civil Law in Qing and Republican China*, edited by Kathryn Bernhardt and Philip C. C. Huang, 42 – 84. Stanford, Calif. : Stanford University Press.

Kang, Chih-ming. 1995. *Japanese Colonialism in Taiwan: Land Tenure, Development, and Dependency*, 1895 – 1945. Taipei: SMC Publishing.

Kayaoglu, Turan. 2010. *Legal Imperialism: Sovereignity and Extraterritoriality in Japan, the Ottoman Empire, and China.* New York: Cambridge University Press.

Keeton, C. W. , and L. A. Sheridan. 1976. *The Comparative Law of Trust in the Commonwealth and the Irish Republic.* London: Barry Rose Publishers.

Kirby, William. 1995. "China Unincorporated: Company Law and Business Enterprise in Twentieth-Century China. " *Journal of Asian Studies* 54. 1: 43 – 63.

Kirby, William. 2000. "The Internationalization of China: Foreign Relations at Home and Abroad in the Republican Era. " In *Reappraising Republican China*, edited by Frederic Wakeman Jr. and Richard Louis Edmunds, 179 – 204. Oxford: Oxford University Press.

Köll, Elizabeth. 2003. *From Cotton Mill to Business Empire: The Emergence of Regional Enterprises in Modern China.* Cambridge, Mass. : Harvard University Asia Center.

Kotenev, A. M. 1925. *Shanghai: Its Mixed Court and Council.* Shanghai: North China Daily News.

Kriedte, Peter, Hans Medick, and Jürgen Schlumbohm. 1981. *Industrialization before Industrilalization. Translation by Beate Schempp.* Cambridge: Cambridge University Press.

Kung, James Kai-sing, Yiu-fai Daniel Lee, and Bai Nansheng. 2005. "Human Capital, Migration, and the Vent for Surplus Rural Labor: The Lower Yangzi in China in the 1930s. " Mimeo.

Kwok, D. W. Y. 1965. *Scientism in Chinese Thought*, 1900 – 1950. New Haven, Conn. : Yale University Press.

La Porta, R. 2000. "Investor Protection and Corporate Governance. " *Journal of Financial Economics* 58: 3 – 27.

La Porta, R. , F. Lopez-de-Silanes, A. Shleifer, and R. Vishny. 1998. "Law and Finance." *Journal of Political Economy* 106: 1113 – 1155.

Lang, Graeme, and Lars Ragvald. 1933. *The Rise of a Refugee Land: Hong Kong's Wong Tai Sin.* Hong Kong: Oxford University Press.

Lee, Albert Shu Yuan. 2002. "Law, Economic Theory, and Corporate Governance: The Origins of UK Legislation on Company Directors'Confl icts of Interests, 1862 – 1948. " Ph. D. diss. , University of Cambridge.

Lee, James Z. , and Wang Feng. 1999. *One Quarter of Humanity: Malthusian Mythology and Chinese Realities*, 1700 – 2000. Cambridge, Mass. : Harvard University Press.

Lee, Leo Ou-fan. 1999. *Shanghai Modern: The Flowering of a New Urban Culture in China*, 1930 – 1945. Cambridge, Mass. : Harvard University Press.

Lee, Tahirih V. 1993. "Risky Business: Courts, Culture, and the Marketplace. " *University of Miami Law Review* 47 (May): 1335 – 1414.

Lee, Yung-san, ed. 1990. *China's Market Economy in Transition.* Taipei: Academia Sinica.

Li, Lillian M. 1981. *China's Silk Trade: Traditional Industry in the Modern World*, 1842 – 1937. Cambridge, Mass. : Harvard University Press.

Lin, Yü-sheng. 1979. *The Crisis of Chinese Consciousness: Radical Antitraditionalism in the May Fourth Era.* Madison: University of Wisconsin Press.

Liu, Alan P. L. 1987. *Phoenix and the Lame Lion: Modernization in Taiwan and Mainland China*, 1950 – 1980. Stanford, Calif. : Hoover Institution Press, Stanford University.

Liu, Jung-Chao. 1970. *China's Fertilizer Economy.* Chicago: Aldine Publishing.

Liu, Kwang-Ching. 1962. *Anglo-American Steamship Rivalry in China*, 1862 – 1874. Cambridge, Mass. : Harvard University Press.

Liu, Ta-chung, and Kung-chia Yeh. 1965. *The Economy of the Chinese Mainland: National Income and Economic Development*, 1933 – 1959. Princeton, N. J. : Princeton University Press.

Liu, Wang Hui-Chen. 1975. "An Analysis of Chinese Clan Rules: Confucian Theories in Action. " In *Confucianism and Chinese Civilization*, edited by Arthur F. Wright, 16 – 49. Stanford, Calif. : Stanford University Press.

Lu, Hanchao. 1999. "The Seventy-two Tenants: Residence and Commerce in Shanghai's Shikumen Houses, 1872 – 1951. " In *Inventing Nanjing Road: Commercial Culture in Shanghai*, 1900 – 1945, edited by Sherman Cochran, 133 – 184. Ithaca, N.

Y. : East Asia Program, Cornell University.

Lupia, Arthur, Mathew D. McCubbins, and Samuel L. Popkin, eds. 2000. *Elements of Reason: Cognition, Choice, and the Bounds of Rationality.* Cambridge: Cambridge University Press.

Ma, Debin. 2006. "Law and Commerce in Traditional China: An Institutional Perspective on the 'Great Divergence. '" *Keizai-Shirin* 73. 4: 69 – 96.

Ma, Debin. 2008. "Economic Growth in the Lower Yangzi Region of China in 1911 – 1937: A Quantitative and Historical Analysis. " *The Journal of Economic History* 68. 2: 355 – 392.

Martin, Brian G. 1996. *The Shanghai Green Gang: Politics and Organized Crime*, 1919 – 1937. Berkeley: University of California Press.

Matsubara Kentaro. 2004. "Law of the Ancestors: Property Holding Practices and Lineage Social Structures in Nineteenth Century South China. " D. Phil. thesis, University of Oxford.

Mauss, Marcel. 1923 – 1924. "Essai sur le don: Forme et raison de l'échange dans les sociétés archa. ques. " *l'Année Sociologique*, 2nd series. English translation: W. D. Hall. 1989. *The Gift: The Form and Reason for Exchange in Archaic Societies.* London: Routledge.

Mazumdar, Sucheta. 1998. *Sugar and Society in China: Peasants, Technology, and the World Market.* Cambridge, Mass. : Harvard University Press.

Ménard, Claude, and Mary M. Shirley. 2008. *Handbook of New Institutional Economics.* Berlin: Springer-Verlag.

Meyer, John W. , and W. Richard Scott. 1992. *Organizational Environments: Ritual and Rationality.* Thousand Oaks, Calif. : Sage Publications.

Milhaupt, Curtis J. , and Katharina Pistor. 2008. *Law and Capitalism: What Corporate Crises Reveal about Legal Systems and Economic Development Round the World.* Chicago: University of Chicago Press.

Morse, Hosea Ballou. 1966. *The Trade and Administration of China Empire.* Taibei: Ch'eng-wen.

Mülhahn, Klaus. 2007. "Visions of Order and Modernity: Crime, Punishment, and Justice in Urban China during the Republican Period. " In *Cities in Motion: Interior, Coast, and Diaspora in Transnational China*, China Research Monograph 62, edited by Sherman Cochran and David Strand, 182 – 215. Berkeley: Institute of East Asian Studies, University of California, Berkeley.

Murphey, Rhoads. 1953. *Shanghai, Key to Modern China. Cambridge*, Mass. : Harvard University Press.

Murphey, Rhoads. 1974. "The Treaty Ports and China's Modernization." In *The Chinese City between Two Worlds*, edited by Mark Elvin and G. William Skinner, 17 – 72. Stanford, Calif. : Stanford University Press.

Myers, Ramon H. 1965. "Cott on Textile Handicraft and the Development of the Cott on Textile Industry in Modern China." *The Economic History Review* 18. 3: 614 – 632.

Myers, Ramon H. 1969. "Taiwan." In *Agricultural Development in Asia*, edited by R. T. Shand, 25 – 52. Canberra: Australian National University Press.

Myers, Ramon H. 1970. *The Chinese Peasant Economy: Agricultural Development in Hopei and Shantung*, 1890 – 1949. Cambridge, Mass. : Harvard University Press.

Myers, Ramon H. 1972. "The Commercialization of Agriculture in Modern China." In *Economic Organization in Chinese Society*, edited by W. E. Willmott, 173 – 192. Stanford, Calif. : Stanford University Press.

Myers, Ramon H. 1976. "Socioeconomic Change in Villages of Manchuria during the Ch'ing and Republican Periods: Some Preliminary Findings." *Modern Asian Studies* 10. 4: 591 – 620.

Myers, Ramon H. 1989. "The World Depression and the Chinese Economy, 1930 – 6." In *The Economies of Africa and Asia in the Inter-War Depression*, edited by Ian Brown, 253 – 278. London: Routledge.

Myers, Ramon H. 1995. "Confucianism and Economic Development: Mainland China." In *Confucianism and Economic Development*, edited by Tzongshian Yu and Joseph S. Lee, 215 – 236. Taipei: Chung-Hua Institution for Economic Research.

Myers, Ramon H. , and Adrienne Ching. 1964. "Agricultural Development in Taiwan under Japanese Colonial Rule." *Journal of Asian Studies* 23. 4: 555 – 570.

Myers, Ramon H. , and Thomas R. Ulie. 1972. "Foreign Infl uence and Agricultural Development in Northeast China: A Case Study of the Liaotung Peninsula, 1906 – 42." *Journal of Asian Studies* 31. 2: 329 – 350.

Naughton, Barry. 1995. *Growing out of the Plan: Chinese Economic Reform*, 1978 – 1993. Cambridge: Cambridge University Press.

Naughton, Barry. 2007. *The Chinese Economy: Transition and Growth*. Cambridge, Mass. : MIT Press.

Nee, Victor, and Richard Swedberg, eds. 2005. *The Economic Sociology of Capitalism*. Princeton, N. J. : Princeton University Press.

Nee, Victor, and Richard Swedberg, eds. 2007. *On Capitalism.* Stanford, Calif. : Stanford University Press.

Nee, Victor. 1998. "Sources of the New Institutionalism. " In *The New Institutionalism in Sociology,* edited by Mary C. Brinton and Victor Nee, 1 – 16. Stanford, Calif. : Stanford University Press.

Nee, Victor. 2005. "Organizational Dynamics of Institutional Change: Politicized Capitalism in China. " In *The Economic Sociology of Capitalism,* edited by Victor Nee and Richard Swedberg, 53 – 74. Princeton, N. J. : Princeton University Press.

North, Douglass C. 1981. *Structure and Change in Economic History.* New York: W. W. Norton.

North, Douglass C. 1991. *Institutions, Institutional Change, and Economic Performance.* Cambridge: Cambridge University Press.

North, Douglass C. 1992. *Transaction Costs, Institutions, and Economic Performance.* San Francisco: ICS Press.

North, Douglass C. 1995. "Five Propositions about Institutional Change. " In *Explaining Social Institutions,* edited by Jack Knight and Itai Sened, 15 – 26. Ann Arbor: University of Michigan Press.

North, Douglass C. 1997. *The Process of Economic Change.* Helsinki: World Institute for Development Economic Research, United Nations University.

North, Douglass C. 2005. *Understanding the Process of Economic Change.* Princeton, N. J. : Princeton University Press.

North, Douglass C. , and Barry R. Weingast. 1989. "Constitutions and Commitment: The Evolution of Institutions Governing Public Choice in Seventeenth-Century England. " *Journal of Economic History* 49 (December): 803 – 832.

Ocko, Jonathan. 2004. "The Missing Metaphor: Applying Western Legal Scholarship to the Study of Contract and Property in Early Modern China. " In *Contract and Property in Early Modern China,* edited by Madeleine Zelin, Jonathan Ocko, and Robert Gardella, 178 – 205. Stanford, Calif. : Stanford University Press.

Ohkawa, Kazushi, and Henry Rosovsky. 1973. *Japanese Economic Growth, Trend Acceleration in the Twentieth Century.* Stanford, Calif. : Stanford University Press.

Olson, Mancur. 1993. "Dictatorship, Democracy, and Development. " *American Political Science Review* 87. 3: 567 – 576.

Pak, Chong-dong. 1997. *The Special Economic Zones of China and Their Impact on Its Economic Development.* Westport, Conn. : Praeger.

Palmer, Michael. 1987. "The Surface-Subsoil Form of Divided Ownership in Late Imperial China: Some Examples from the New Territories of Hong Kong. " *Modern Asian Studies* 21. 1: 1 – 119.

Pan, Ming-te. 1996. "Rural Credit in Ming-Qing Jiangnan and the Concept of Peasant Pett y Commodity Production. " *Journal of Asian Studies* 55. 1: 94 – 117.

Pearce, David W. , ed. 1999. *The MIT Dictionary of Modern Economics.* Cambridge, Mass. : MIT Press.

Peerenboom, Randall. 2002. *China's Long March toward Rule of Law.* Cambridge: Cambridge University Press.

Perkins, Dwight H. 1969. *Agricultural Development in China*, 1368 – 1968. Chicago: Aldine.

Perkins, Dwight H. , ed. 1975. *China's Modern Economy in Historical Perspective.* Stanford, Calif. : Stanford University Press.

Perry, Elizabeth. 1993. *Shanghai on Strike: The Politics of Chinese Labor.* Stanford, Calif. : Stanford University Press.

Peterson, Willard J. , ed. 2002. *The Cambridge History of China*, vol. 9, part 1, *The Ch'ing Empire to* 1800. Cambridge: Cambridge University Press.

Polanyi, Karl. 1957. *The Great Transformation.* Boston: Beacon Press.

Pollard, S. 1992. *The Development of the British Economy*, 1914 – 1990. 4th ed. London: Edward Arnold.

Pomeranz, Kenneth. 2000. *The Great Divergence: China, Europe, and the Making of the Modern World Economy.* Princeton, N. J. : Princeton University Press.

Pomeranz, Kenneth. 2008. "Land Markets in Late Imperial and Republican China. " *Continuity and Change* 23. 1: 101 – 150.

Pomeratz-Zhang, Linda. 1992. *Wu Tingfang* (1842 – 1922): *Reform and Modernization in Modern Chinese History.* Hong Kong: Hong Kong University Press.

Pott, Hawks. 1928. *A Short History of Shanghai.* Shanghai: Kelly and Walsh.

Powell, Walter W. , and Paul J. DiMaggio, eds. 1991. *The New Institutionalism in Organizational Analysis.* Chicago: University of Chicago Press.

Pusey, James Reeve. 1983. *China and Charles Darwin.* Cambridge, Mass. : Council on East Asian Studies, Harvard University.

Ransom, L. Roger, Richard Sutch, and Gary M. Walton. 1982. *Explorations in the New Economic History.* New York: Academic Press.

Rawski, Evelyn S. 1972. *Agricultural Change and the Peasant Economy in South China.*

Cambridge, Mass. : Harvard University Press.

Rawski, Thomas G. 1985. "Economy of the Lower Yangtze Region, 1850 – 1980. " Unpublished manuscript.

Rawski, Thomas G. 1989. *Economic Growth in Prewar China*. Berkeley: University of California Press.

Rawski, Thomas G. , and Lillian Li, eds. 1992. *Chinese History in Economic Perspective*. Berkeley and Los Angeles: University of California Press.

Reid, Anthony. 1996. *Sojourners and Sett lers: Histories of Southeast Asia and the Chinese*. Sydney: Asian Studies Association of Australia in association with Allen and Unwin.

Remer, C. F. 1933. *Foreign Investments in China*. New York: Macmillan.

Report. 1900. *Report on the New Territory during the First Year of British Administration*. Hong Kong: Government Printers.

Reuter, Brockelmann, and Co. , Appellants, v. Tung Lok Tong, Otherwise Leung Lai Nam and Others, Respondents. 1910. *Hong Kong Law Report* 4: 37 – 115.

Reynolds, Douglas R. 1993. *China, 1898 – 1912: The Xinzheng Revolution and Japan*. Cambridge, Mass. : Harvard University Press.

Robequain, Charles. 1944. *The Economic Development of French Indo-China*. Translated by Isabel A. Ward. London: Oxford University Press.

Roe, M. J. 1994. *Strong Managers, Weak Owners: The Political Roots of American Corporate Finance*. Princeton, N. J. : Princeton University Press.

Roe, M. J. 2000. "Political Preconditions to Separating Ownership from Corporate Control. " *Stanford Law Review* 53: 539 – 606.

Roebuck, Derek. 1995. *The Background of the Common Law*. Hong Kong: Oxford University Press.

Rogers, J. Steven. 1995. *The Early History of the Law of Bills and Notes: A Study of the Origins of Anglo-American Commercial Law*. Cambridge: Cambridge University Press.

Rose, David C. , and J. Ray Bowen II. 1998. "On the Absence of Privately Owned, Publicly Traded Corporations in China: The Kirby Puzzle. " *Journal of Asian Studies* 57. 4: 442 – 452.

Rozman, Gilbert. 1982. *Population and Marketing Sett lements in Ch'ing China*. Cambridge: Cambridge University Press.

Ruskola, Teemu. 2013. *Legal Orientalism: China, the United States, and Modern Law*. Cambridge, MA: Harvard University Press.

Sassoon Archives. N. d. Collection of Research Center of Industrial History, Institute of
Economics, Shanghai Academy of Social Science. *Jia* 43.

Schwartz, Alan. 2007. "The Enforcement of Contracts and the Role of the State. " In *Legal Orderings and Economic Institutions*, edited by Farizio Cafaggi, Antoniao Nicita, and Ugo Pagano, 105 – 117. London: Routledge.

Scogin, Hugh T. 1994. "Civil 'Law'in Traditional China: History and Theory. " In *Civil Law in Qing and Republican China*, edited by Kathryn Bernhardt and Philip C. C. Huang, 13 – 41. Stanford, Calif. : Stanford University Press.

Scott, James C. 1976. *The Moral Economy of the Peasant: Rebellion and Subsistence in Southeast Asia*. New Haven, Conn. : Yale University Press.

Scott, W. Richard, John W. Meyer, and Associates. 1994. *Institutional Environments and Organizations: Structural Complexity and Individualism*. Thousand Oaks, Calif. : Sage Publications.

Shand, R. T. 1969. *Agricultural Development in Asia*. Canberra: Australian National University Press.

Shand, R. T. , ed. 1973. *Technical Change in Asian Agriculture*. Canberra: Australian National University Press.

Shanghai Municipal Council. 1921, 1926, and 1928. *Annual Report*. Shanghai: Municipal Council.

Sheehan, Brett. 1999. "Urban Identity and Urban Networks in Cosmopolitan Cities: Banks and Bankers in Tianjin, 1900 – 1937. " In *Remaking the Chinese City: Modernity and National Identity*, 1900 – 1950, edited by Joseph W. Esherick, 47 – 64. Honolulu: University of Hawai'i Press.

Sheehan, Brett. 2003. *Trust in Troubled Times: Money, Banks, and State-Society Relations in Republican Tianjin*. Cambridge, Mass. : Harvard University Press.

Sheehan, Brett. 2007. "Webs and Hierarchies: Banks and Bankers in Motion, 1900 – 1950. " In *Cities in Motion: Interior, Coast, and Diaspora in Transnational China*, China Research Monograph 62, edited by Sherman Cochran and David Strand, 81 – 105. Berkeley: Institute of East Asian Studies, University of California, Berkeley.

Sheridan, James. 1983. "The Warlord Era: Politics and Militarism under the Peking Government, 1916 – 28. " In *The Cambridge History of China*, vol. 12, Republican China, 1912 – 1949, part 1, edited by Denis Twitchett and John Fairbank, 284 – 321. Cambridge: Cambridge University Press.

Shiroyama, Tomoko. 2008. *China during the Great Depression: Market, State, and the*

World Economy, 1929 – 1937. Cambridge, Mass. : Harvard University Asia Center.

Skinner, G. William, ed. 1977a. *The City in Late Imperial China.* Stanford, Calif. : Stanford University Press.

Skinner, G. William. 1957. *Chinese Society in Thailand: An Analytical History.* Ithaca, N. Y. : Cornell University Press.

Skinner, G. William. 1977b. "Cities and the Hierarchy of Local System. " In *The City in Late Imperial China*, edited by G. William Skinner, 275 – 351. Stanford, Calif. : Stanford University Press.

Skinner, G. William. 1980. "Marketing Systems and Regional Economies: Their Structure and Development. " 提交给 1980 年 10 月 26 日至 11 月 1 日在北京召开的 "关于中国社会及经济史（自宋至 1900 年）的中美学者讨论会" 的论文.

Skinner, G. William. 1985. "Presidential Address: The Structure of Chinese History. " *Journal of Asian Studies* 44. 2: 271 – 292.

So, Billy K. L. 2000. *Prosperity, Region, and Institutions in Maritime China: The South Fukien Patt ern*, 946 – 1368. Cambridge, Mass. : Harvard University Asia Center.

Some Notes 1901. "Some Notes on Land Tenure in the New Territory. " Appendix no. 1 to Hong Kong, Report on the New Territory for the Year 1900, in *Hong Kong Government Gazette*, 17 August 1901.

Sopher, Arthur, and Theodore Sopher. 1939. *The Profitable Path of Shanghai Realty.* 翻译为日文后的题名为 "上海に于けゐ不动产事情" （1943）. 东京：上海恒产股份有限公司.

Stephens, Thomas B. 1992. *Order and Discipline in China: The Shanghai Mixed Court*, 1911 – 27. Seattle: University of Washington Press.

Strand, David. 1989. *Rickshaw Bejïng: City, People, and Politics in the 1920s.* Berkeley: University of California Press.

Su, Jing, and Luo Lun. 1978. *Landlord and Labor in Late Imperial China: Case Studies from Shandong.* Translated by Endymion Wilkinson. Cambridge, Mass. : Harvard University Press.

Suehiro, Akira. 1996. *Capital Accumulation in Thailand*, 1855 – 1985. Chiang Mai: Silkworm Books.

Teesdale, J. H. 1932. "A Short Analysis of the New Chinese Company and Partnership Law. " *Journal of Comparative Legislation and International Law* 14: 247 – 254.

Ter, K. L. 1985. *The Law of Charities: Cases and Materials, Singapore and Malaysia.* Singapore: Oxford University Press.

Tigar, M. L. , and M. R. Levy. 1977. *Law and the Rise of Capitalism*. New York: Monthly Review Press.

To Kan Chi and Others v. Pui Man Yau and Others. 1992. HCMP 562/92.

Tung Sang Wing Firm v. Chow Chun Kit. 1910. *Hong Kong Law Report* 5: 238 – 241.

Verma, Shraddha, and Sid J. Gray. 2009. "The Development of Company Law in India: The Case of the Companies Act 1956. " *Critical Perspectives on Accounting* 20. 1: 110 – 135.

Wade, Nicholas. 1974. "Green Revolution. " *Science* 186: 1093 – 1096, 1186 – 1192.

Wakeman, Frederic, and Wen-hsin Yeh, eds. 1992. *Shanghai Sojourners*. China Research Monograph 40. Berkeley: Institute of East Asian Studies, University of California, Berkeley.

Walker, Kathy Le Mons. 1999. *Chinese Modernity and the Peasant Path: Semicolonialism in the Northern Yangzi Delta*. Stanford, Calif. : Stanford University Press.

Wall, David. 1991. *Special Economic Zones in China: The Administrative and Regulatory Framework*. Canberra: National Centre for Development Studies, Australian National University.

Wang, Dong. 2005. *Unequal Treaties: Narrating National History*. Lanham: Rowman and Litt lefi eld.

Wang, Fan-sen. 2006. *Fu Ssu-nien: A Life in Chinese History and Politics*. Cambridge: Cambridge University Press.

Wang, Gungwu. 1991. *The Chineseness of China: Selected Essays*. Hong Kong: Oxford University Press.

Watson, James. 1977. "Hereditary Tenancy and Corporate Landlordism in Traditional China: A Case Study. " *Modern Asian Studies* 11. 2: 161 – 182.

Weber, Max. 1978. *Economy and Society: An Outline of Interpretive Sociology*, edited by Guenth Roth and Claus Wittich. Berkeley: University of California Press.

Weber, Max. 1983. *Max Weber on Capitalism, Bureaucracy, and Religion*, edited by Stanislav Andreski. London: George Allen and Unwin.

Weingast, Barry R. 1997. "The Political Foundations of Democracy and the Rule of Law. " *American Political Science Review* 91. 2: 245 – 263.

Wesley-Smith, Peter. 1998. *Unequal Treaty, 1898 – 1997: China, Great Britain, and Hong Kong's New Territories*. Rev. ed. Hong Kong: Oxford University Press.

Williamson, Oliver E. 1985. *The Economic Institutions of Capitalism*. New York: Free Press.

Williamson, Oliver E. 1993. "Transaction Cost Economics and Organization Theory." *Industrial and Corporate Change* 2. 2: 107 – 156.

Williamson, Oliver E. 1998. "Transaction Cost Economics: How It Works; Where It Is Headed." *De Economist* 146. 1: 23 – 58.

Williamson, Oliver E. 2000. "The New Institutional Economics: Taking Stock, Looking Ahead." *Journal of Economic Literature* 38: 595 – 613.

Wong, Belinda Sheung-yu. 1990. "Chinese Customary Law: An Examination of Tsos and Family Tongs." *Hong Kong Law Journal* 20: 13 – 30.

Wong, R. Bin. 1997. *China Transformed: Historical Change and the Limits of European Experience.* Ithaca, N. Y. : Cornell University Press.

Wong, Siu-lun. 1988. *Emigrant Entrepreneurs: Shanghai Industrialists in Hong Kong.* Hong Kong: Oxford University Press.

Woodhead, H. G. W. 1929. *Extraterritoriality in China: The Case against Abolition.* Originally published by Tientsin Press in 1929; reprint, New York: Garland, 1980.

Wright, Arthur F. , ed. 1975. *Confucianism and Chinese Civilization.* Stanford, Calif. : Stanford University Press.

Wright, Mary C. 1962. *The Last Stand of Chinese Conservatism: The T'ung-Chih Restoration, 1862 – 1874.* Stanford, Calif. : Stanford University Press.

Wu, Tingfang. 1914. *America through the Spectacles of an Oriental Diplomat.* London: Duckworth.

Wu, Weiping. 1999. *Pioneering Economic Reform in China's Special Economic Zones: The Promotion of Foreign Investment and Technology Transfer in Shenzhen.* Aldershot, U. K. : Ashgate.

Xu, Xiaoqun. 2001. *Chinese Professionals and the Republican State.* Cambridge: Cambridge University Press.

Xu, Xiaoqun. 2008. *Trial of Modernity: Judicial Reform in Early Twentieth-Century China, 1901 – 1937.* Stanford, Calif. : Stanford University Press.

Yeh, K. C. 1977. "China's National Income, 1931 – 1936." In *Modern Chinese Economic History*, edited by Hou Chi-ming and Yu Tzong-shian, 95 – 128. Taipei: Institute of Economics, Academia Sinica.

Yeh, Wen-hsin, ed. 2000. *Becoming Chinese: Passages to Modernity and Beyond.* Berkeley and Los Angeles: University of California Press.

Yeh, Wen-hsin. 1997. "Shanghai Modernity: Commerce and Culture in a Chinese City." *The China Quarterly* 150: 375 – 394.

Yeh, Wen-hsin. 2007. *Shanghai Splendor: Economic Sentiments and the Making of Modern China*, 1843 – 1949. Berkeley and Los Angeles: University of California Press.

Yu, Tzong-shian, and Joseph S. Lee, eds. 1995. *Confucianism and Economic Development*. Taipei: Chung-Hua Institution for Economic Research.

Zelin, Madeleine, Jonathan K. Ocko, and Robert Gardella, eds. 2004. *Contract and Property in Early Modern China*. Stanford, Calif. : Stanford University Press.

Zelin, Madeleine. 2004a. "A Critique of Rights of Property in Prewar China. " In *Contract and Property in Early Modern China*, edited by Madeleine Zelin, Jonathan Ocko, and Robert Gardella, 17 – 36. Stanford, Calif. : Stanford University Press.

Zelin, Madeleine. 2004b. "Managing Multiple Ownership at the Zigong Salt Yard. " In *Contract and Property in Early Modern China*, edited by Madeleine Zelin, Jonathan Ocko, and Robert Gardella, 230 – 268. Stanford, Calif. : Stanford University Press.

Zelin, Madeleine. 2004c. "Economic Freedom in Late Imperial China. " In *Realms of Freedom in Modern China*, edited by William Kirby, 57 – 83. Stanford, Calif. : Stanford University Press.

Zelin, Madeleine. 2005. *The Merchants of Zigong: Industrial Entrepreneurship in Early Modern China*. New York: Columbia University Press.

Zelin, Madeleine. 2009. "The Firm in Early Modern China. " *Journal of Economic Behavior and Organization*. Forthcoming; doi: 10. 1016/j. jebo. 2009. 03. 002.

Zhang, Li. 2002. "Peasant Household Economy under the Inference of International Trade, Industrialization, and Urbanization: A Case Study of Wuxi Peasants' Response to Economic Opportunities, 1860s – 1940s. " Ph. D. diss. , University of California, Los Angeles.

索　引

图书在版编目（CIP）数据

近代中国的条约港经济：制度变迁与经济表现的
实证研究/苏基朗，（美）马若孟编；成一农，
田欢译.—杭州：浙江大学出版社，2013.11
　ISBN 978 - 7 - 308 - 12450 - 8

　Ⅰ.①近…　Ⅱ.①苏…②马…③成…④田…
Ⅲ.①港口经济 - 经济史 - 研究 - 中国 - 近代
Ⅳ.①F552.9

中国版本图书馆 CIP 数据核字（2013）第 260662 号

近代中国的条约港经济：制度变迁与经济表现的实证研究
苏基朗　　〔美〕马若孟　编　　成一农　田欢　译

责任编辑	赵　琼	
装帧设计	王小阳	
出版发行	浙江大学出版社	
	（杭州天目山路 148 号　邮政编码 310007）	
	（网址：http://www.zjupress.com）	
排　　版	北京京鲁创业科贸有限公司	
印　　刷	浙江印刷集团有限公司	
开　　本	640mm×960mm　1/16	
印　　张	18.75	
字　　数	226 千	
版印次	2013 年 12 月第 1 版　2013 年 12 月第 1 次印刷	
书　　号	ISBN 978 - 7 - 308 - 12450 - 8	
定　　价	52.00 元